人间佛教思想文库

人生佛教

太虚大师
述意

福善 妙钦
编校

宗教文化出版社

图书在版编目（CIP）数据

人生佛教 / 太虚著；福善，妙钦编校 . -- 北京：宗教文化出版社，2020.3

（2023.11 重印）

ISBN 978-7-5188-0878-6

Ⅰ . ①人… Ⅱ . ①太… ②福… ③妙… Ⅲ . ①佛教—研究—中国 Ⅳ . ① B948

中国版本图书馆 CIP 数据核字 (2020) 第 037688 号

人生佛教

太虚大师◎述意　　福善　妙钦◎编校

出版发行：宗教文化出版社

地　　址：北京市西城区后海北沿 44 号　（100009）

电　　话：64095215（发行部）　64095265（编辑部）

责任编辑：王志宏

版式设计：武俊东

印　　刷：河北信瑞彩印刷有限公司

版权专有　侵权必究

版本记录：787×1092毫米　16开　13印张　200千字

　　　　　2020 年 5 月第 1 版　2023 年 11 月第 2 次印刷

书　　号：ISBN 978-7-5188-0878-6

定　　价：138.00 元

常以清净心恭敬
十方佛以及如来法
六和诸圣众
右書

人生佛教

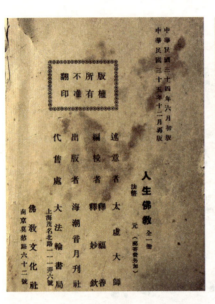

中華民國三十四年六月初版
中華民國三十五年十二月再版

版權所有
不准翻印

人生佛教 全一冊

法幣 元（郵費在內）

述意者　太虛大師
編校者　釋福善　釋妙欽
出版者　海潮音月刊社
代售處　大法輪書局　上海茂名北路二一弄六號
　　　　佛教文化社　南京莫愁路六十二號

人生佛教　太虛大師述意　福善妙欽編校

第一章　總敘

第一節　人生佛教名辭的提出

甲、中國從前儒化的文化，今三民主義者若能攝取中國民族五千年文化及現世界文化的精華，建立三民主義的文化，則將取而代之。故佛教亦當依此，而適接以大乘位的菩薩行，而建設適應現時中國環境的佛教皆如斯。乙、以大乘的人生佛教精神整理而普行，而建設適應現時中國環境的佛教皆如斯。丙、宣傳大乘的人生佛教以變新的民乘，及開化舊的信仰民乘，圓結組織起來。而總說遍應現時中國環境的佛教信樂，而總說遍應現時中國環境的全民乘，使農工商學軍政黨藝各業與普遍洽治於佛教的十昌明大乘的人生佛教於中國的全民乘，使農工商學軍政黨藝各業與普遍洽治於佛教的十

人生佛教

一

人间佛教思想文库

编校说明

一、本书以海潮音月刊社民国三十五年印行本为底本，重录校
印。

二、本书底本原附有勘误表，此次重印，根据勘误表将原文
错误进行纠正，不再附录。

三、原本中有明显的刊印错误，及一般笔划、字形、标点符号
等错误，根据文意可以明确判断正误的，径改。

四、由于时代原因，此次重印，将原文涉及地名、国名等不合
现代规范的表达方式酌情予以处理。其余一仍其旧，概以
尊重原著为宗旨。

人生佛教开题

（代序）

一、人生佛教之意趣

佛法大概可说是佛所证的一切法的实相及众生可以由之证到诸法实相的方法。同时在佛亲证的方面即为证法，就佛对众生说的方面为教法；前者是契理的，后者亦兼契机的，这是佛法大概的性质。

佛以所证的法而为应机所说的法，佛在世时佛为法本，一切皆依佛说；佛灭度后，佛弟子结集佛法而流传于世，即有佛教。初为迦叶、阿难等综合整理的《阿含经》，古译为"法归"，即一切佛法的汇归。后经几百年流分为各种部派。至五六百年间互相争斗，不能见佛法的实性，龙树起而破斥部争，抉择各派，以般若义造《大智度论》《中论》《百论》等，为第二次之综合整理。自后学人又以不得其中真义而起纷争，至八九百年无著菩萨又以《瑜伽论》等为第三次之综合整理。此为印度佛法流传之情形。然自后大小乘之纷争，仍日盛不已，因再无综合之研究及全面之整理者，故渐由纷争而至于灭亡。至佛法流传之地，则锡兰（今斯里兰卡）有佛音之综合整理，中国有天台智者贤首法藏等之综合整理，晚在（中国）

西藏，则有如《菩提道次第论》之著者宗喀巴之综合整理，此皆一方根据佛法真理，一方适应时代机宜以综合整理而能昌行一方域也。时至今日，则须依于全般佛陀真理而适应全世界人类时机，更抉择以前各时域佛法中之精要，更综合其精要而整理之，故有"人生佛教"之集说。此时学佛法的人，读尽千经万论，若不深解人生佛教，也等于"买椟还珠"！

二、何谓人生

人生一名义，消极方面乃为针对向来佛法之流弊，人生亦可说"生人"。向来之佛法，可分为"死的佛教"与"鬼的佛教"。向来学佛法的人总只要死的时候死得好，同时也要死了之后好或有瑞相，其实这并非佛法的真正性质，不过是流布上的一种演变罢了。还有说：佛法是重在离开人世的精神；即死后不灭的精神，具体的说即为灵魂，更具体的说，则为神鬼。由此，有些信佛者竟希望死后要做个享福的鬼，如上海某居士说"学佛法先要明鬼"，故即为鬼本位论。然吾人以为若要死得好，只要生得好；若要作好鬼，只要作好人，所以与其重"死鬼"，不如重"人生"。何以言之？因为人和鬼都是众生。至于死，特为生之变化耳。故我人现在是众生中之人，即应依人生去作——即依于各人现生上去了解；了解此生，作好此人，而了死了鬼亦自在其中，此所以对向来死鬼的佛教而讲人生的佛教也。然此似与孔子所谓"未知生焉知死，未知人焉知鬼"之义相混，不过犹是消极的方面，还有积极方面的意义，却就不限于儒家所讲的了。因为我们要把人生扩大起来，人只是众生之一类，在人言人，即以代表众生；因为现在居于人类，故今切近一点来讲人，即是讲一切众生。而一切众生，有惑业流转的六道凡夫，有了脱生死证得涅槃的二乘圣人，也有觉悟向上而不退转的菩萨，还有福智圆满的佛陀；故人即众生，轮回六道的为苦缚众生，二乘为超苦之众生，菩萨为觉悟之众生，佛陀为究竟之众生。所以这里所说的人，还不同儒家狭义之人。生者，所谓生之缘起，生之变易，生之转化等，皆包括于佛法之"生"义中。然讲到生之缘起，即缘起而有生，是即生而无生之因缘本空义，更有无生而生之妙生义，则断非儒家之生义所能及也。由此说来，所谓死，实即生之一部分；我们要能了生，才能了死。相反的，若只了死不唯不能了生，而且也不能了死。所以基于上述之消极意义，既可令向来佛徒之弊习革除，改善现实人生；而由扩大之积极意义，尤能由人生以通达一切众生法界缘生无生、无生妙生之真义，此为据理发挥应机宣扬之人生佛教真义，学佛法者先应对此有正确认识。

三、人生佛教之目的及其效果

就依佛法发心预期说，即为目的；就修行成功说，即为效果。此其效果，可略分为四：（一）人生改善。一般佛经皆说到此义，即人民五戒之行，轮王十善之化改善人间，即是目的；人生改善成功，即是效果。（二）后世增胜，依业果流转而修行者，每希望后世增胜，即希望将来比现在之人作得好。过去有句话："山中无衲子，朝中无宰相。"此为基于后世增胜为目的之修道观，信佛人多是如此。唯此并不限于人间，乃可由人增进而至于欲色无色等天。

（三）生死解脱。此因看到后世增胜仍不免于三界轮回，若不修到生死彻底之解脱，终必流转；依于此种目的所获得之效果，即为罗汉。（四）法界圆明。此为大乘特有者，二乘圣者虽了生死，然有所知障，不知一切法实相；纵略知法空，亦不究竟，故于一切法不能圆满通达而仍有障碍。此即二乘未得法界圆明的缺点，而亦即菩萨成佛之特点也。法界，即一切法；圆明，即离了所知障所成之智。此智即一切种智。或无上菩提，或妙觉佛果。复次，法界者，即是《法华》所谓"唯佛与佛乃能究尽的诸法实相"；圆明者，亦即所谓"佛之知见"。如是大乘以通达法界为目的而圆满明证后，即为大乘特有之效果。

这四种大概言之，通常五乘中之人乘，即此中第一人生改善；天乘即通第二后世增胜；至于二乘，则综合前二加上生死解脱之第三种；大乘又可综合前三而加上第四法界圆明。不过中国向来所重，大概为偏重于此中第二及第三，即浅近的求后世胜进，高尚的求生死解脱。向来佛法缘此以为目的，则更于修道之方便法门，综合之而有如净土宗密宗等，此为向来流传之佛法也。

然今之所讲人生佛教，为对治向来偏重于如上二者，故特重于人生改善而直接法界圆明。换言之，今之人生佛教，偏重于人生之改善并由特出者依之发菩提心而趣于大乘之佛果，即依此义，消极上则对治佛法向来之流弊；积极上则依人生之改善而发菩提心行菩萨道过程中。此中自亦含摄后世胜进与生死解脱，则第二第三，亦即融摄其中也。故人生佛教云者，即为综合全部佛法适应时机之佛教，然其中最重要的为下列"人生佛教之层系"的八层，第一层即可总摄诸论各宗胜义，今获不详讲，当可按所编目次第详之。（录《海潮音》第二十六卷第一期）

目

录

第一章　总叙

第一节　人生佛教名辞的提出

甲、中国从前儒化的地位，今三民主义者若能提取中国民族五千年文化及现世界科学文化的精华，建立三民主义的文化，则将取而代之。故佛教亦当依此，而连接以大乘十信位的菩萨行，而建设由人而菩萨而佛的人生佛教。

乙、以大乘的人生佛教精神整理原来的僧寺，而建设适应现时中国环境的佛教僧伽制。

丙、宣传大乘的人生佛教以吸收新的信佛民众，及开化旧的信佛民众，团结组织起来，而建设适应现时中国环境的佛教信众。

丁、昌明大乘的人生佛教于中国的全民众，使农工商学军政教艺各群众皆融洽于佛教的十善风化，养成中华民族为十善文化的国俗，扩充至全人世，成为十善文化的人世。

附录：对于中国佛教革命僧的训词

在中国现在的环境中，向来代表佛教的中国佛教僧寺，自然也有革除以前在帝制环境中所养成流传下来的染习，而建设"原本释迦佛遗教，且适合现时中国环境的新生命"之必要！此予二十年来迄今以至将来犹继续不已之运动也。然自余在武昌创办佛学院以来，各处仿办的佛学院，以至现今的闽南佛学院，直接间接从余学习的学生，固然有一部分能趋入现代佛教之正轨者，然有一部分则退流腐习中，亦有一部分则唯知努力"俗化"，而发生许多幼稚病。退流腐习中者，今且不理他；其努力"俗化"的犯幼稚病者……

此则非速速加以清除不可！

中国佛教革命的宗旨：（一）要革除的方面：甲、为从前中国君相利用为神道设教以愚民的迷信。乙、为习染从前中国家族制度所养成的剃派法派，将僧产变为各家师徒私相授受的遗传制度。（二）要革改的方面：甲、为改变从前中国在儒家专化下，真佛教僧，为遁世高隐的态度，而改正为一面精进修习三增上学，一面广行化导民众及利济民众。乙、为改变从前中国僧众在君相及愚民的要求与供养中，专顾脱死问题及服务鬼神的态度，而改正为服务人群及兼顾资生问题的态度。（三）要建设的方面：甲、中国从前儒化的地位，今三民主义者若能提取中国民族五千年文化及现世界科学文化的精华建立三民主义的文化，则将取而代之。故佛教亦当依此，而连接以大乘十信位的菩萨行，而建设由人而菩萨而佛的人生佛教。乙、以大乘的人生佛教精神整理原来的僧寺，而建设适应现时中国环境的佛教僧伽制。丙、宣传大乘的人生佛教以吸收新的信佛民众，及开化旧的信佛民众，团结组织起来，而建设适应现时中国环境的佛教信众。丁、昌明大乘的人生佛教于中国的全民众，使农工商学军政教艺各群众皆融洽于佛教的十善文化，养成中华国族为十善文化的国俗，扩充至全人世，成为十善文化的人世。

故中国的佛教革命，是为建设而革命的，非为破坏而革命的。在革除改革中虽难免有相当之破坏，然中山先生说得好："革命中的建设易，而破坏难。"以为建设而不得已行破坏，极须慎重思择：一要认清破坏的目标；二要选用破坏的手段；三要善巧破坏的步骤。若一错误，则莫能挽救，而噬脐无及矣。由中国革命推及世界革命的国民革命有三民主义；由国民佛化推及人世佛化的佛教革命，亦有三佛主义。今说于此：

一、佛僧主义

中国的佛教由僧寺代表了二千年，则中国佛教的僧寺，内有二千年历史为背景，外有现代全国全世界的环境为背景。以此，中国的佛教革命，决不能抛弃了有二千年历史为背景的僧寺。若抛弃了僧寺以言广泛的学术化的社会化的佛教革命，则如抛弃了民族主义，而言世界革命一样的危险。有些犯幼稚病的革命僧，欲篡夺了僧寺，以俗化成普通的民众……然中国今日的佛教僧寺，更有二千年前印度的佛教史背景，与二三千年来流行各国各民族间佛教史的背景，及现代全国全世界社会情形的背景，必须弃短取长，适应时机，乃可以求其生存发达，故亦不能保守二千年来历史沿嬗而不变。以此，余十年前曾有《整理僧制论》之发表，去年又有《僧制今论》的发表（此二论，日本曾翻译，谓足资日本佛教组织之参考）：以此，革命僧所应取的方法：（一）联合同志，成立为有主义、有组织、有纪律的革命僧团。（二）全力拥护二千年遗留下来的僧寺财产。（三）革除以剃派、法派占夺十方僧寺财产，作为子孙的私产传承制。（四）怜愍一般藉愚民迷信以服务鬼神为生活的无识僧众，灌输以佛教及国民的常识，渐渐改良为共营资生事业及服务人群的生活。（五）感化一般藉剃派、法派传承制以霸占僧产，而自私自利的大小寺院住持，及大寺中助纣为虐的首领职事。（六）尊敬及拥护能改剃派、法派传承制为选贤制，及办学校教育青年僧，与作利济社会事业的菩萨僧。（七）收回少数住持所霸占为私产的僧产，取来支配为教育青年僧及改良一般愚僧的生活，与作利济社会慈善事业等之费用。（八）尊敬表扬一般淡泊清高，而勤持戒律，或精修禅定，及深研慧学的有德僧，并劝发其护宣正法觉世济人的菩萨行。（九）警告不能或不愿遵行僧律的僧众，自动还俗。（例如僧的制服，虽可以时地而不同，然必异俗人。不愿穿僧服，当可还俗。）（十）驱逐绝对不能遵行僧律，且强在僧中肆为反动的恶僧，迫令还俗。此之十条虽简单，而《整理僧制论》与《僧制今论》之纲领具于此矣。最根本者，为革命僧团之能有健全组织。

二、佛化主义

十年前，余草《整理僧制论》，同时即草《佛教正信会组织大纲》（稿失去）。而现今各种的佛学会社居士林、佛化新青年会等，皆此中的支流。二十年来与杨仁山老居士等，所大声疾呼以扩大佛教的范围者，即佛教的会众中，"僧众"虽占重要的位置，然佛教的广大会众实不限于僧众，而尤须以可能普收全国民全世人为会众的"信众"作依托。旧来以充君相的愚民工具，而赖国王大臣保护的传习，在此时之国民与人世的环境中，实在已不能适存了。故必须由真正了解佛教，及热心拥护宣传佛教的菩萨居士，成立"敬佛法僧、信业果报、正身语意、淑家国世"而有组织，有纪律的信众团体。

（一）辅助学校教育、社会教育，以扫除帝制时代传统下来的愚民鬼神迷信，提高及改正一般人民的思想，使于佛教有大体的真认识，而成为正智的信仰。（二）辅助革命僧以铲除霸僧产为私产及破坏僧律的恶僧，并改良一般愚僧的生活。（三）尊敬及拥护有德的菩萨僧，以为僧众模范，及人天师表。（四）整理及阐发佛教的学理到一般学术界中，使成为教育学界的学术化。（五）辅助革命僧，以教育青年僧，及教化社会民众。（六）以佛教简单正确明了且近人情理的庸言庸行，向军、政、绅、商、农、工、教学各界，为广大之宣传，使普遍的能积极信从，或消极的不反对。（七）联合僧众广作教养及救济社会的教育慈善事业。（八）各就其所居农、工、商、绅、军、政、教、学的地位，以佛教的正因果理及十善行，辅导各阶级各社会民众，使其渐渐佛教善行化。（九）努力提倡为地方的、国家的、世界的人群服务，并积极地参加各种政治的、社会的进步事业及救国救世的运动。（然近来亦有些欲占夺佛教中僧寺地位，或专破坏僧寺制等的幼稚病，及有些仍流于滋长愚民鬼神迷信的顽腐病，如此等不成为以佛法化导世俗，而反成为以世俗化灭佛法的反动行为，亦非痛加清除不可。）

　　三、佛国主义

　　佛书中所言的"国土"原是指"世界"而言。菩萨所行的皆名净佛国土上之行。换言之，即是改善社会、国家以至世界的行为。亦可统谓之使"社会"善化、净化、美化的行为。此有"自他共同思想行为生活的交互关系"之社会，无不具有精神与物质的两方面。然创建或改造的净佛国行，既为社会的共业行，故当由僧众、信众各随分宜以联合行动，即由僧众、信众合组成"中国佛教信徒会"并"国际佛教信徒会"为全国、全世界之广大行动。根据佛教精进的活的生命观，及净慧的仁的人生观，在精神方面，为改善各种社会制度（如经济、政治、教育等）及各种社会文化，若文字、语言、礼俗、风尚、思想、学说、艺术、教化等的运动，使婚丧庆吊等一切人群行为，皆佛教的十善行化，俾人人皆感觉处于佛的教化所流行的国或世界。在物质方面，则增进水陆空界的交通利便，开辟及发达各种地利、水利，与林场、矿场、农场及工厂、商务等生产事业，以造成家给人足、时丰物阜的安乐国土；乃至羽毛鳞甲蠢动含灵皆各获生存之乐；树竹花草，咸各全其生趣，而与人为效祥献瑞之感通。驯至人生与自然成为一大和谐，略如余净化主义中说。

此三主义，本为一个"佛教救世主义"。而在进行的努力上，则为一个"佛教革命主义"。固不能分析为三个主义，而任意采行一个，故必须完全照顾而施行。然在第一期当尤努力于建设"人生佛教的理论"（详余所著之现实主义）及进行中国"佛僧主义"的宣传与实施；同时亦宣传且推行中国佛化主义，与宣传佛国主义。第二期当完成中国佛僧主义，并随时促进及实施佛化主义，并努力宣传且推行中国的佛国主义。第三期当完成中国之三佛主义，而推行于全世界。

然长江之水发于滥觞，在中国今日，若不先注重"中国佛僧主义"之宣传与实施，将有二千年历史为背景之中国僧寺，原本"人生佛教"真义，整理成适合时代环境之佛教僧寺，抛弃"佛僧主义"而空言佛教之社会化，则佛教之躯干亡，而精神亦无所附丽。僧灭教亡，恰同在国民革命的过程中，抛弃了民族主义或三民主义……以致民族灭而民国亡的一般危险、一般愚蠢。此为吾"中国佛教革命僧"在今日所尤应深深留意者也。慎旃！勉旃！中华民国十七年四月二十一日释太虚。（载《海潮音》第九卷第四期）

第二节　人生佛教学理的说明

一、佛学之名义

对于宇宙万有之真相（或法界诸法之实相），成功最究竟最圆满之知觉者（成无上正遍觉者），谓之佛陀。由此先觉之佛陀，对于我们人类，及其余一切含生有情等类之后觉未知者，用言音形仪开发显示其所觉知之"宇宙万有真相"，并导令解悟修入而同得成佛之种种理法行律，谓之佛学。

二、佛学之二大原则

佛学，由佛陀圆觉之真理，与群生各别之时机所构成，故佛学有二大原则：一曰契真理；二曰协时机。非契真理，则失佛学之体；非协时机，则失佛学之用。真理，即佛陀所究竟圆满觉知之"宇宙万有真相"；时机，乃一方域、一时代、一生类、一民族各别之心习或思想文化。必协时机而有佛陀之现身说法，故曰"佛陀以世界有情为依"；又曰"佛陀有依他心无自依心"。

三、佛学之历史迁变

现行今此地球人类间之佛学，乃发源于二千余年前现身印度之释迦牟尼佛者。当时印度民族之文化思想，则承袭或反动于婆罗门教之"各求个人解脱"之心习也。虽不无文殊、弥勒、维摩、善财等少数大乘之士，能领受探求佛陀圆觉之真理，而一般束于民族心习者，则格格不入。佛陀以之只能依外道之有我个人解脱，而易之以小乘之无我个人解脱，使真能得到个人之解脱（涅槃）。佛示寂后，虽文殊、弥勒等所闻大乘法，亦同结集传持，而形成为教团以住持当时之佛教者则为小乘众。历四五百年，以小乘诸部分裂，传大乘思想者，乃乘隙兴起。历五六百年，性相代兴。后至密宗盛行，始渐成大乘教团，而印度之佛教即衰亡矣。佛教之来中国，以先有轨范人生之儒教；与祭天、祀鬼、求神仙之道教。故承受发挥者，虽在大乘思想，然以人生社会已为儒化所专有，故佛法应乎少数儒道之玄学者则为禅宗，与天台、贤首教义，游方之外。应乎一般民众之习俗者，则由净土、密宗而流为专度亡灵，及鬼神祸福之谜信，随俗之习。而真正之佛法，未能成中国之人群化也，且反受中国宗法社会、家族制度之影响，而将原来六和僧众之僧团亦化成变态之家族制。观此印中佛史之沿革，可知大乘佛学，在印度与中国皆未尝成立教团，及成为民众化矣。

四、现代之人世与中国

现代的人间之思想生活，虽各民族，各有其特殊之处，然以世界交通之故，已成为普遍之世界文化者，则为三事：（一）现实的人生化；（二）证据的科学化；（三）组织的群众化。今为中国民族之文化中心者，则为三民主义之文化。此三民主义文化，则纵承国族五千年文化之精华，而横吸现代普遍世界之文化，经过选择改革以构成者也；而尤以现代普遍的世界文化为要素。观此，可知施设现代协契时机之佛学，当何从矣。

五、人生佛学之大旨

佛法虽普为一切有情类，而以适应现代之文化故，当以"人类"为中心，而施设契时机之佛学。佛法虽无间生死存亡，而以适应现代之现实的人生化故，当以"求人类生存发达"为中心，而施设契时机之佛学，是为人生佛学之第一义。佛法虽亦容无我的个人解脱之小乘佛学，今以适应现代人生之组织的群众化故，当以"大悲大智普为群众而起义之大乘法"为中心，而施设契时机之佛学，是为人生佛学之第二义。大乘佛法虽为令一切有情普皆成佛之究竟圆满法，然大乘法有圆顿圆渐之别，今以适应重征验、重秩序、重证据之现代科学化故，当以圆渐的大乘法为中心，而施设契时机之佛学，是为人生佛学之第三义。故"人生佛学"者，当暂置"天""鬼"等存不论。且从"人生"求其完成，以至于发达为超人生，洗除一切近于"天教""鬼教"等迷信。依现代的人生化、群众化、科学化为基础，于此基础上建设趋向无上正遍觉之圆渐的大乘佛学。其道，当先从大乘经论研求得正确之圆解，发菩提心，学菩萨行，先修习大乘十信位菩萨之善根，获得初步之证验，完成人生，成为孔丘、王守仁一般之人圣；然后再渐趋入于十住、十行、十回向、四加行、十地等三无数劫之长劫修证；由超人、超超人，以至于佛。而其建立，则当有专以修学及宣传，与办理"于佛学为职业之僧团及普收全民众"之学会，使皆成为大乘的组织化与纪律化，涤除旧染，湛发新光。（全文见《海潮音》

第九卷第六期"人生佛学说明"）

附　录

十七年在法国东方博物院讲《佛学之源流及其新运动》文中，对人生佛学亦有一则简略提示，兹摘录于次：

于现代交通的互助的人类共存共荣关系上，及东西各民族的人生哲学基础上，以大乘初步的十信位佛学，先完成人生应有的善行，开展为有组织有纪律的大乘社会生活，再渐从十住、十行、十向、十地的佛学，发达人性中潜有的德能，重重进化，以至圆满福慧的无上菩提。（《海潮音》第十卷第一期）

第三节　从人乘行果进趣大乘行

一、即人成佛的真现实论

堕世年复年，忽满四十八，众苦方沸腾，遍救怀明达。仰止唯佛陀，完成在人格；人成即佛成，是名真现实。

——（民国）二十七年一月

这八句是余前两旬的述怀，兹且引为本文发端。佛法之原则在于契理契机，理是诸佛诸圣满证分证诸法性相之理实，机是众乘众趣已修未修众生行果之机宜。不契理则失实而本丧，不契机则失宜而化滞，无佛法亦无僧及信徒矣。

诸佛证理平等而应机差别，其现身说法于诸清净国土清净时劫也，自成其唯菩萨圣众，或二乘圣众，或人天善众之机教，固难概以揣量。而我本师释迦牟尼佛应化于三界、六道之娑婆五浊恶世，则法华等亦既明示未获直以内证理实施教矣，虽应别机所流别说，其旁及者罄无不宜，而正转之法轮，端在"修超欲界之梵行（戒、定），证出三界之涅槃"（定慧解脱）。此因应受佛化之众，善根深厚，机感殊胜，一唱善来即成比丘（具梵行）；一悟法要，即成罗汉（得涅槃）。而大乘菩提行（菩萨）果（佛），则再依"出三界涅槃"为基址，大而化之，胜进而究竟之。此观之法华所开显者，固甚彰彰也。由其托基甚高（超欲界梵行及出三界涅槃），是以"欲界之天仙神鬼"及"人间之善信男女"，仅为外护与近事而已。佛寂后千年正法，犹秉持斯化。特初五百年后，马鸣、龙树、无著、世亲等，渐开展大乘理论，及重视天药叉神等，以为像法期事实之母耳。佛寂一千年后入像法期，乃由龙智等兴行密教，旨在修神仙咒术行，成欲界天色身（双身法从昐、笑、握、抱、合，即示欲界他化自在至忉利，由上而下之五天次第，以最下之合为无上瑜伽法。）依所得天色身之等流果成就佛身，故特重"即身成佛"。设非菩提心般若慧则失其为成佛之方便，故尤以发大菩提心修大乘般若慧为要义。换言之，亦即再依"天色身"为圆成大乘行果之基据也。此确为像法期佛教之主潮，然虽盛流于印度、（中国）蒙藏，而汉族则格于原有之礼俗儒化，传入而不受行。历梁、陈、隋、唐而变通者，别成禅宗、净土宗。禅宗的悟心上追梵行涅槃，其寄身于自耕自食的农林生活，则下启末法期的人间佛教。净土宗传日本再变为真宗，弥切合人间生活。而锡兰（今斯里兰卡）、缅甸、暹罗（今泰国）等，传初五百年佛教绪余、溥周民众后，亦成善信男女通俗教化。而像法期密教，印度灭于回教之侵入，（中国）西藏到元明间变猥杂垂尽，宗喀巴救之以正法期戒律教理，凭特殊环境，幸获重兴。然无以改善杀、盗、淫、妄民俗，今后既失帝王护持，则亦将由无民众基础而致隳堕，外蒙即其前车之鉴。由此种种，故正法期"超欲梵行"，及像法期"即欲咒术"，皆将退为旁流，而末法期佛教之主潮，必在密切人间生活而导善信男女即人成佛之人生佛教。锡兰等地律风虽有切近人生者，然则尚离欲出世，对人世资生物用及人群治理救济，均尟① 积极的心行。（中国）西藏密宗对资生济众虽较有积极精神，然以习修欲界天身而迷信多神，甚违近代思想。日本真宗似为开末法人生佛

---

① Xiǎn，同"鲜"。

教之最前进者，然托弥陀净土安心，又何若直指人心、见性成佛的唐代禅宗更切人性？惟亦嫌侧重唯心而拙于利物治生耳。然主唐代禅宗并辅锡兰（今斯里兰卡）律行以安心立僧，主日本真宗并辅（中国）西藏密咒以经世济生，庶可为末法期集起人生佛教之要素矣。故应易"直指人心见性成佛"为"直依人生增进成佛"，或"发达人生进化成佛"，是名即人成佛的真现实论。（《海潮音》第十九卷第三期。）

二、判摄一切佛法

（录《我的佛法判摄》中第二大段）

（第三期"我对于一切佛法的看法"全段）

在民国八九年①后，我对佛法的见解，就萌芽了第三期。这期的思想是什么呢？此与前二期迥然不同。第一期的见解，可以说是承袭古德的；第二期的见解，是摄小归大而八宗平等，即不同于第一期的因袭，而第三期则更不同于第二期了。然思想如是变更、见解如是进展者，乃不为旧来宗派所拘束，而将世尊流传到现代的佛法，作圆满的判摄罢了。这期可分教、理、行。三者来讲，由民十二年（1923）后，直到今日以前，这种思想分散在我的著讲里的很多，不过还没有作过综合的说明。

甲　教之佛本及三期三系

释迦牟尼的一代教法，在古来大德，有判为五时八教的，有判为三时五教的，也有判为三时教的。我以为：佛在世时，佛为法本，法以佛为主、以佛为归，虽然应机说法差别无量，但并没有分大乘小乘、顿教渐教，故法皆一味，佛怎么说就怎么说，虽闻法者以特殊的机缘关系，解有差殊，但不能以此别为大小，故也就不能分作任何的宗派了！因为佛是唯一的，所以佛所说的法，当然也就是一味了。

到了佛灭度后，佛陀的教法，就不是那么一味的了。依当时印度法藏的

---

① 全集本作"民国十二三年"。

结集，和后来教法的流行演变，就已分作三期。

第一小行大隐时期。初期的结集，是由迦叶、阿难、优波离所主持，虽结集的工作并不完全由他们经理，与之同时或后时更有其他的弟子结集，所谓有富楼那结集、窟外结集、菩萨结集等。但在佛灭度后，为当时国王大臣所护持，流行世间的佛法，则为迦叶阿难所结集的三藏。至佛灭二百年间，由此中分出上座部、大众部两大派，依此二部为本，更裂为二十部。在这二十部派未曾分裂之前，小乘教法是一味和合的，也就是传在锡兰等处的巴利语三藏。在佛灭后的五百年间，虽有二十部的分裂，但总不出乎小乘三藏的范围，故可说是小乘盛行的时期。然在这时期，也不能说完全没有大乘佛法，不过由于小乘教法的盛行，大乘教法就隐没不彰。因为当时的学者，都以小乘教法为唯一佛法，所以这时也可说为小行大隐的时期。由于佛灭度不久，佛弟子们，仗佛威德的余势，能依佛的轨范去实行，断惑证果者，尚复不少，所以又名之曰正法时期。

第二大主小从时期。初期的五百年过去，到了六百年的当儿，有马鸣菩萨出世，著有《佛所行赞》等，竭力提倡大乘佛法，在他竭力的提倡宏扬之下，大乘佛法露出端倪，继有龙树、提婆应运而生，对破一切有部等法执，阐扬大乘毕竟空义。后复有无著、世亲兴起，发挥大乘妙有之理，对一切法空的基本思想，加以补充的说明。他认为一切法虽说是毕竟皆空，然其中的因果，有条不紊，丝毫不爽，故说明一切种，成立阿赖耶，这在教理上，是发挥得淋漓尽致了。这么一来，遂使素来隐没的大乘佛法，风行于世，遍布于全个印度了，故这时可名之为大乘盛行时期。但这期间，并非没有小乘教法，不过由于大乘空有的教义过于弘盛光大，是以使那有权威而盛行于初期的小乘教义，渐陷附庸地位，故又可名之为大小并行时期，或大主小从时期。

第三大行小隐、密主显从时期。二期的五百年过去，到三期的五百年时，约在佛灭千二百年间，大乘空宗，产生了清辨；大乘有宗，产生了护法。清辨论师传承龙树菩萨毕竟空义，破斥有宗，护法论师传承无著菩萨如幻有义破斥空宗，于是大乘空、有二宗分道扬镳，互相对立，成为空有之净。这种现象，在二期大乘盛行的时候是没有的，以其时龙猛、提婆虽偏重于阐扬大乘毕竟空义，无著、世亲虽偏重于发挥如幻有义，但后者只是补充前者，并未据为各有所宗，另成一派，但第三期间空有互相对敌的因子，已种于第二期。到这时候以后，大乘的盛行已达极点，而小乘也就几乎没落。由于大乘的发达盛行，于是佛法普遍到民间去。正在这时，龙智菩萨等出来弘扬密咒，把通俗的印度风习都融摄进来。因而密法就发达起来，故此时可名为密咒盛行时期。但在这期间，大小乘教法，非全绝迹于世，不过由于密法过于弘盛，致使那盛极一时的大乘佛法及已衰落的小乘教理，皆依附密咒之中流行，故这期亦可名为密主显从时期。印度密宗的盛行，是在佛灭千余年之后。玄奘法师在印留学时，密咒流行尚少。到义净法师去印的时候，密咒渐盛行，随义净法师去留学的人，就有学习密咒的了。如印度最负盛名的那烂陀寺，起初只是大乘显教的根据地，到了这时，也转成密宗的道场了。后来的超岩寺，更是完全盛行的密教。

上面所说的三个时期，是佛灭后印度佛教流传的全部情形，即以印度三期所流行的佛化，而成为今日世界上所流行的三大系的佛教。

第一期盛行的小乘佛教，今日流行于世的，可以锡兰为中心，由锡兰而流传于缅甸、暹罗及安南（今越南）、马来亚群岛等处，是为巴利文系佛教，也可说是锡兰系佛教。初期的佛法本来是传播到各方的，但他处随了各地的不同环境，其后发生了种种沿革改变，另成别种的风尚宗派，甚或趋于消灭，唯所传于锡、缅、暹能够保持原状，且一直流至今日而发展光大之。即今锡、缅等地的佛教徒，尚认为他们的佛教是上座部的正统派佛教，由阿育王时代所传播去的。从这一点说来，可见锡、缅、暹所流行的佛教，就是印度初期所盛行的佛教。

第二期盛行的大乘佛教，现在流行于世的，可以中国为中心，由中国而流传于高丽、日本及安南等处，是为汉文系佛教，也可称为中国系佛教。故印度二期大小并行的佛教，由中国继续传承流行。因为中国的佛法，大小三藏，皆悉完备，且也并行世间。实际说来，印度三期佛教，中国皆有，但因以第二期为主，以中国一向所行的，都与印度第二期相类。

第三期盛行的密咒佛教，现存于世界上的，可以（中国）西藏为中心，由西藏而流传于（中国）西康、蒙古、甘肃，以及尼泊尔等处，是为藏文佛教，也可说为西藏系佛教。第三期的佛法流传到西藏，这在历史上是很明显的，在中国唐朝的时候，西藏才有佛教输入，而完成西藏的佛教，却在我国宋朝。前面说过，印度佛教转入第三期后，那烂陀、超岩二寺都是盛弘密宗道场，故到西藏弘扬佛法的莲花生，即由那烂陀寺去的，中兴西藏佛教的阿底峡，就是从超岩寺去的。现在西藏佛教，我国（内地）的大乘西藏也有，但西藏的小乘佛法，不及内地完备，小乘经论都不具全，而密乘的教典却比较多一点。大乘的空有二宗虽都有流传，不过在密宗盛行趋势下，一般修学密宗者，皆以空胜解为所依，故空宗较为发达，在印度的第三期佛教即属如此，故当以今日（中国）西藏系为代表。

总合的说来，佛世时的教法是一味融通，无所谓分乘分宗的；所以一切法，以佛为归为主，佛为法本，法皆一味。及至佛灭度后，佛法在印度分为三期，迄至今日流传世界各国的，成为巴利文、汉文、藏文。这就是教之佛本及三期三系的概说。

乙　理之实际及三级三宗

以佛法究竟真实言，所谓"实际理地，不立一法"。诸法实相，唯无分别智如如相应，无可建立，无可分说，离名绝相，超诸寻伺，由语言文字说真如法性等，都是假名安立的善巧施设，实际是无可言思，唯证相应。《法华经》中说："诸法寂灭相，不可以言宣。"但为欲悟他，故从教法上显示，分为三级来说明。这三级的分说，与《菩提道次第论》的三士颇相似，不过我说出的名词，与之不同罢了。这种名称，是在民国九年（1920）我评梁漱溟书的时候说出。所谓三级者：五乘共法，三乘共法，大乘不共法（亦名大乘特法）。今作扼要的说明于下：

第一级五乘共法：最普遍的佛法要义，就是因缘所生的原理，也即是因果法的原理。大凡佛法说明一切法，都是以这因缘生法的道理来阐述，因缘就是因，生法就是果，故因缘生法，即是因果法。因果律于一切法中皆具有的，但其中特别注重业报因果，一切科学也依因果律，然其不说业报因果，是则与佛法所谈的因果，迥异其趣。六趣流转的凡夫，三乘阶级的贤圣，皆可由业果的原理说明。我们现在是受着人的业果，要保持这人的报身，要免受三途的苦报，就得从这难得的宝贵人生，信解佛法的做人道理。所谓学佛先从做人起，学成了一个完善的好人，然后才谈得上学佛，若人都不能做好，怎么还能去学超凡入圣的佛陀？所以学佛法的人，敬佛法僧，信业果报，是最要紧的一着。不但流转的六凡，出世的三乘，皆建立在业果上，就是最高无上的佛陀，也不出因果的范围。因为要修大乘六度万行的清净殊胜因，才能证得究竟圆满的佛果。始从人乘，终成佛位，名之曰"五乘"，而这因缘生法亦即所谓因果法的原理，是五乘所共修的法。一个人，尤其是做了一个佛教徒的人，对因果业报，不能深信，则不能领受真正的佛法，也就不能了解佛法的正义，同时亦不能算为佛教徒，故根本上不能入佛法之门！这五乘共法的第一级，其范围极广，把这级隐固了，然后再进趣上级，那就容易了。比方世间造塔，不论他造七层九层，而最下层一定造得宽广和巩固。因为下层基础做好，然后才一层一层向上造，学佛也是这样。

第二级三乘共法：三乘就是声闻、缘觉、菩萨，这三种出世的圣人，他们认识了世间纯粹的是苦，知道了世间无一可爱乐，于是深深地厌离世间，积极地求出世的涅槃之乐。依着四念处、四正勤以至八正道的基本道路，而去实践进修，不求人天果报，唯一目的，求证出世涅槃。教中所说的三法印——诸行无常、诸法无我、涅槃寂静，就是三乘共法的标准，使三乘人了脱生死诸苦，证得涅槃寂静。所谓共法者，以三乘虽有差殊，而这三法印是三乘所共遵以断烦恼、了生死的。这三乘共法，较前高了一级，以他们首先远离了有漏流转法，此则不共人天，希人天乐果者之所不能及。因为人天有情，对于世间业果，尚有所希求的原故。

第三级大乘特法：这是菩萨所特有的，不共于人天二乘的。此大乘佛法，以大悲菩提心，法空般若智，遍学一切法门，普度一切众生，严净无量国土，求成无上佛果，为其唯一的誓愿、唯一的事业。

此上三级的分别，是就整个的佛法普遍而说的，然大乘法广，应分摄三宗，以除偏执，这在民十二年（1923）我作《佛法总抉择谈》已经说到。不过当时所说的名词，稍有出入，今再作确定的说明于后：

一、法性空慧宗：通达一切法的真如实性，必须了知一切法的自性皆空，然这要有毕竟空慧，才能究竟通达诸法空性。通达法空的般若，是大乘法的基本条件。虽有些根性钝劣的有情，讲解法空而不趣修大乘菩萨行，仍入小乘涅槃的；然发菩提心要广行菩萨道者，则必须通达法空，以法空般若为宗。很多的大乘经论，就这一份真理上观察特重，所以抽象地立此法性空慧宗，以摄一部分大乘佛法。

二、法相唯识宗：法相是说明种种诸法无量差别的相状，这相的意义非常之广，凡一切法的相，皆可名为法相。如五法中的真如，可说是性，亦可说是相；三性中的圆成实，可说是性，亦可说是相。然而给予诸法的差别相上一个正确的了解，适当的明白，则其所宗者即是唯识。以唯识讲明一切法，有无量差别的一切功能种子，生起一切现行，因果相关，种现相续，明一切有为诸法因果差别。即对于无生无灭的无为法，所有真正认识，切实了解，究竟亲证也是由识及由识转成的智所了知。所谓"诸识所缘，唯识所现"，故凡了知的一切法相，皆是识现之法，识所现者；无为法虽非识所变，但也由识所显；若非净分识的正智所显现，则毕竟没有真如的证明了。这也有许多大乘经论所专重，故立此宗以摄之。

三、法界圆觉宗：法界的"界"字，是包括一切法之义，即以尽一切法为界，而为任何一法所不能超越。前所说的"法性""法相"，都包括其中。"圆觉"可以说就是佛十号中的正遍知，或正遍觉，佛果位上的一切智智、一切种智、一切相智，皆与圆觉之名义，一而二，二而一的。以佛果之正遍知，无一刹那不是圆满周遍觉知一切诸法性相的。法界的一切法，要能圆满觉知，唯圆觉智，故以圆觉为宗。凡等觉菩萨以下，皆未能一刹那圆满知诸法性相，以菩萨地上，以前刹那起根本智，见诸法性，要后一刹那后得智生，方得见诸法相而未能周尽。佛智则不如是，一刹那间就能够周遍了知诸法性相。这在许多大乘经论中也都有所说明的。而天台、贤首所判圆教，亦皆依佛智境界而阐说。如天台圆教讲一念圆具三千性相，即是在佛的智境上明。依此发心修行的菩萨，即所谓圆顿法门，以佛智境界为法门，而直趋无上菩提，禅、净、密等也都属此宗。

诸大乘经论的古来各宗派，皆各有所偏据，故我特明三宗，因为以这三宗来看一切大乘佛法，没有解不通，亦没有不圆融。至于上述的三级，初级的五乘共法，不论是人乘、天乘，乃至佛乘，谁也不能离了因果法而言。第二级的三乘共法，也是不能离了初级去凌空施设。即大乘不共法，也不能离了前二级而独立，所以说三级是互相依靠的。人天果、二乘果都是趋佛乘过程中的一个阶梯，非是究竟的目的地，究竟目的是至高无上的一乘佛果。

　　丙　行之当机及三依三趣

　　"行"是侧重当机者实践上说的。佛在世时，当机说法，随闻而解，随解而行而证。所依所趣，在当机的各人有无量差别，不能拘说，故法贵当机，当机者妙，药贵愈病，愈病者善。如平常最不可食的秽毒，若是拿来做药，适当病人的治疗那也是最好的药了。所以不能定说怎般那般，更不可说这个法门，某一类众生可修；那个法门，某一类众生不可修。今判三依三趣，乃就三个时代机宜的大概而言。佛法流传至今，已有二千五百年，现在正是第三千年间。依教中说：佛法有正法、像法、末法。三个时期：正法住世的时间有一千年，像法亦然，而末法则有万年。分述于下：

　　一、依声闻行果趣发大乘心：如来出世的本怀，是欲说出自悟自证的实相法门，但因为此土众生的根机未熟，乃方便先说适合当时机宜的，先说声闻乘法，令当机者起行证果。到法华会上才把这本怀说出来："为欲开示悟入佛之知见，出现于世。"前所说者，都是令入佛乘，《法华经》云："汝等所行是菩萨道。"从这点意义上说：由佛世时乃至正法的千年，是在依修证成的声闻行果，而向于发起大乘心——即菩萨行果或佛的行果。声闻行者，乃佛住世时，当机广说。我们看全部佛经，可以见到很多比丘得证圣果的记载——或证须陀洹果、或证斯陀含果、或证阿那含果、或证阿罗汉果。即或有未能证得四沙门圣果者，从佛出家，至低限度，亦都能依比丘戒修行。到了佛灭度后，佛弟子们，依着如来的正法——声闻行果，实践实修，证得声闻果者，在教史上，亦历历可见。所以正法期间，是依声闻行果而趣于发起大乘心的。已证声闻果者，大乘心一发，即知早走上菩萨行的半途，不难成佛了。

　　二、依天乘行果趣获大乘果：在印度进入第二千年的佛法，正是传于（中国）西藏的密法。中国（内地）则是禅宗、净土宗。禅宗出于第一期的末叶，附属于第一期，故此像法时期间为代表的是密宗、净土宗，是依天乘行果的道理，如密宗在先修成天色身的幻身成化身佛，净土宗如兜率净土，即天国之一。西方等摄受凡夫净土亦等于天国。依这天色身、天国土，直趣于所欲获得的大乘佛果。这是密净的特点，与前期有所不同。以初期能先证声闻行果的根机，到这像法时候是很少有的了。因为像法时期的众生，理解力虽比较强，但持比丘戒者不可多得，故证声闻行果颇不容易！是以先成天幻身，或上生天净土，依密净的天乘行果，以期速达成佛的目的。所以像法期间，是依天乘行果而趣佛果——趣于大乘行果的。

三、依人乘行果趣修大乘行：这是踏上了佛灭后第三千年的时代了，到了这时候——末法的开始，依天乘行果修密净宗勉强地虽还有人做到，然而就最近的趋势上观察，修天乘行果这一着也不适时代机宜了，因此，也就失了能趣大乘的功效。但前一二期的根机，并非完全没有，不过毕竟是很少数的了。而且依声闻行果是要被诟为消极逃世的，依天乘行果是要被谤为迷信神权的，不惟不是方便而反成为障碍了。所以在今日的情形，所向的应在进趣大乘行。而所依的，既非初期的声闻行果，亦非二期的天乘行果，而确定是在人乘行果，以实行我所说的人生佛教的原理。依着人乘正法，先修成完善的人格，保持人乘的业报，方是时代的所需，尤为我国的情形所宜。由此向上增进，乃可进趣大乘行——即菩萨行大弘佛教。在业果上，使世界人类的人性不失，且成为完善美满的人间。有了完善的人生，以为所依，进一步的使人们去修佛法所重的大乘菩萨行果。所以末法期间，是依人乘行果而进趣大乘行果的。

今天所说的，从前都有讲述，不过没有综合地讲，这次是综合地讲一遍了。人生佛教，即由人乘进趣大乘的佛法，在我著的《大乘与人间两般文化》《人生观的科学现实主义》《自由史观》等著述中，曾有详细的理论建立。现在最要紧的是：先了解佛法，正信佛法，由正信佛法而实行佛法。就普遍的机宜上，重在从完成人生以发达人生而走上菩萨行的大乘觉路。就从保持人的业果言，在今日亦须以佛法建立起人生道德，使人间可为实行佛法的根据地。人人学佛，佛法才可风行世界，普遍全球。[（民国）二十九年（1940）在汉藏教理院为暑期训练班讲，刊于《海潮音》二十一卷第九期。]

第四节　人生佛教之目的

全部佛教之目的与效果，可分四种：

（一）人间改善　以佛教五乘共法中之五戒等善法净化人间。从家庭伦常、社会经济、教育、法律、政治，乃至国际之正义公法，若各能本佛法之精神以从事，则均可臻于至善，减少人生之缺憾与痛苦。故现实人生可依佛法而改善净化之也。此虽一般科学、哲学及儒家等学术之所共，而佛教亦有详明发挥与其不共之特质者在。本此特质，进以融摄科、哲、儒学等所长，则佛教对此改善人生之目的，自可发挥其无尽之效力也。

（二）后世胜进　生命乃无穷尽之长流，循业力以受报，生死死生，此界他趣，轮回无已；故不惟图现生之改善，且应进求后世之胜进也。修十善业及诸禅定，可获上生天界；持佛号，仗他力，可往生他方清净佛土。虽生死未了，而可得胜进优美之依正二报，免四趣苦，且可超出人道之上。是依佛法可达之目的与效果也。此在净土及密法，亦所注重；而世间之高等宗教，如耶教之求生天国等，皆同有此种目的。

（三）生死解脱　后世胜进非不善，然诸行无常，有漏皆苦，生而不能不死，住而不能不灭，终不彻底。然则如何可断苦本而灭诸漏耶？生必死则求离于生，住必灭则诸有不住；截生死流，拔度苦海，而登涅槃寂灭之无生彼岸。我生已尽，梵行已立，所作已办，不受后有，生死魔军其奈何哉！是佛法又进一层之出世目的，乃三乘行者共达之效果，而为世间一般教学所不逮。

（四）法界圆明　涅槃解脱，美则美矣，然尚不尽诸习气，不断所知障，不得一切智，于一切法界犹不能圆明。且一切有情皆我无始来之六亲眷属，奈何自求寂灭而不之或问耶？是故菩萨摩诃萨，摄一切众生为己体，痛等切肤，大悲充溢而度尽为誓。历经时劫，广求无边福智，尽断二障习气，终乃圆明法界而融遍无碍矣。是大乘至极之效果，亦佛法究竟之目的也。

是四种为全部佛法所包容之目的也。然以言终极，惟法界圆明之佛果始为究竟，亦可谓此乃全部佛教之真正目的，前三层皆为达此之方便也。旧行之佛教，厌离现实人生之心切，每重求后世之胜进或无生之寂灭，净土、密法，即应此希求之方便门也。然专以来世或寂灭为务，每与现实脱节，不能圆显佛法之功效。今倡人生佛教，旨在从现实人生为基础，改善之，净化之，以实践人乘行果，而圆解佛法真理，引发大菩提心，学修菩萨胜行，而隐摄天乘二乘在菩萨中，直达法界圆明之极果。即人即菩萨而进至于成佛，是人生佛教之不共行果也。表如下：

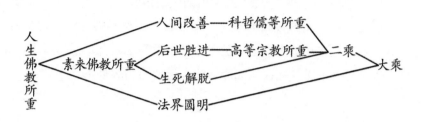

第五节 旁录

（一）民国九年（1920）在广州所讲之"佛乘宗要论"[按此以民国四年（1915）刊行的佛法导论为本论，以本论不存，故就释论录之。]下篇第二章之第一、第二、第三、第四、第五，共五节，为论人生佛法，以皆另见下文，故略之。兹录民国十年（1921）《评梁漱溟君之东西文化及其哲学》一文。

（前略）梁君以"生活意欲"之向前求增进，说明西洋古代及近代之文化，处中求调适，说明中华之文化，回后求解脱，说明印度之文化。但言人世，虽觉甚当，统观法界，殊不谓然。今另为表如下：

思议的障碍的生活 ⎰ 向前求进的……西洋文化
　　　　　　　　 ⎱ 因顺苟安的……中华文化
　　　　　　　　 ⎱ 根本解除的……印度一般文化及三乘的共佛法

不思议的无障碍的生活——大乘的不共佛法 ⎰ 分证的……菩萨法界
　　　　　　　　　　　　　　　　　　　 ⎱ 满证的……佛法界

梁君以"物质""他心""无常律"为障碍生活之对境。意谓对增上物质之障碍，可用西洋文化排除之；若他心之障碍，则须用中华文化融和之；而有生必灭之无常律，唯印度文化乃是解除其障碍。另将文艺、美术等列为一种相似不思议的无障碍的生活。其实，文艺美术为一类之无记法，展转亦为障碍。而物质他心之障碍，亦必由三乘之共佛法，达到大乘之不共佛法，乃成真正之不思议的无障碍的生活也。

梁君以"现量""直觉""理智"三种为知识之根源，盖即"现量""非量""比量"之三量也。然非量原以指似现量、似比量者，梁君似专指似现量言。且直觉非不美之辞，在凡情之直觉，虽属非量，而圣智之直觉，亦不违真现量、真比量，故成无得不思议之任运无障碍法界智。另为表如下：

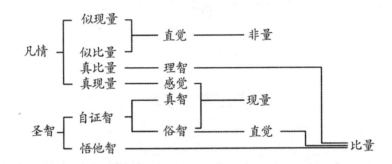

梁君以西洋文化是直觉运用理智的，中华文化是理智运用直觉的。所云直觉，皆专指似现量言。换言之，"直觉境"即"俱生我法二执之心境"也。又言：佛法是现量运用比量的，或比量运用现量的。由余观之，当言佛法是由圣智的比量排除非量的凡情直觉，获真现量，起不思议无障碍法界之直觉而运用比量的。所云起不思议无障碍法界的直觉者，即示现他受用身土及应化身土是也。

梁君视佛法但为"三乘的共法"，前遗五乘的共法，后遗大乘的不共法，故划然以为佛法犹未能适用于今世，且虑反以延长人世之祸乱，乃决意排斥之。其理由盖谓东方人民犹未能战胜天行，当用西洋化以排除物质之障碍；西洋人民犹未能得尝人生之真味，当用中华化以融洽自然之乐趣。待物质之障碍尽而人生之乐味深，乃能觉悟到与生活俱有的无常之苦，因求根本的解脱生活，于是代表印度化的佛法，始为人生唯一之需要。若现时，则仅为少数处特殊地位者之所能，非一般人所能也。故对于特殊的个人之学佛虽或赞成，而对于向一般人提倡，必力反对之。果如梁君之言者，似乎如佛典所云之北俱卢洲人，乃真能适宜佛化者，可是佛法兴世，又何偏在南阎浮提，而北俱卢洲人适得其反欤？且梁君自云：在个人唯觉佛法为真对的，其欲专提倡代表中华文化的孔家哲学，纯出于舍己从众的悲愿，则梁君殆不免自视太高而视人太卑欤。同为人类，同生斯世，梁君能觉得唯佛法为真对，众人便亦能觉得唯佛法为真对；众人既亦能觉得唯佛法为真对，梁君压良为贱，强谓其不能，乃云佛法在今日为贵族的，则纯出梁君之错觉，可知也。

虽然近来学佛之人，所知于佛者，不及梁君之正确，故大都迷信为鬼神之一，好为扶乩圆光及贪玩守窍出神等种种秘戏，其不然者，则悉趋于厌弃世事消极自了之一途而已。前者徒益邪秽，后者又懦弱自了，无裨人世。且当今佛教中之人，间有一二深思专精之士，则又寝馈昔贤高文奥义，非一般人所能共喻，梁君视佛法为贵族的，盖亦有在。

余则视今为世最宜弘扬佛法的时代：一则菩提所缘，缘苦众生，今正五浊恶世之焦点故。二则全地球人类皆已被西洋化同化，外驰之极，反之以究其内情。下者，可渐之以五乘的共佛法，除恶行善，以增进人世之福业；中者，可渐之以三乘的共佛法，断妄证真，以解脱人生之苦恼；上者，可顿之以大乘的不共佛法，即人而佛，以圆满人性之妙觉故。而对于中国，当排斥“混沌为本的孔老化”，受用西洋的科学。同时，即施行完全的佛法，以混沌之本拔，则鬼神之谜破故。若对西洋，则直顺时机，以施行完全的佛化可也。

余所谓完全的佛法，亦未尝不以三乘的共法为中坚，但前不遗五乘的共法，后不遗大乘的不共法耳。五乘共法，十法界的正因果律也，乃属于依他起性者；三乘的共法，生死烦恼之解脱也，乃通于三性三无性者；大乘的不共法，常乐我净之法身也，乃属于圆成实性者。今以明正因果，以破迷事无明之异熟愚，则中华宗极混沌，乐为自然之惑祛，而西洋逐物追求，欲得满足迷亦除。于是先获世人之安乐，渐进了生脱死之域，以渐达乎究竟圆满之地。此先得人世之安乐，亦与梁君所期者同。但梁君欲从排斥佛法，摄受欧化，提倡孔学达到之，余则谓须昌明五乘的共佛法以达到之耳。（《海潮音》第二卷第十一期）

（二）民国十三年（1924）所作之"人生观的科学"第三、第四、第五、第六共四节，亦阐述人生佛教之理论，以均见下文。故兹录是年章君太炎一信（见《人生观的科学》后序）及李君正刚《余之佛教复兴论》于次。

章太炎先生书

太虚上人侍者：昨日快聆清论，所发明起信大义，洞若观火，拜服拜服。更论人乘、大乘关系，尤有益于世教。昔人云：俗昧远理，僧滞近教。宋明理学诸师，所以不肯直趣佛法者，只以其道玄远，学之者多遗民义，故为此调停补苴之术。然苟识其情，厉行六度，亦与儒术相依，唯有漏无漏为异。若拨弃人乘之义，非独不益世法，并于六度有亏矣。大抵六度本自平等，十善乃其细者，在家出家皆不能离十善，东圣西圣亦并于六度。以此倡说（太虚按：予于人生观的科学则既倡说之矣）。自然殊途同归，未知上人以为有当否？此颂禅悦！章炳麟和南。

李正刚居士《余之佛教复兴论》

世界今日已达极苦之域，人类已多有厌苦之思，此则佛教复兴与时机已至之象也。吾侪佛子固当利用此时机会，以复兴佛教而救世界。然佛教衰敝紊乱之余，整理非易，复兴事业稍有不慎便入邪途，此则不可不预为审慎者也。兹谨以余之复兴佛教意见与诸君讨论之。

余以为起衰兴废，必先洞知其衰废之因缘。佛教之衰废，非以其所宣说之发育人生真理能了解者鲜乎？非以其所劝导之利益人生事业能推行者鲜乎？兹请究其原，佛教人生真理所以鲜能了解者：一、由狃于习见不能净信；二、由儱侗讲习，不能做有条理之具体研究。净信不生，即不能对于佛教与人生之关系而加以观察；不能作有条理之具体研究，即永无了解佛教人生真相之时。佛教人生真理既鲜能了解，则对于佛教利益人生之种种事业，亦终不能不怀疑。疑不能除，信终不起，净信不起，其能认此事业，为人生唯一切己事业而竭力推行之乎？此佛教所以至于衰废也！

既明佛教衰废之因缘，即可推论其复兴之标准。

余以为复兴佛教不出二途，即讲明其发育人生真理，而推行其利益人生事业是也。

讲明之方，余以为：第一、宜惩狃于习见之弊，净除自是妄见，渴求无量真理，未得必求其得，已得不自谓得，第二、宜惩儱侗讲习之弊，以四求、四务、四依、四即方法，究明二谛三句，乃至权实真应等原理。四求者：求其正、求其真、求其大、求其通。四务者：务专、务恒、务精、务悉。四依者：依总观别、依同观异、依终观始、依本观末。四即者：即事观理、即色观心、即他观自、即相观性。二谛者：真、俗。三句者：菩提心为因、大悲心为本、方便为究竟也。原理即得，即从事整理一大藏教：析法以尽其相之辨；会心以显其体之一；考史以证其用之实。体相用明，则佛教之唯一发育人生真理始无疑义，而利益人生之事业亦可由此而推行矣。盖佛为发育人生一大事而立教，世界发挥人生意义无如佛之明彻者，则学佛之结果，当然在推行利益人生事业，而使世界众生均得觉了其无量之生，乃至均得发育其无量之生。然推行之法，当自一己信受佛教不违其生始，欲不违其生，当自了解生之标准始，标准既得，则人生之关系，兴若者真能利益人生，若者不真能利益人生，皆能洞知，而后推行利益人生之事业自无谬矣。能推行利益人生不谬，而使自他俱得其生，即可谓不负佛立教本怀，而无愧为佛教学者也。余以为如此复兴佛教，始不致误入歧途，而能得一真正圆满结果，诸君以为如何？（《海潮音》第五卷第七期。）

（三）法舫所讲《作人与学菩萨》即本人生佛教而讲，原文载《海潮音》十八卷第一期，篇幅颇长，可为研究整个人生佛教之线索，兹仅录其结论，学者应寻究竟。

A　从做人学菩萨建立一切佛法：佛教里无论下士道的"五乘共法"，或者中士道的"三乘共法"，和上士道的"大乘不共法"，都有"菩萨乘"法，同是以人为对象的，所以要把全部佛法建立起来，就应做人学菩萨。

B　从做人学菩萨建立现代佛教：现代佛教，谁都知道是衰微极了，发菩提心的主要原因就是"不忍圣教衰"。所以要复兴建立现代佛教，应速从做人学菩萨起。

C　从做人学菩萨以达圆成佛果：佛是从菩萨证成的，菩萨是人学成的，以做人学菩萨可证佛果，所以要达圆满的佛果，必当就做人学菩萨的本位行去。

建立整个的一切佛法，建立新时代所要求的佛教，要达到究竟圆满的佛果，这些都是我们学佛的人应有的责任和希望，所以今天本太虚大师的意旨，从做人学菩萨上以求达到如此的目标：

一、从做人学菩萨来消灭一切我慢的纷争！

二、从做人学菩萨来融解一切派别的封执！

三、从做人学菩萨来整理僧伽制度！

四、从做人学菩萨来消弭战争，实现和平！

五、从做人学菩萨来建立菩萨的清净人间！

六、从做人学菩萨来建立一切佛法！

七、从做人学菩萨来建立现代佛教！

八、从做人学菩萨来建立世界佛教！

九、从做人学菩萨来圆成佛果！

第六节　人生佛教之层系

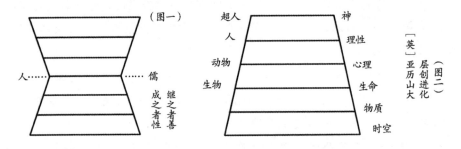

第一图的七个横线，是表示人生佛教的七个层系。这种次第含有高度和广度的意义。高度者，是以其理性的高低浅深而言，亦可说为深度；广度即以其范围而言，亦即是示其量的大小。今逐层分说于下：

甲　无始终无边中之宇宙事变

说宇宙事变，即是说的宇宙万有的一切法，时间空间即事变分位。宇宙即包括一切法，并是有变化有生灭的事事物物。一切有生灭变化的法，即是无常诸行。诸行是指一切有为法，因其有生住异灭的变化，故说是"行"；无常是说一切有为法的时刻在变化，在时间上找不到它的起始和终止，在空间里寻不着它的中间和边际。若更进而放宽说，亦是无我的一切法，并将无为法包括在其中了。故无始终无边中的宇宙事变，括尽了有为无为一切法。换些名辞，也可说为缘起性空法、唯识性相法、华严的五重法界、法华的三千性相。其范围至为广阔，故初层的线也最长。

乙 事变中之有情众生业果相续

在无常诸行和无我诸法的尽一切法宇宙事变中，特提出有情世间来说。这层是以一切众生为中心，以有机的生命为注重点，在有情上建立一切，其层度比初层稍微狭小。这两层若以天台学家所说的"百界千如的三千性相"来说：第一层的宇宙事变，可总包括三千性相。三千性相即是国土一千，众生一千，五蕴等法一千，总名叫作三千性相。性相等百界千如即是诸法实相，这种境界唯佛与佛乃能究竟。第二层注重有情世间，特说众生一千性相也。但有情亦不能离开依报国土的器世间和有情所依的五蕴等，不过此阶段特以有情作中心罢了。细究这有情的生命相续，是由造业感果转展不已，故有情的生死流转，相续不息也。由前世造业感今生之果报，此生造业又招来生受果，故有情流转三界，出没四生，皆是三世业果相继。在教理上特显示者，为十二有支缘起，说有情的生死流转因果。由此广推及一切法的缘起亦不出此十二有支。有情的各个报身，是由各人的自业所感；依报的器界国土，亦是诸多有情的共业所招，有成住坏空的生灭相续。其五蕴等一切法，是自共业果相续，又即五蕴等的积聚。试分析有情的本身，皆是五蕴等法的组合体。此层因以有情为中心，故线稍短，以示量之较狭。

丙 有情业果相续流转中之人生

在有情业果相续中，特提出人生来说；在有情界里人类算最灵的了，由有情各自造业感受别报的身根，由共同造业感受总报，世界国土。而人类创造力特强，此层特注重人生。在有情流转中来看人生，下层有三恶趣；上有天趣；中间是人的地位，好像一切为人生设施的，而人生的力量不可思议，成凡成圣皆是人所自作。故佛陀现身人间，说法度生，由人成佛。能够听闻佛法，受持学修者亦是人类。此层以人为中心去看一切众生之业果相续流转生死，特别讲明人生因果，故比上一层更为狭小。

丁　有情流转中继善成性之人生

在《易经》里有两句嘉言是："继之者善，成之者性。"是说明人生以继善成性为最善最美的标准，这种学说在纷纭繁变的人界中，推为至当的格言，在讲世间法的学说里也算是最完满的哲学了。这两句以佛法来说，可证明有情之业果相续中，人生是善业所感，造人的业因，受人的果报，人生的业因即由各人所行之五戒十善等业行，此业行是善的因，故感人生之善的果。故中国的儒家说人性是善的，将此善性继续而扩大，成贤成圣皆由此也。孟子说"人异于禽兽者几希"，二者的距离相差不远，看能否继善？于此"几希"中扩充，以完成人性建立完满的人格，故继之者善而成之者性也。于人生中最重要者是善，须假继善之功，成完满善性的人生，即是依继善成性之行为，作五戒十善之法，以此善的人生因果律，成人生完全之善性。此层成立人生果报，继续修善，完全以人为中心，其他一切环境，全以人的用功致力而达其美善。这种道理是儒家的特尚，而佛教向来将此忽略了，尤其是中国佛法，因儒家已有详细的发挥，以为佛法不须注重。今讲人生佛教，特将此点提出来。依人的果报，修人的业行，使相续不失人身，作进修的基础，故其宽度为最狭，此为人生的枢纽，成凡作佛以此为转捩点，而人生佛教之重心亦在此。故此层最为重要。

戊　人生向上胜进中之超人

这里的超人包括天界天神，但不用天神的名目者，以此层比天界天神的范围宽广，只要是超出人类以上的都是。此可包括三界诸天，和三乘初发心的修行者，若二乘人还没有得到极果的时候，仍不出于人类和欲色界天，而大乘菩萨行也在人天中成就，故此超人的包括很宽，由人修行增进至超人的胜行，或是三界里的天神，或是出世的二乘贤圣，大乘的菩萨行，皆从人成。

这是人中的向上前进者，故此层量度又稍放宽。

己　人生向上进化至不退转地菩萨

由胜进中的超人，修大乘行达到不退转的地位，是为二乘圣者的极果，以菩萨圣位亦可包括二乘圣者；大乘圣者所修菩萨行，教化一切众生，为利生故，遍入三界五趣，除佛的法界外，其余的九法界的众生皆是菩萨行化领域，居于九法界之最上位，与第十之佛法界相近了。

庚　无始终无边中之宇宙完美人生——佛

这层与初层一样宽，但与初层不同，这是佛陀证到的无上正等正觉的最高境界，一切法的范围有多大而佛的智境亦有多大，穷尽一切法的边际，就是佛的智慧法身边际，此层最宽广。中间人之一层，因属人生佛教所特提出讨论之点，是为适应今世界人类之需要，作为人的立足点，但非是人生究竟的目的，而究竟的目的是在成佛。这是佛教特有的趋向，与儒家不同。儒于这七层中，前三系和后三系都顾不及不，即所谓"六合之外，存而不论"。是仅顾到人事，人间之外的事，存而不论也。故中间这一层最狭，特指明儒家的道理，仅说到人间，其没有佛法的广度，尤其没有佛法的高度深度，故居人间，而人所依止的一切法，一切众生，不能深切明彻。其超人之三界天人，三乘之圣者，菩萨境界，及究竟佛境界，皆未之闻也。故佛教与儒教不同，而向来儒家每谓佛法厌世忽略人生，今则特提倡此人生佛教，注重人生的因果业报，继善成性，达佛之极果，一面又指明儒家的道理不及佛法的宏广高深也。

第二图是人生佛教层系与层创进化论之比观。

层创进化论，是英人穆耿·亚历山逗所发明的，是英国新近的一派哲学，其理论是综合现代科学的成果及各派哲学和宗教哲学的所长而成的，为很有层次系统的新哲学。有人说我的人生佛教的层系与亚氏的层创进化论的层系相仿。其实不然，他的次第是塔模式的上小下大，我的这个次第是上下大而中间小。不惟是形式的不同，尤其是内容更判若云泥。他的最底一层的基础，是以无限和有限的时间和空间建立的，似乎更与人生佛教的第一层的"无始终无边中"宇宙的意思相同，但我说的是包括一切"宇宙事变"的现实法，他只是一个空洞的时空的虚架子。他的第二层是物质，亦只是时空中单纯的物质，这与佛法所说的色法相同。色法即是有质碍有变化的物质。在空洞的时空里，有物质存在，是更加一重意义了。他的第三层是比较时空物质再增进一步，成为有机的生命物，生物与物质的不同，是有生命连绵的状态，生殖死限等生机的特性了。其第四层为有心理活动的动物，前之生物包括一切动植物，此则唯指有生命有心理现象的东西。其第五层是理性，为在一切动物中特具理智性能的人，是动物中最灵明优秀的人了。人是有最高希望欲的，不以人为满足，故有进一层的超人的神的境界，以神为最高的一层，也是最狭小的一层。他的最底的那一层的时间和空间，是空洞的不是实事的，其物质的和生命的均未在其内。我的初层则将宇宙万有生灭变化的一切法，都包括净尽了。而且他的最高层的超人是很狭的，只说到天界，远不及我的第五层系中的向上胜进中的超人（包括三界及三乘圣者）广大，这是我与他的不同点。他虽然是在西洋算进步的哲学，但比之人生佛教，则瞠乎其后，还差得很远呢！若能将这人生佛教的道理，宣扬于西洋以至全世界，则可综合又超越一切科学哲学，而骎骎乎为世界文化，世界宗教的归墟矣。（世光记）下更分层广释。

第二章　无始终无边中之宇宙事变

"事变"亦可曰现变实事，亦曰现实，亦曰真现实。以"无始终无边中之宇宙"显其义相，兹分三节明之。

第一节　因缘所生法

一、略叙

因缘所生法，即宇宙万有诸法。依佛法义，世间诸法皆因缘生，空无自性。世或言上帝造成、或言大梵天生、或言地水火风所生、或言阴阳太极生、或言原子电子生、或说由虚空生，佛法不如是，以是诸论，皆执一端故。盖为因缘亦所生法，即阿赖耶种子亦所生法，是故一切法皆因缘所生。而因缘又即为一切法，此关系之众缘，无际无尽，故佛法明缘生诸法真象，无边无中，无始无终。故一切分别对待之所执，皆安不上。世间之所执，于佛法明因缘所生法义上，都打破之。（录《佛学概论·学理编》第一章第一节）

二、能知所知关系概论

能知所知及其关系，统称曰"法"。法之一名，无不包括。不可知不可言交遍存在之一切法，谓之法性，故无一不名法。一切智者知之言之，而适当其真相，谓之法住，故佛所说曰法。佛所说法，依不可知不可言之法性为因而有所说，故法住契合法性曰法界。法界者，诸法之总和，合依言之法住与离言之法性而立名也。

西人迈格文,谓“法”为佛学在思想界最有创意之一贡献。然彼认法为分析诸有,到最后之原极、元子。是但观俱舍七十五法、瑜伽百法等,以有情等所蕴材素,赋以“法”名,遂作此想。其实,“法”非蕴素专名,以“法”为大共名,故亦以之名“蕴素”耳。又西人之原极、元子,是指现象所依之非现象“底质”(本质或本体等)而言,此同于所谓“极微色”,但假想境,为析观空故施设者。虽亦法之一种,等于“无法”。

佛学之“法”,以许皆所知故,可是现象(种子亦是一切种识之所知境);然现象名对本体言,佛法无“本体”故,(即无实我实法之实质体),亦无对本体而言之现象;反之,则又无非现象,无非实体,故今只言“现实”。现实皆为所知,故随能知之智差别,现其粗细不同之相。最低浅智,直观一团和合一期相续之成事故(一个有情身,或一个器物),执整个我或整物是实在体。次高深智,观成事之和合相续,可以解散割断。一方从所执“整个我”出发,析观我体,以推求最终体,由是有唯我之哲学;一方从所执“整个物”出发,析观物质,以推求最先质,由是有唯物之科学;一方从所执“整个物我”为出发,推观诸我、诸物,以求统一之最高神,由是有唯神之宗教。再高深智,现观无“整个我及整个物”,但有五蕴等法之和合相续聚,虽不无因缘所合成之诸法,而绝对无整个之“有情我”,当然亦无统一诸我诸物之神,是为小乘无实我之诸法。极高深智,现观无我,而缘生诸法亦空无自性,皆众缘起,皆唯识现。初为凡情,次为异学,三为二乘,四为大乘。以能知智程度不同,使所知境(现实)重重差别,此可见能知与所知之关系矣。然大乘智知现实之真相,亦知前三智所知之谬似,故为胜也。(录《真现实论》第五章第五节第一目)

三、因缘生果之三要则

因缘生果,为佛说之普通定量,无一经论不谈及之。然有三义必先认清:

(一)因果律之无始终性。[①] 佛学中因果通三世之说,言因果之相生,

---

① 全集本以“有情造因受果之自由性”列首。

如环无端，无起始亦无终止也。由此乃否定除佛以外诸家所立之种种原极因或第一因。兹录《俱舍论》文，略明其义：

　　一切世间，唯从诸因诸缘所起。非自在天（同耶、回教之神）、我、胜性等（等于太极、自然、以太、电子之类）一因所起。此有何因？若一切成许由因者，岂不便舍！一切世间由自在等一因生者，则应一切俱时而生，非次第起；现见诸法次第而生，故知定非一因所起。若执自在随欲故，然谓彼欲令此法今起，此法今灭。此于后时，是则应成非一因起，亦由乐欲差别生故。或差别欲应一时生，所因自在无差别故。若欲差别，更待余因不俱起者，则非一切唯用自在一法为因。或所待因，亦应更待余因差别，分次第生，则所待因应无边际。若更不待余差别因，此因应无次第生义，则差别欲非次第生。若许诸因展转差别，无有边际，信无始故，徒执自在为诸法因，不越释门因缘正理。若言自在欲虽顿生，而诸世间不俱者，由随自在欲所生故，理亦不然！彼自在欲，前位与后无差别故。又彼自在，作大功力生诸世间，得何义利？若为法喜生诸世间，此虽离余方便不发，是则自在于法喜中。既必待余，应非自在。于喜既尔，余亦应然，差别因缘不可得故。或若自在生地狱等无量苦具逼害有情，为见如斯发生自喜。咄哉，此自在为！依彼颂言诚为善说：由险利能烧，可畏恒逼害，乐食血肉髓，故名鲁达罗。又若信受一切世间唯自在天一因所起，则为非拨现见世间所余因缘人功等事。若言自在，待余因缘助发功能方成因者，但是朋敬自在天言，离所因缘，不别见作用故。或彼自在要余因缘助方能生，应非自在。若执初起自在为因，余后续生待余因者，则初所起不待余因，应无始成，犹如自在。我胜性等，随其所应，如自在天应广征遣。故无有法，唯一因生。奇哉！世间不修胜慧，如愚禽兽，良足可悲！彼彼生中别别造业，自受异熟及士用果，而妄计有自在等因。

　　此论破除二执：一、唯一大因执，二、自在实体执（实质论）。莫非众因缘起故，无"唯一大因"，亦无"自在实体"。除佛以外，诸家之因果说，皆建设于"唯一大因"与"自在实体"之上者。佛学全破除此，故迥然不同也。

　　（二）因果律之无超越性。无为法虽可说非因果性，然无为法，即诸法之真相，非诸法外别有其体。故诸法无论为心法、心所有法，以至色法、心不相应行法，从此索诃刹以至十方无量刹，从六生杂居地（即五趣杂居地）

以至佛界，莫非因果律之所范持者。虽佛亦不能超越及改变于因果律。然若了知于因果律，则能创造善因，和集善缘，生于善果。因不值缘，终不生果，故因亦非必能生果，或远其助缘，或别造强因，皆可使此因之果，暂不生起，或终不生起。故此无超越性，与后之自由性，相应无违。除佛以外之诸家，虽亦说或种因果关系，然必认有"大神"，或"真我"，或"元质、元力等，超越于因果律之外。佛法全异乎是，虽诸圣者以神通力，可令现实发生变化，此""神通力""亦是因缘所生之果，复能为生果之因及缘者。譬如科学知识增进，能用原料造望远镜（例天眼通）、飞行机等变更自然形物，说为奇迹。同是奇迹，说为不超越因果律，同为不超越因果律，以皆因缘所生之果，复为生果之因缘故"。

（三）有情造因受果之自由性。《增一阿含经》云：世有三种邪见，信之者虽德行无亏，然必至于对自己之行为不负责任。一谓人生所有苦乐，或非苦乐，纯粹由于前定（即宿命说）；二谓是由神意规定（真神造作主宰万有之说）；三谓由于机运（遗传、环境等科学说）。既由夙命、神意、机运，则杀人、盗财、奸淫等，皆可推归夙命、神意、机运。……则分辨行为之善恶既属无谓，而有过者之改恶为善，亦成不可能之事。此经所说明者，一事之果必有其因。然有情者自受其果，亦由自造其因；有其因则有其果，虽为当然之数运，然造因固在现前活泼泼地一念心之自由决择也。"因"可自由决择而造，则为善为恶之权责归己，而受福受罪皆自致，亦无所怨祷矣。（录《真现实论》第四章第一节第一目）

（四）亲因生果之因缘法界。法界之广义，亦包括现实成事；法界之狭义，又唯十八界中之一界。今非此二，取不狭不广法界义，专就诸现实蕴素言。于现实蕴素中，诸无为法，虽亦是离系果可作所知缘等，非亲因生果性，此所不取。诸分位假及和续假（情器佛刹）虽亦能作胜缘、知缘及为所生之异熟果、增上果等，然均不作种生现、现生种之因果性，亦所不取。以此因缘法界，虽亦带明胜缘所生增上果等，正明亲因所生之等流果，故唯取诸心法、诸心所有法、诸色法以观其因缘所生果也。此心法等，各有自种子亲生自现行，亦从自现行熏生自种子。在持识中，自类种子复各前灭后生，引生相续。此唯种因生现果，种因生种果，现因生种果，乃为诸法正因果性。明此正因果义，唯一切种识缘起说与法界缘起说。虽亦兼诠知缘、胜缘，然正明者在于亲因生果。因缘情器，说胜缘等生异熟果，因缘佛刹，说知缘等生离系果。今此因缘法界，则正明亲因之生等流果，亦兼明诸缘之生诸果者。情器是有漏之因果；佛刹是无漏之因果；此则为遍通有漏、无漏之有为因果，遍为情器佛刹之蕴素者，犹舍材与舍宅之关系也。故前诸缘果，皆依此因果而立。（录《真现实论》第四章第四节第一目）

第二节　世间

一、何谓世间

甲　世间之名义

世者是迁流无常义，是虚伪无实义，可对付制伏义，可破除断灭义。堕在此世法之中者，谓之世间。何谓无常、无实、可制、可灭？曰：一切世间物事，因时因处，变迁流转，是无常义；一切物事剖析极微，求其单位实体而不可得，是无实义。无常故可制，无实故可灭。然则所谓世间一切法者，唯心所现之假相耳。假相有二：一者连续相。如以一星之火周转成环，连续不息，见者不见此一星之火而见此环，则亦曰环耳环耳，此连续之义也。二者和合相，如人任以一"个体"物而分析之，虽至与空为邻，而卒不能得其组合此个体者之本体。往昔物质学者以分子为物质之单位（即本体）以为得之，乃未几而知所谓分子者，实非不可分析，遂有原子之名，则分子之分子也。又进而知此原子者，亦非其小无内之实体，乃以想像而假定原子之上，尚有实体，无以名之，名之为电子。夫电子者，已为不可思议之名称，然在物质学者犹未敢断之曰：电子者，确为其小无内不可分析之实体，亦即宇宙万有之缘起也。而唯物之学，亦几穷矣。此和合之说也。世间物事皆不出此二义，知此，而无常、无实、可制、可灭之义审矣。然而佛法中则有真常（非迁流无常）、真实（非虚伪无实）、自在（不可对付制伏）、而有自力（不可破除坏灭）

者在。

乙　世间之范围

世界无边，故有情无边；有情无尽，故世界无尽，无始终，无内外。由本空故平等平等，唯心现故如幻如幻，实无范围可言，然就众生心，应所知量以言之，略述如下：

世界无范围可言，以其本空，以其唯心现。何谓本空？曰：世间一切事物，就物质方面求之，终不得其究竟故。何谓唯心现？曰：星火成环，实无环体，而有环形者，随心现故。问曰：星火成环，应是火现，如云本空应无所现。答之曰：此虽借火为喻，不知火已非实，若人心无差别，火亦妄有，何有于环？如谓本空应无所现，则更以梦境征之，人在梦中知有梦中之世，而不知有觉时之世，然觉时之所谓宇宙万有者，梦中亦应有尽有，即觉时所不能见不能有者，梦中且无所不有，当其梦也，种种境界，无一非实，其梦愈深，其执愈甚，而其实境亦愈显。夫此实境者，随心现于梦时者也；世间者（宇宙万有），唯心现于觉时之实境也。要而言之，连续相耳，和合相耳。将有大觉，而后知此，其大梦也。众生不知，执以为实，不亦惑乎，故曰实无范围可言。然既为之说矣，乌可无说？说之之道，亦惟就吾人普通之心理，而辨明之耳。

世界无边，众生无尽。今且就释迦牟尼佛化土之娑婆世界（娑婆，译曰堪能忍苦，为释迦牟尼佛应化之世界，吾人所居之地球，即此中一极小部分），略示其一斑：

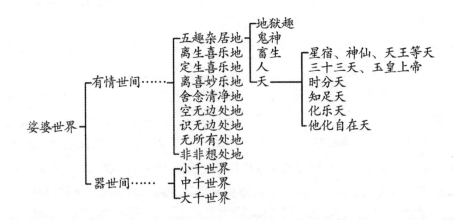

所谓有情世间者，无明无始也，惑业之所由生也，生灭因缘之所依也。表就九地五趣示其名相，其详见经藏中。所谓器世间者，有情之所依也。积此三千大千世界，而为娑婆世界。（一太阳系为一个小世界，积一千个小世界为一个小千世界，覆以定生喜乐地；积一千个小千世界为一个中千世界，覆以离喜妙乐地；积一千个中千世界为一个大千世界，覆以舍念清净地。小世界每一大劫经一次成住坏空，坏由火灾，火坏七次，继由水灾坏至于离生喜乐地；水坏七次继由风灾坏至离喜妙乐地；独舍念清净地乃不复坏。）返视吾人所居之地球，其犹太仓之一粟乎！世界之成住坏空，犹人之生长老死。世界自成以至于空，谓之一劫；吾人自生以至于死，谓之一生。以一生而较一劫，为时不太促乎！（录《佛乘宗要论序》第一章第一节）

二、所知现实之成事

所知现实之成事者，谓所知变现事实之已生成者。事实亦即事物，事物之已变现成者，类而别之，近人大抵分之为无机物（或无生物），与有机物（或生物）。研究无机物者，为天学，即天体学、天文学、气象学等；为地学，即地质学、地理学、矿物学等。研究有机物者，为生物学，即生理学、形态学、心理学等；人生学，人类为生物之第四级（一单体细胞级亦曰生元，二植物级，三动物级，四人类级），即人类学、人种学、社会学等。而纶贯之以化学、物理学。化学言质，物理言力。无机物与有机物，皆质力变现成故。此为执唯物之科学。今依现实主义之佛陀学，则当分为"有情"与"器界"研究之。然其研究之内容则同其丰富，而范围之广大过之。故应尽量采纳上述之科学，而施设之于适当之位置。

然此有须特别提明者，真现实论之佛陀学，旨在现性实觉。现量实相不可诠说，但随世间（习俗之各种有情世界间）、机会（一地方一时代之机感的人众，或异类异界中的机感有情众）而说世间各种有情机会之能知所知量，浅深广狭，有多差别。其能知上之所知境，有似睡梦，奇幻非实。但由业习力相似相续故，一种有情机会之习俗心境养成故，习深俗成。在此机会中者，众有情觉其如此，一有情亦觉如此。但由先传如此故，众信如此故，觉其如此，其实非必如此。故虽谓之世间真实，若衡之以学者能知所知境（科学者、哲学者、禅学者等），及出世间现量实相，则非真实。真现实论者之随机而说，在由不违世间之习俗心境中，俾达到现量实相之现实心境。能达到现量实相之现实心境，则习俗之心境自空，如睡梦醒，梦境自灭。故其为说有二要旨：不妨碍达到现量实相之习俗心境，则随顺或修改而略说之；不令瞋恨而生不关要之抗争（若伽利略地动说为耶稣教禁止等），且令欢喜而来信受最关要之主旨，所谓世间悉檀是也。有妨碍达现量实相之习俗心境，（若唯神、唯我、唯物诸迷谬执等），及有益达到现量实相之世间心境（习俗世间学者世间），则对治或称道而详论之，所谓对治悉檀、生善悉檀是也。本此二旨，释迦佛陀出现于印度，其密迩人间之有情器界（若瞻部洲苏迷卢等），较为当时印度人众所公认如此者，自不能不用随顺或修改而略说之态度，此不能不与"自有所执"之科学者异其态度也。故佛陀所说密迩人间之有情器界，不能如嫥嫥于此之科学，较为详确，殊不足为怪也。然真现实论者之在今世，则因地球人类交通进步，知所知境扩张，旧时一方一族之习俗心境渐开放，而以组织研究之精进故，印刷宣传之便利故，科学者世间之科学，渐为地球人类有势力之世间心境，则本于随机而说之主旨，当随顺科学或修改而略说之。所以必加一修改条件者，则因科学者世间之科学心境，虽较旧时习俗心境为胜，然亦未达现量实相之境，不无违碍之处，故随顺中仍加以修改也。（录《真现实论》第二章）

三、所知之器界

器界与根身一切种，同为一切种识不可知相，彼深细故，此广远故。然诸识及根身种子，皆属有情世间，而本质器界尘，与五色根识托以变缘之现象五尘（色、声、香、味、触），及法处所摄色一分，则为器界。世间器之染净，随有情而染净，故曰有情心净则国土净。据实言之，有情各住一器世间，依各自之一切种识，各变为本质尘；依各自之六根识及本质尘，各现为六尘境界；各自见闻觉知，依持受用于各自之器世间内，譬如梦心之游梦境，不出自心梦境之外。然觉梦境有一不同之事，则梦境唯是自心之所现，而觉境则有他有情心为增上。（梦境间亦有之，然不若觉境之必有）；众同分（同类之性）业果相似故，异熟根身器，识亦相似故，异时异处，且相资变，同处同时，更相资用。于是诸有情类误认同类有情更相资变资用之器界，为离有情心而独立存在之物。欲测知其物之生起变化及现存者究竟何若？遂有天体、天文、地质、地理诸学。然实刹那生灭，随有情识恒时转变，真现量实相中，超名言种类分别故，无可测量宣说，随"俗情世间""学者世间"等，虽有可说，然由各时、各处、各有情类所知不同，其相无定，随识迁变，如幻如化。唯在一期一域之内，依一有情相似识中相似之器界，可为假设之言。故首应知古近天文等学，皆为假设之言，乃可择其于事理较符合者以为说。虽详言切近人间之所知器界，亦不执为唯此非余，执诸器界决定如此。以有情类心识力殊异故，所变、所依、所知、所资用之器界亦成多样多式，或随有情身而有无（若四禅天），或先后有情而有无（三禅天以至人间等），或极寒中而有有情生活（若八寒之苦器），或极炎中而有有情生活（若八热之苦器），或身器多随心力而变化（若天生神生之器界），或身器多随变理而规定（若人生旁生之器界）。能相对以观其会通，勿偏执而据以齐一，庶可试言真现实论者所知之器界，无自教相违、世间相违之过也。（录《真现实论》第二章第二节第一目）

四、所知之情器

"有情"与"器"之世间相密切关连，不能绝然分划而说。佛陀学中虽分"有情"与"无情"之别，而草木诸生物，虽可合矿物统称曰无情，然矿物无生而植为生物，其间亦不能不有皎然之区别。且近人进之亦有言植物为有情同人者；退之亦有言人生亦无情同矿物者（若美国行为派取销心理学者）；或则宣言万物皆为生物，有情无情不别（若德国赫克尔）。此之三者，甲可扩充为心本论或唯心论；乙可扩充为物本论或唯物论；丙可扩充为生本论或唯生论。据其意，万物只有程度之高下，无性质之别异，则有情与器，亦无可分别。然按验之现实，矿物、植物、动物三者，固各有显著之区别。动物能以音容表其苦乐之情，异于矿植，而特谓之有情；因谓植、矿曰无情物。

植物能于死限前表其生态与表其死限后之死态，又与有情同能传殖自类生种，异于矿物，与有情同谓之生物。矿物唯有与植、动共通之结散变化性，谓之无生死物。此固平允明显，而无何隐秘难见者。依此分别，万物应有四差别性：一、结散变化性，二、死限生殖性，三、永续统摄性，四自觉进化性。仅有第一性者，则为矿质等无生物；有第一性加有第二性者，则为植等生物；有第一第二性，加有第三性者，则为人生以下之旁生等有情；有第一第二第三性、加有第四性者，则为人生以上之人生等有情。虽至天生及大乘圣犹有不能一概论者，然就人界情器观之，则秩然不可逾越也。有情之永续统摄性，与自觉进化性，皆以其各有之一切种识，及此识互依之意识等而言。以有此故，同为有情识者。人生之意识等，较为发达，由意识而现人生之创造生活，故别说有一自觉进化性。旁生之意识等，较为昧劣，由异熟识受异熟之生活，故暂说无有自觉进化性，其实亦微有自觉进化之性也。由此，有情与无情器之别，皎然应有。有情通于能变所变，无情唯是所变，如上言器由识变等。在无情物，植矿之异应更详究。（录《真现实论》第二章第三节第一目）

第三节　大蕴处界

一、四大与六大

　　四大为俗情与学者之世间说，佛陀学因顺之，小乘学改进而说之，大乘学更加改进而说之。或仍说为四大，或增为六大，或改名为四界、六界。所言地界、水界、火界、风界、空界、识界是也。谓观察内身、外器之现象，有安住之大地焉，在身即为筋骨；有流行之大水焉，在身即为精血；有炎烈之大火焉，在身即为体温；有飘飔之大风焉，在身即为呼吸。进而深察其体：地大为坚劲质，水大为流湿质，火大为暖热力，风大为轻动力。此亦如近人于质区别为固质、（坚劲质）凝质、液质、气质（流湿质），于力区别为热力、动力也。由此质、力更察其用：乃知坚劲之地有持载用，流湿之水有滋润用，暖热之火有烧熟、照明用，轻动之风有吹发分布用。质为被变化者，力为能变化者。由烧而毁，由熟而成，由照明而显现；由吹而灭，由发而生，由分布而序列。负质而抱力，传力而换质，质力相乘为变化，而呈万有之奇观。究其原始，则为分析到不可分析之四大极微元子，此为古近唯物论之所本。小乘亦借用四大之分析以观身空，及四大极微之分析以观器界空焉。然印度胜论师乃说地、水、火、风、空、时、方、意、我之九实（陀罗骠），以观地、水、火、风之身器等，有虚通容受之空焉，有过去来今之时焉，有上下纵横之方焉，而又有"精神机关"之意，与在"意"中主宰之"我"焉。然此为佛陀学之所不取，而大小乘学中则增空大、识大而为六大。以观有情众生，不惟有坚、湿、暖、动之质力，更有知识等之精神现象，为见闻嗅尝觉所不能取，与彼质力之可见闻嗅尝觉者迥然不同。精神现象虽不一类，然莫不与知识俱起，为知识所连贯，乃增说为识大。又观"物色"与"识心"间，更有非色非心之虚空焉，复增说为空大。在序列上，以虚空由地、水、火、风不存在处而显现故，居识大之前。色之无处曰空，故空非色，亦无识之能虑知用，故空亦非心也。然此空大应包三义：（一）眼识所见空，此云空一显色，见形色无处之空无物故。（二）容受形体空，此云空界，于空隙等之间，诸形体物皆可占住或通过故，此正为近人所云之空间。即此空间，施以长广厚之三度，所谓三度空间，即为方位；施以四度，所谓四度空间，即为时分。故"空间"一名，包胜论之空及时、方也。（三）真理所显空，此云虚空无为。空一显色与空界，亦从缘变化，故非无为而是有为。此则唯以在种种变化诸色心等中之虚通无碍性，谓之空大，常恒普遍，故是无为。盖诸变化，虽一极微，若无此空，则应不能变化。然无不变，故无不空，而此空遂为普遍常恒矣。此六大为大小乘之通说。以地、水、火、风遍于诸色法，识遍于诸心识，空遍于色、心法，故皆名大。复依界因各别，名为六界。由界以言，前四不遍于识，非虑知故，识亦不遍前四，非质碍故；空则遍于色心，性皆空故。故空最大，识次于空，风、火、水、地又次于识。然地界中具水、火、风，乃至风界中亦具地、水、火，但由隐显而各成其异相，非可离绝。识于前四亦然，色皆变持于识，识亦依仗于色（所缘缘）。识隐色显名前四大，色隐识显名为识大。空之常遍，更无待论，然亦以非虑知质碍，别名空大。参而不杂，遍而常别，故名为大，亦名为界。后期佛教之秘密宗，乃专以此说诸法之缘起。大佛顶经特重定心现量，拣别于比非量之意识，于识大中别开"见大"，则以现量心名"见大"，别以非比量心为"识大"耳。

二、大乘四大种之胜义

四大为能造色，其余五根、五尘及法处色一分为所造色。以唯触处所摄坚、湿、暖、动之四，亦大亦种。空识名大，大而非种，余种名种，种而非大。此四为能造色，与诸根、尘造色作五造因：（一）生因亦曰起因，谓诸造者虽自种生，若离四大必不能起。《瑜伽论》问：诸法皆从自种而起，宁说大种能生诸色？答言：由诸大种及造色种，皆悉依附内相续心（一切种识），诸大种若未生诸大，诸造色种，终不能生。要大种生诸大，造色种乃随生造色。大种生诸大为造色种生造色之前导故，乃说大种为造色之生因。（二）依因，谓诸造色依据大种所生大处，方可得生，即大种生诸大占领空间，诸造色种所生造色，乃依而住。《瑜伽论》云：由造色生色不离大种处生转，故名依因。（三）立因，或随转因，由诸大变异时，依此之造色亦随变异故。例橘变异，其香味等亦随变异，以香味等随橘而立，故名立因，亦随转变，名随转因。（四）持因，亦曰住因，住者存在之义，《杂集论》云：由大种相似相续生，持彼造色令不绝故。然《瑜伽论》则谓造色随于大种等量不坏。又云：由大种任持业，持彼造色本量令不损减。又云：由大种势力任持故，使诸造色有所拘碍。则此住因与前立因相对，立因谓若诸大相似相续变，则造色随变；住因谓若诸大相似相续不变，则造色亦随不变。换言之，即诸大存在，造色亦存在，故名住因。（五）长养因，谓由大种资养造色令增长故，名长养因。种者因义，四大对于造色有此五种因义，故名四大为种曰四大种。此虽语由小乘义，乃大异。盖小乘说诸所造色，由四大极微所集生，故四大为造色之实因种，曰四大种。大乘说"一切种"离"一切种识"无别体，但为潜在识中别别功能势力，而所造根、尘色与能造四大色，各别由识中之"自类种"生；但由四大现行，能为诸造色现行之胜增上缘。以由四大作造色前导增上缘，说为生因；作占处增上缘，说为依因；作变异增上缘，说为立因；

作不变增上缘，说为持因；作资长增上缘，说为养因。由此假说四大现行，为能造于造色之种。然增上缘必是现行而非种子，以诸种子潜遍识中，无殊用故，要由现起对余有违顺用，乃成增上缘故。随顺小乘名四大种，义淆种子，遂生学者诸多误解。今按现行四大与现行造色之关系，近如五净色根与五识之关系，为胜增上缘，不作因缘。故仍小乘名四大种，不如改名为"四大根"。例之二十二根，加四大根为二十六，似较名四大种为宜。由此应知：大乘所言之四大种，有时简称"大种"，皆四大之现行，非四大之种子。对诸造色为胜增上故，假名种子，故异小乘以四大极微为造色实因缘种。然诸造色在处，必与能造四大俱在。近人或执四大在于器界，不在根身，可知非是。谓由异熟业之成熟力故，一切种识中之四大种子，自起四大现行，造色种子随之自起造色现行。此刹那生灭诸现行色法相续（四大自类互遍亦遍于诸造色），被执藏识执受为自体者，名为根身；不被执受为自体者，名器界尘。故能造之四大，遍于所造之根尘也。科学说物质（色法）之特性，第一即为"占空间性"。佛陀学言色法为"质碍性"，"质碍性"即"占空间性"。四大为造色五因之第二依因，正为"占空间性"，以诸造色必依四大，故皆占住空间而有质碍。虽净色根，亦占空间而有质碍，必依四大俱有，是色法故，故不应言四大唯在于器界也。既明"四大种"为依"四大现行"之假说，是故在十二处，属触处摄；在十八界属触界摄，为身识及身俱意识之所变缘。究四大触（例四显色）所托本质，则为异熟识所变缘不可知之身器。或言"四大种"为异熟识变缘者，殆不知依"四大现行"假名为四大种，而误认为"一切种识"中之种子类欤。然四大既为触尘之一分，何以对余色法，独为能造，不如"四显色"等，（四显色为实色，四大触为实触，故以相例。）唯立一色尘种，亦收四大与触尘种而别立四大之种耶？据实四显色等，亦各有种，亦可别立，非青色种等生黄色等现行故。然彼四显色等不为别立，独此四大别立种现，且说其现行为能造色者：（一）由世间及小乘于此起分别执最深故，随顺其语而改其义。（二）由"占空间为质碍"之色法根本性，专在于现行之四大，能为所余色法作五因性，故名此为能造。然至纯正"诸法唯识义"中，则如"百法论"等，"四大"摄于触中，与"四显色"摄于"色中"等无有异，不别立四大矣。复次，小乘以"四大极微"为能集生诸色法之本体因，极微为实，其余色法为假。颇同诸唯物派以"极微"或"原子"为能构成身器等之本体，常住真实，所构成之身器等为现象，变非实常。但小乘为多元论，而非唯物耳。今大乘中恰与相反，《瑜伽论》等，俱说异熟识等顿变顿缘根身、器界及五尘境，随量大小而顿周遍。此顿变之能所造色为实，而"极微色"则但为瑜伽师等假想慧之所观境（属于法处所摄色中极微色），唯假非实，此为大乘之殊胜义。由此，诸色如幻即空，不藉分析观其空也。

三、情器之五蕴

色、受、想、行、识曰五蕴。蕴者，一团、一聚、一群之义。《俱舍论》引阿笈摩云："随所有色，若过去、未来、现在，若内、若外，若粗、若细，若鄙、若美，若远、若近等，此一切色摄聚一处，说名色蕴。"色蕴如此，受、想、行、识四蕴亦然。此等五蕴，乃略于物质现象（色）而详于精神现象（心）之分析也，与前六大详于色象（四大）而略于心象（识大）实成一反比例。盖六大为寓真于俗之谈，五蕴为导俗入真之说也。《俱舍论》云："欲界妙欲色相显了，色界喜等受想显了，无色界前三取空等想相显了，后一行相显了，识住四蕴为第五蕴。"然六大之空大，可通于"无为法"。五蕴则唯是"有为法"，亦曰有为诸行。行者行为，是动作转变义。动作转变，故有生成灭坏，虽暂时存在（住），而无时不变（异）。生相、灭相、住异相，曰三有为相。事之有生有灭，有住异者，曰有为法。诸有为法亦曰诸行，故行蕴乃有为诸行之名，亦五蕴之通号。色等四蕴既施别称，所余诸行，遂统曰行蕴耳。生住皆变，变异贯于住及生灭，故有为及行，亦可以变义训之。变者曰有为，不变曰无为；变者曰行，不变曰非行也；色之狭义，唯是十八界中之色尘界（见下），为眼识（视觉）所见光色等。色之广义，摄为此中色蕴之色，包括五根、五尘及法尘之一分，等于通俗所云"物质"，而以"变碍"为义。变是有为法之通义，以色蕴是有为法故。碍者质碍，是色蕴之特义。色蕴是物质而非心，异余四蕴之是心非物质。随俗常识，先观有情身及非情器诸有变碍之物质，摄为一聚，名曰色蕴。观俱舍所引阿笈摩，可知五蕴非仅为人格之分析，而色蕴固由遍观若内（身）、若外（器）一切之物象立名者也。依此身器平等之色蕴上，呈一显著之分裂相，则曰精神现象，乃身之所有，而器之所无者也。有精神现象者曰有情身，无精神现象者曰非情器。情、器既分，更从无形之心象以观察，与色蕴（身器）而有密切关系，则为苦乐或非苦乐，忧喜或非忧喜之感受，为六官感对象（六尘），刺激（触）于六官感机关所反应之领受，故《俱舍论》训为"领随触"也。依内身之感受名自性受；依外受器之感受名境界受；依六识身别为眼识相应受，乃至意识相应受之六受身。前五识唯苦、乐、非苦乐受，第六识兼忧、喜、非忧喜受。如是等一切有情之感受，摄为一聚，名曰受蕴。于感受中取来之印象分际，名想等依此得诠表为是此非彼之相，近于通俗所云"观念"心象。依六识身别为眼识相应想，乃至意识相应想之六想身，摄一切有情之想为一聚，名曰想蕴。依受、想起有为诸行，谓随受、想之思、欲、贪、信、寻等相应行，随想之名、数、时、方等不相应行，除色、受、想、识之四事，统名曰行。"变"是行通义，造作是行别义。役心身等造作之行动力，别名曰"思"，由"思"主动之心身等作为，谓之行业。业以思为自体，贪等伴之为"不善业"，信等伴之则为"善业"，欲等伴之为"无记业"。此诸行以思为胜，故举思代表诸行。依六识身，别为眼识相应思乃至意识相应思之六思身，摄一切有情之思等行为一聚，名曰行蕴。识者"了知分别"，等于认识论（或知识论）所谓之认识，或知识。与受、想及思等相应行俱时起，最前亦为最后。六尘刺激六根所生反应心象，无不贯以识之过程，故可随意位于受蕴之前或行蕴后。故马鸣、龙猛等亦时于色蕴后接说识蕴。然导俗入真，当从浅至深，在观察上"识"最难知，故经论多以识蕴居最后。感觉、知觉、直觉、理智，皆为识之过程。不过前五识由感觉直觉和合受、想、思等，第六识由感觉、直觉、知觉、理智和合受、想、思等，为六识身之区别耳。识是由根（官感机关）与尘（官感对象）相接触后所生之总心象。根、尘、识三对举，识包括于心象全部，受、想、思等不过与俱时现起之副作用。受、想、思等有现起之先后，而先后皆以识为主，故识名"心"，受、想等名"心所有法"。然亦必有受、想、思等与识俱起，故说受、想、思为俱行。行有因义，心识亦因之俱起故。此五蕴之分类，颇近心理学之研究。色蕴之五尘及法尘一分，为官感之对象，五根为官感之机关，识蕴之一分为心官机关（意根），及六对象刺激六机关所生反应之六识，故此识蕴略同为心理现象，全部之"意识"；（包括意识及前六识）受为感情，想为理知，行为意志，其分配亦略相当也。色蕴分析，佛学不如科学精确；心等四蕴分析，科学又不如佛学之精确。然在心理学，则从心理之所依（六根）所对（六尘），心理之本身（识）以及其相属（受、想、行），以为此五蕴之观察，由世第一现观现前，验一身之如此，知众身之共然，遍照有情身器，皆不外于此五蕴聚。是以了知现实之蕴素为五蕴，既无实我，亦无实物。

四、十二处之分别

分有情身器之蕴素为十二处，若除"意处"，几乎全同机械的人生世界观。即其意处，亦不过前刹那垂灭（等无间缘）之六识，而六识则不过十二处相触所生之刹那灭虚伪相（近于行为派谓心理但是物体刺激，有机体所生之反应状态）。此为极端破除有情内我（神我或灵魂等）之存在者，可成立唯根论或唯有机体论，所谓"唯是六根，更无他物"是也；亦可成唯境论或唯机械性（缘生法）论，所谓"心本无生因境有，境若灭时心亦亡"是也。故与大乘唯识教违反最甚。《二十唯识颂》特论之，"处"，是"识等"依处或生长之处所。《俱舍论》云：心心所法生长门是处义。生长者，指此十二为识等之出生长养处；门者，指此十二为识等内外交通处。以此释十二处，似乎仍以识为主题以言。其实，说宇宙之存在，唯此十二，其宗旨在明"心识"为对尘依根暂现之虚伪相，不能自立存在。此为十二处教之特殊义，与五蕴、十八界皆不同也。所言十二处，兹表列于此：

一　色尘处…………………视官对象		
二　身尘处…………………听官对象		
三　香尘处…………………嗅官对象		
四　味尘处…………………尝官对象	—六官感对象（六尘）
五　触尘处…………………触官对象		
六　法尘处…………………心官对象		
七　眼根处…………………视官阅机		
八　耳根处…………………听官阅机		
九　鼻根处…………………嗅官阅机		
十　舌根处…………………尝官阅机	—六官感机关（六根）
十一　身根处………………触官阅机		
十二　意根处………………心官阅机		

此中除法尘处一分及意根处，余十处及法尘一分皆为色法（物质）。在知识论上之分析色法，此为较详，与五蕴之略色详心者异。然亦与四大从物之性质为分析者不同，盖四大从物质分析，为凡外之旧方法也。此诸色法，别为三类：（一）有见有对（或有碍）色，唯色尘处，眼所见故。（二）无见有对色，通声、香、味、触，及眼、耳、鼻舌、身（内神经系非眼所见）之九处，皆相对为碍故。（三）无见无对色，唯法尘处之一分色，实色有碍有实用故，假色无碍但想像故。然以能知之意根无碍故，名无对碍。法尘处所余非色之一分，可摄诸心所及名、数、时等。意根，则《俱舍》云：由即六识身无间灭为意。故可摄前刹那垂灭之六识身。十二处说，于是又有一特殊义，则唯为所对六种现行对象，及能对此之六种官能现行，乃为一种唯现行论（或唯现象论）。故其说诸法缘生义，亦唯依现行互相关系之增上缘说。六大论得说四大及识之种子，或说四大极微以为元素；五蕴论亦得别言其种子；十八界尤须说十八界种；唯十二处则全为现象之分析，绝无究其"因种"之义者也。

五、六根与二十二根

根是"胜增上依"之义，初立者应是五色根。以五色根，若某根坏某识不生；某根若存某识可生。以五根各别为五识胜增上依，易可验知，故应先立。旋察"第六识"之现起。亦必有前刹那诸识为开导依，乃仿"前五色根"说为"意根"。换言之，意根即"联集种种经验之意识流"，由是意识能独有统觉、记忆、推理之作用。凡对余能作"胜增上依"者，皆得曰根，而不限于色法。由此说根，根乃无量，约举其要，为二十二。《俱舍》先以界品明因，次以根品明缘，广论二十二根。然彼以十二处及五蕴附于界，今则以二十二根附于十二处，则由大乘现实主义之看十二处，与小乘一切有部不同也。故今二十二根，亦依《成唯识论》。

论云：然增上用，随事虽多，而胜显者，唯二十二，应知即是二十二根。前五色根，以本识等所变眼等净色为性。男、女二根，身根所摄，故即以彼少分为性。命根，但以本识亲种分位假立，非别有性。意根，总以八识为性。五受根，如应各自受为性。信等五根，即以信等及善念等而为自性。未知当知根体,位有三种:一、根本位,谓在见道,除后刹那,无所未知所当知故。二、加行位,谓暖顶忍世第一法,近能引发根本位故。三、资粮位,谓从为得谛现观故,发起决定胜善法故,乃至未得顺抉择分所有善根,名资粮位,能远资生根本位故。于此三位,信等五根,意喜乐舍为此根性。加行等位,于胜法中求证愁戚,亦有忧根。非正善根,故多不说。前三无色有此根者,有胜见道傍修得故。或二乘位回趣大者,为证法空,地前亦起,九地所摄生空无漏,彼皆菩萨此根摄故。菩萨见道亦有此根,但说地前,以时促故。始从见道,最后刹那乃至金刚喻定,所有信等无漏九根,皆是已知根性。未离欲者,于上解脱求证愁戚,亦有忧根,非正善根,故多不说。诸无学位无漏九根,一切皆是具知根性。有顶虽有游观无漏,而不明利,非后三根。二十二根自性如是,诸余门义,如《瑜伽论》应知。

兹所说之二十二根,列为一表明之:

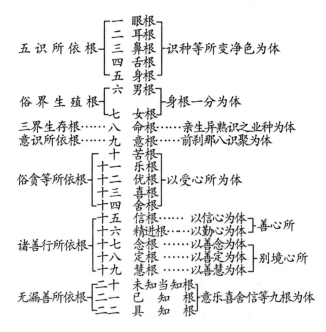

他若无贪、无瞋、无痴称三善根,能持诸善行不令退堕故,可附摄三无漏根内。贪、瞋、痴或称三毒根,是诸不善法所依故,可附摄意根及五受根内,遂不别立。此二十二根,凡圣有情或具或不具。由前十四根为增上缘,以生起诸杂染法；由后八根为增上缘，能令有情由杂染而得成诸清净法。十二缘起支，亦依此而说。然十二处通言情器蕴素，二十二根专言有情蕴素，为此二之区别。

六、十八界之分别

《俱舍论》云：法种或族义是"界"义。如一山中有多铜铁金银等族，说名为"界"。如是一身或一相续，（有情之别名）有十八类诸法种族，名十八界。故说十八界之界字，即有由其族类求其种别之义。十八界由现而明种，异于十二处之仅谈现行。十八界之名，表如次：

三六相对，六尘是六识之所对，六根是六识之所依。十二处明根、尘有时，而识或无；十八界明六识有时，必与六根、六尘俱有。六三相配成六个三和合：初即眼、色、识三和合，乃至终即意、法、识三和合。每个三中之"识"有时必有所依所对之"根"及"尘"，由所依根名眼识等，亦可依尘名色识等。然识与根及尘，各为一族，各有其种，并非眼或色等之所生起。眼或色等，特为其必须之所依、所对。根、尘较"识"粗显，故借为名。仿七八识持业立名，亦可名六识曰：见识、闻识、嗅识、尝识、觉识、知识（犹云视觉、听觉等类），今仍旧贯曰眼识等。明此十八界之种族，依大小乘通义，五尘与五根之十界为纯粹之色法（物质）。其所含种子之类别，约为十四（其实青黄等可别立种子，不如四大重要，故不别立。小乘实极微论，则说极微与极微集，近于原子质点之说。大乘破之，今不究论。）。色等五尘，每界至少含八类之色种，即四大种及色、香、味、触种。四大以随何种增胜，现为何大。依持四大，色等亦依何种增胜，现为色或香等。声之种子或有或无，虽不常现，推理亦应说有，则有九类色种。至于五根，更有增加，至少含九类之色种。谓四大种及色、香、味、触种，别加一身根种，成为身根。若加声种，则有十类。至于眼、耳、鼻、舌四根，每根至少含十类之色种，依身根九，别加一眼根种，乃成眼根。耳、鼻色根，亦复如是。若加声种，应各含十一类之色种。但随任何一界之种子类增胜，即现行为何界。四大、五尘为器身之通依，眼等四根依之各立。五根又有真根及根依处，表观形体乃根依处，介于器与根身之间，亦但含四大、五尘之九种。"真根"（净色根）如科学所言之神经，唯是清净四大等纯净色，如净醍醐，天眼之所见故，乃别加眼等之色种所成。"净色身根"又为眼、耳等根之联络及所依；心脏或脑髓等，应知皆"净色身根"摄。眼等五识各别依净色根，了别色等五尘。眼、耳根离尘而发识，取不等量境；鼻、舌根反是；意识则依意根了别法尘，或兼依五识而了别六尘。故前五识名"了别自境识"，或唯见色，或唯闻声等故。意识，名"总了诸境识"，了法尘亦了香等故。然若无五根发五识为意识之所依，别意识亦不能了知声等，故五根间接亦为意识之所依也。识之了知分别，大类分三：一曰自性分别，即是感觉、直觉，此为六识均具。二曰随念分别，念即记忆。三曰计度分别，度即推论。后二唯意识之所有。意根小乘说前刹那六识，大乘说前刹那八识，或别指第七识。法尘界则内容繁复，非此所能详究。（全节录《真现实论》第三章第一节）

第三章　事变中之有情众生业果相续

宇宙一切现变实事中之有情众生，即为一切变化之主动力，兹亦分三节明之。

第一节　十二缘起

一、世间之因缘情器论

因缘所生之果法非一事，今先说因缘之生起有情器界。人等有情，及其所依资之器界，此为已生成之事实，现前共见共知，而欲索其以何因缘而得生成者也。世论于此，有三种之说明：（一）神本之退化论。谓未有情器之前，本唯一大神，神初造作器界，有情亦在神前享受安乐，嗣因所造有情不循教令，违背神意，乃罚之于人世以偿其罪。若能虔遵神教，求神赦罪，尚可还之神处。否则更降重罚，使入地狱。故人等有情器世间，以神为本，背神退化而致。若能返本还元，则依然是唯一之大神也。（二）物本之进化论。谓诸器有情未生成之际，但为极微之电气（略同太极阴阳）或原子（略同四大极微），由相吸相拒之质力，渐成太阳诸星，以至地球。地球凝流诸质，与太阳光热之变化，渐生单简之植物与动物。生生不已，展转进化，遂产生高等之植动诸物，以至有人类之出生，人类或将更进化以为超人类。然至地球衰老不能有生物时，人类与诸生物尽归消灭，地球与太阳诸星亦消毁，则还为极微之原质。故人世以物质为本进化而成，然一达其期限，不能永保其进化也。（三）物我为本之幻合论。谓诸有情，本各为一无形之神我，而诸物质亦本共为一无形之体，（数论谓之自性、冥性、胜性，略同太极）偶因各神我不安其本位，向外边要求其受用，由是无形物体亦失其平衡相，生诸物质原料，供给为神我所受用之肉身及器界诸物，由神我与物体幻合为人等诸情器，流转不能脱离。如觉悟其幻合之苦，由神我不复要求外边任何之受用，则神我与物体可脱离，各归无形之本位，是谓解脱。神本退化论出于俗情世间之推想；物本进化论出于科学世间之推想；物我幻合论出于禅定世间之推想，在佛学中皆破斥为外道邪见，于是乃示以因缘所生之正义。（《真现实论》第四章第二节第一目）

二、情器之十二缘起

正因生果，固须明识种生现行、与现行生识种之等流因果相。然今此所言之有情身器，乃和合连续之假者，（多法和合连续之假者，即各个之个体物，俗情所认为一人、一犬、一虫、一草、一石、一星之动植物矿物是）犹未能注意到各识种各生现行之因果。且先应究明以何胜缘而得成为各个和合连续之假者。此胜缘所生果，谓之异熟缘果，谓由异熟之胜缘故，范成三界、九地、六生（即六趣）诸类有情身器之差别果，及每类中各个身心资财之差别果。以其差别之故，所成情器，或可爱乐，或可憎厌，个个不同，间以相似而有同类；类类不同，更以相似而又有大同类。不共业为胜缘所招感，有各类各个之有情身差别；共业（即社会）为胜缘所招感，有各国、各报境、各星球、各界地之器世间。累而积之，总为三界有情身器之差别果。而佛法则说明为十二种胜缘之所生起，谓之十二缘起。其名相依大乘义列之于次：

无明…………痴迷心所现行为体

行…………痴迷相应之思心所现行为体

识…………行等摄植之第八识种子为体

名色…………五蕴中除第八识及六根触受心所所余识等诸法种子为体

六入…………六根种子为体

触…………触心所种子为体

受…………受心所种子为体

爱…………痴及染欲等相应之贪心所现行为体
取…………痴及染信等相应之贪心所现行为体
有…………爱取等滋润之思心所现行为体
生…………识名色六入触受之现行为体
死…………同上

十二缘起，本于佛说诸素怛缆，其辞浑圆，可以之说一有情之流转，亦可以之说有情身器之流转。厥后诸论师随其智量之不同，解说之有浅深狭广之异。业感缘起、无明缘起、空智缘起、真如缘起，此诸缘起说，皆出于此十二缘起义。《因果经》过去现在云：

尔时，菩萨至第三夜，观众生性（众生但指有情，或亦通指无情器物），以何因缘而有"老、死"？即知老、死以生为本，若离于生则无老、死。又复此"生"，不从天生（即不从唯一大神生），不从自生（即不从神我生），非无缘生（即不从无生命之物质生）；从因缘生，因于欲有、色有、无色有之业生。又观彼"三有业"从何而生？即知三有之业从四"取"生（欲取、见取、戒取、我语取）。又观四取从何而生？即知四取从"爱"而生。又观爱从何生？即知爱从"受"生。又观受从何生？即知受从"触"生。又观触从何生？即知触从"六入"而生。又观六入从何而生？即知六入从"名色"生。又观名色从何而生？即知名色从"识"而生。又观识从何生？即知识从"行"生。又观行从何生？即知行从"无明"而生。若灭无明则行灭，行灭则识灭，识灭则名色灭，名色灭则六入灭，六入灭则触灭，触灭则受灭，受灭则爱灭，爱灭则取灭，取灭则三有业灭，三有业灭则生灭，生灭则老死忧悲诸苦灭。

三有业感三界有情生（三有即三界）之果报，本通有情器界而为言也。然小乘志在有情各自之解脱，乃专从各有情三世业感之生死说明之。（《真现实论》第四章第二节第二目）

三、生活与生死

今在思想较聪慧之佛徒，以本于锡兰岛南方巴利语所谓原始圣典，及西洋人用其比较的科学的进化史眼光，谓大乘佛教及佛的宇宙哲理（阿毗达磨）

为后起，纯由佛教流行中与他土宗教哲学等交涉后，种种时代演进之所成。且"三界有情"及"三十七觉分"等，皆为释迦时代印度人一般的流行思想。佛之特点：（一）为否定有"我即梵、梵即我"的我体；（二）为由不贪欲乐不着苦行之非乐天非厌世的中道解脱。故较然唯"解决生死问题"的小乘解脱，为佛陀的根本精神。其论据则：1.征释迦出家修道的动机在感老病死苦；2.征释迦修道成佛的心境，在观十二缘起，故其后转法轮说为四谛，涅槃时演为三十七觉分，结为戒定慧及解脱，又结为当以"法及律"为师，于是原始之佛教，乃结法为"经藏"，结律为"律藏"（见吕澂《印度佛教史略》）。故原始佛教的真相，惟在"解脱生死的小乘"。而一切有情皆可成佛的大乘，与小乘大乘同源佛说的源泉，遂为窒塞而无踪迹之可寻。一般学者，遂否认佛学为非人生的，为惟是出世的，反身退归消灭的。佛徒之影响于其说者，乃不得不别求"解决生活问题"于他处，而惟以佛道为"解决生死问题"之一法。违害佛徒正法，莫此为甚。吾既直印现正等觉于佛心，出为人天眼目，于此盖不能不为前佛后佛三世诸佛一雪其诬也。

　　言有层次：今请先以"释尊出家动机"及"成正等觉时心境"征之。释尊出家动机有二：一如前说；其二则《佛本行经》云："太子出游，观诸耕人赤体辛勤，被日炙背，尘土坌身，喘呷汗流。牛縻犁端，时时捶掣，犁橛研领，鞅绳勒咽，血出下流，伤破皮肉。犁场土拨之下，皆有虫出，犁过后诸鸟雀竞飞，吞啄取食。太子见已，生大忧愁，思念诸生活等，有如是事。语诸左右：'悉各远离，我欲私行。'即行到一阎浮树下，于青草上跏趺而坐，谛心思惟，便入禅定。"应知释迦出家修道，此为第一动机。夫宇宙生生不已，而不与圣人同忧患者，为其盲目的生生，而不顾生生相残，且各以残他生而生自，亦以残他生而苟全自之生活也。如何可以不相残杀死害，而咸得各全其生活？此非生活之大问题耶？为解决此生活之大问题而修道，即为大乘以大悲心为动机而修道，后此以更见"老、病、死"而决心舍家修道者。夫亦曰："不残他生而生自以自生活，使其生活若能藉残害他生而永久健康繁荣，犹有可言也。今诸有生者，藉残他生而苟延旦夕，旋不免于老、病而死，则其为可悲痛更何如耶？"于是乃毅然决然，而暂舍家国等以残他为生的生活，期求得一可以不残害他生而生活之道，再来为之救济。故释迦出家修道之二种动机，乃纯为解决生生相杀以生的生活，如何可转为不相残以生的生活之大乘大悲心所激发，而求无上正遍觉以为之解决也。换言之，即但有无际无尽的浩浩生活问题之须解决，而别无生死问题之须解决，然生死问题亦随之而解决，不过为解决生活问题上之历程而已。

再征之释尊成正等觉时之心境。诚为观十二缘起，此观因缘及果，则为苦集及苦。然所观不离能观，若一究其能观方面，则其历程及所终极，则为依修道动机的大悲心（同情心）为出发，经历身受心法的观察，止恶行善的正勤定慧及信等之努力，经历长时间之精进，转变增盛（因位），达其终极，乃在所观边一切扰害黑业的苦灭，而为本来寂静究竟安稳之涅槃。在能观边，即为一切光明美善之菩提，及充遍一切有情的大悲愿，与无量数的巧妙功用（果位）。涅槃曰断德，菩提曰智德，悲用曰恩德，总曰法身，亦曰法界、如来藏等。智短者，闻其语"所观之苦集"，自求解脱；智深者，亦闻其语"能观智所由致，及其终极之成就"。随智深浅，各录其所闻，于是有《阿含》等所记，及佛《华严》等所记。夫同一太阳也，或观为如方尺盂之一光轮绕地而行；或观为地球等八大行星所环绕之恒星。同一十二缘起论亦然，或录为所谓原始佛教之小乘经，或录为重重因行果证之佛《华严》等大乘经。以世尊正等觉时，观十二缘起，故谓大乘经非原始佛教，然则其亦以为太阳故，非地球等所环绕之恒星耶！

由此可知，释尊成等正觉之所解决者为生活问题，而非生死问题。盖生老病死等本不成问题，生活问题解决，则死等问题自解决也。何者？老病死等之成问题，由于未悟宇宙人生真相，残害他生而得生活，极大艰苦，而终莫保，凭此私意，乃成为问题而须解决。今见宇宙人生真相，本来寂静，究竟安稳，遂灭除此"杀他生自"的私意，而成无始无终无边无中的光明美善的生活，相利益而不相损害，浩浩无际，悠悠无尽。故生活问题之解决，即更无老病死之问题也。换言之，即俗间之所谓解决生活问题，不过藉残害他生而苟求自身或同族同类之暂时生活。而在佛法，则本末兼尽，既有全宇宙生类不相残害，而当相益资益之圆满解决；复为在未达圆满解决之境地者，各于同情心所能及之不残害他生范围内，开出种种正命生活之方法，俾可渐由进化而至圆满。故但应以俗法为生活问题不彻底之解决，佛法为生活问题彻底之解决，不应以俗法为解决生活问题，佛法为解决生死问题也。

　　佛法为解决生活问题之法，且为全宇宙生活问题彻底之解决法。故释尊于成等正觉之后，还到以争杀各求其生的人间生活中，教以随宜改良，革新进化。以趋圆满的种种生活方法，汲汲为利众的生活，勤勇精进，终不休息。集其一生的行事与言训曰法与律，暂于能及范围内之种种正命生活方式，即道德之律也。渐由进化而达圆满之生活方法，即经论之法也。由此，可知佛陀及佛陀之真正修学者，皆为人生的、进化的，体现人生宇宙真相的。而其解决宇宙人生大生活问题之公式，则为既无自而非他，即生他而活自，除损他之两害，行益他之两利，于是有人生之安乐，于是成宇宙之美善。使佛陀不为人生宇宙之生活安善问题，而但为个人生死之解脱，则其成等正觉而得涅槃。应同死灭而无生活，何以乃在生活界中有和合众的美善生活，彰彰在人世耶！

　　由此应知，佛法以大乘为主，小乘为从属；佛法之解决问题，亦以生活为主，生死为从属。大乘佛法无他，要言之，则"大悲大智以护群生"而已。宇宙之生生不已，而相残以为生者，以蔽于各私其生之私意，而不见缘起无自性的生活真相也。若能以照见缘起无自性之生生真相之慧剑，挥去各私其生以相残之私意，乃达护生之目的，而获安全之生活。故曰：护生须是杀，杀尽乃安生。生安则常活而无死，故老病死亦解决矣。（载民国十七年《海潮音》月刊第九卷三期。）

四、有情为本之世间

　　佛法无他事，"净化世间以进趣出世之寂灭"而已。世间者，本无今有，有已还无，时劫之迁流变坏谓之"世"。十方器界无边际，在成、住、坏中，一切有情无数量；在生、老、死中，有情与器界，起灭于三世之流，莫知其终始，此之谓"世间"。世间唯有情与器界，而有情则又为其本。何者？有有情，而后往返彼此有器界，前后延续有时劫。若离有情，此器界之与时劫，不必论亦无可论也。言有情者，"自体爱"则内我之贪染，"境界爱"则外境之执取，"后有爱"则无限生存之意欲；有情者，有此情爱也。外书之释此，为喜，为动，为情，为光明；内典之释此，为大心，快心，勇心，如金刚心。生存意志跃跃然，热烈冲动奔放而靡止；有情者，有此情识也。有情爱与有情识者，其缘起之和合边，名之曰有情。从其缘起之种种边，则曰名色，曰五蕴（色、受、想、行、识），曰六处（眼处、耳、鼻、舌、身、意处），曰六界（地、水、火、风、空、识）。盖心色不一不异之和合，而以爱取营为个性之活动者也。何由知世间以有情为本乎？世间之存在曰"有"，世间之显现曰"生"，此生之与有，佛教并约有情为论。有情即世间生死死生，生生不已之存在，此可于圣典知之。自有情之种类言；分别有情之体类者，曰五有：天有、人有、旁生有、鬼有、地狱有。以人有为本、为中心，旁摄于鬼、畜。此三者之胜进者为天，劣退者为地狱。若分别有情出生之相类者，曰"四生"：胎生、卵生、湿生、化生。前三生其常见，化生则其变也。即此"五有""四生"而论其延续于时劫：一期则生有、本有、死有；前后期则本有、中有、后有。即现实之存在，以知未来之存在，相续非断灭者，名为"有"。曰前生、曰今生、曰后生，生灭不居非常住，名曰"生"。即此"五有""四生"而论其往返乎器界，有则欲有、色有、无色有，同因所爱、所取以成世间之存在；生则欲界生、色界生、无色界生。世间以有情为本，存在者唯此，显现者唯此，不亦灼然可见乎！自因果言之："此有故彼有，此生故彼生，谓无明缘行，乃至纯大苦聚集。"世间以有情为本，有情不出惑、业、苦三杂染。此三者之因有果有曰"有支"；此生彼生曰"缘生"。有情之生死相续苦非自、他、共、无因作，佛说为缘起。逐物流转，触境系心，心色依持。缘起如环之无端，以无始来不见真实谛，死生无边际，生生不已而众苦永在。自业报论之：业力所感为报，如"五有"，缘起之显在也。无有有情而无色者，亦无有有情而无心者；心色和合，不即不离，相依相持而相续存在。此有情，即世间之根本。即根本而起末，山、河、大地、草木丛林曰无情，无情乃有情之外在，如焰之舒光明。即总以探别，曰情爱、情识。情爱、情识乃有情之中枢，如焰中之焦炷。有情，内不离情识，即外不离器界，依彼得存而为彼之本。世间之学者不达，外逐于物立唯物，内藏于心谈唯心，别而碍总则多元，总而乖别明一本，人各一是非，孰知世间之实相哉！有情所起之动能曰"业"，不即色心亦不离，曰有、曰业有，缘起之潜在也。

业感有情总别之报果，则即潜而至显；依心色活动而成业力，则即显而至潜。虽业之与报，并有并生，然据偏胜而言，则业为有而报为生。

　　如上所述，器界无边际，有情无数量，其起灭于时劫无始终，可谓广大、众多、悠久矣！若探其本，则有情之"体有相生"而已。知此，乃知佛法所明世间之宗本，乃足以进言净化世间，以进趣出世之寂灭。（附表）

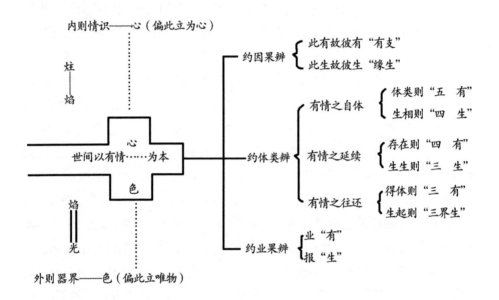

第二节　有情

一、何谓有情

　　有情具云"有情众生"，即动物也。西文动物一名，亦是"有心灵之物"义。此云有情，亦即有心灵义，特别是指"有一切种识"义。即各有一"永续统摄自觉进化之性命系"，转趣于诸生类，故名补特伽罗（数取趣）。此体系于"矿、植"非各有其一者，且为间接依各有此一体系之有情以相续生死成坏者。此为"有情众生"与"矿植器界"之法尔分类，亦为现实主义依现实之当然分类。彼科学者等以析观所得之非现实的唯物"质力"为所依止者，（最后原质与原力，大抵皆为假说或臆说，纯正科学者皆承认之，故彼非以现实为依。）自应与唯依现实为分类者，殊不足怪也。（录《真现实论》第二章第一节第一目）

二、有情之分类

于有情类略分为六生（六道），稍广分之，曰二十五有情。人类分四：曰赡部人，即此地球上人。今人种学等之分类，大抵从后石器时代之真人类，分为克鲁麦囊种，与格里马第种。格里马第种，大抵为各黑种人及澳洲红种人——诸野蛮人；克鲁麦囊种则演分为中国等蒙古黄种人，与印度、欧洲等雅利安白种人，及埃及、波斯、印度等暗白种人——诸文明人。其详可别研人种学。古传亦于近古人类（此云近古，亦指数千数万年以来分为四主：一象主人。躁烈笃学，特闲异术，服则横巾左袒，首则中髻四垂，族类邑居，室宇重阁，此指印度、南洋、（中国）西藏人也。二宝主人。无礼义，重财贿，短制左衽，断发长髭，有城郭之居，务货殖之利，此指波斯、埃及、希腊，及今南欧与迁美洲人也。三马主人。天资犷暴，情忍杀戮，毳帐穹庐，鸟居逐牧，此指北欧、北亚、蒙古、俄罗斯等人也。四人主人。风俗机慧，仁义昭明，冠带右衽，车服有序，安土重迁，务资有类，此指中国、朝鲜、日本人也（见《大唐西域记》）。《楼炭经》则说此地球人类种种差别，合有六千四百多种，然未尝详别也。曰毗提诃人，此为他星球人（或即水星之人），面如半月，人事略同此地球人，但其寿量较长，约二百五十岁。曰瞿陀尼人，此亦他星球人（即金星中人），面如满月，人事亦同此地球人，但其寿量加长，约五百岁。曰拘卢人，此亦他星球人（或即火星中人），面形方正，人事皆享天然之福，其器用纯然由植物供应，不假造作，和平快乐，绝无灾害，故与余星球人大异，邻近天生，寿有千岁。然唯此赡部人，寿量长短无定，长时极长，短时极短。享受苦乐无定，苦者甚苦，乐者甚乐。造作善恶无定，善至正觉，恶至无间（阿鼻旨）。神生、傍生、饿生、苦生，仍为四类。天生类分十七：欲界六天分为六类；梵众、梵辅合为一类；大梵自为一类；少光、无量光、极光净合为一类；少净、无量净、遍净合为一类；无云、福生、广果合为一类；无想自为一类；无烦、无热、善现、善见、色究竟合为一类；无色界四天为四类，总称为二十五有情众生类也。（录《真现实论》第二章第一节第三目）

三、有情类之流转与进化

有情类强烈之意识行动，或顺真相而善，或违真相而恶，其所作善恶业熏受"永续系"中，至潜势力充盛，皆可待时待缘突起规取一期身命。若意识等昧弱动作，则但随相宜之身命，附和辅成而已。譬英雄遇国失其主之际，突起取代，而庸众则随和之也。故吾人身命之权，实吾人自操。作何种意识强烈之行动，待时待缘，即可得或何种有情类之身命。然"自我执"未空，（所知障、烦恼障）终为前作、新作潜力势限规定，不遇时而值缘，则难自由。故随前作、新作之潜力势限，以流转诸别异生类中，恒为系碍（业障报障）。譬未能革除专权之帝制成共和国，非遇其失势时，及值人和地利缘会，不能为国元首；遇时值缘，既为元首，又成一朝专权帝制，或良或否，而以势限系碍，自他皆不自由。于是盛衰相随，治乱相续，但成流转，不成进化。一国如是，一有情亦如是。各国之一朝帝统，以相似不相似，各成其类别。各有情之一期身命，亦以相似不相似而各成其类别。为友为敌，为亲为仇，地位迭易，流转靡定。一朝帝统亡，非国亡；一期身命灭，亦非有情灭。国或流转于各类帝统中，或革除专权帝制，进化为共和大同；有情亦或流转于各类身命中，或破除内自我执，而进化为圣者佛陀。《瑜伽师地论》云："复次，此一切种子识，若般涅槃法者，一切种子皆悉具足；不般涅槃法者，便阙三种菩提种子。随所生处自体之中，余体种子皆悉随逐。又种子体，无始时来相续不绝，性虽无始有之，然由净不净业差别熏发，望数数取异熟果故，说彼为新。若果已生，说此种子为已受果。由此道理，生死流转相续不绝，乃至未般涅槃。"此可以观有情之流转，亦可以观有情类之进化矣。（录《真现实论》第二章第一节第六目）

四、情器之生命由来问题

有情及植物之生命，不从神造而有，不从物质化合而成，亦不定从他世界所传来，而各从一切种识及其中之潜在自种生。诸各有一切种识之生命（有情），不以生而遽有，故未生以前有前世；不以死而断灭，故既死以后有后世；既生未死之间则为今世，故成三世。前世之前有前世，后世之后有后世，前前无始，后后无终，故前后今成无世量。生命流行三世无量世而不断灭故，造于昔今，责于今后，业报相寻，早迟莫逃。于是，人与人或人与有情相偶之道德，乃有利他则两利、害他则两害之自然律；人与人或人与有情相学之教育，乃有悟他则两悟，迷他则两迷之自然律；由道德与教育之有此自然律，于是道德相感，教育相引，可由人而进化超人，由超人而进化至超超人。违此道德教育之自然律，则由人沦堕三恶趣，或流转于异生类中，不能进化至超超人。进化也、教育也、道德也，皆基于无始生命之不断。然现代之生物学者，观诸有生命者，或分裂生，或产卵孕胎生，或单性生，或两性生，其类虽殊，要皆子体从母体生。至寻地球上生命之起源，有言陨星坠地，从他世界载生命种子以传来；有言由半流质之炭素化合物，偶经酵素作用而成，故蛋白质等有机物，今皆可由无机物以造成；有言地球之质点中，本有生命，得适当之机缘，遂出现而生生不已。起源如此，则可知各个生命之终于死而断灭，将来地球破坏，或气候变更至不宜生物，则全地生命之亡灭，亦可推知。

亦有不可断之生命哉？答曰：若云生命皆从他生，地球上生命由他世界以传来；然他世界生命仍从他生，并非最初生命，故对于生命之起源，说如未说。若云最初生命从无机物化合而出，如无机物造成蛋白质等，然所造之蛋白质等仍无生命。生人有生命也，死尸无生命也，所造蛋白质等死尸，不能证成生命由无机物化合而出。俗传腐草化萤，湿地生虫。今照以显微镜，知亦由萤与虫之微卵生，不从腐草之无机物生。盖生命之必有精神，无精神之物质必无生命，此有机物与无机物之所以分也。如以刀及手同插入于水，而手生寒凉之感觉，刀则无感觉焉。一刀以至聚无量刀，以多种之形式而变易其聚合，亦不能令生感觉焉。故生命中感观等精神，乃各从其"自种"生，犹物质之各从其"自种"生，决不从物质之聚合变化生也。若云地球等质点中本有生命，得缘而遂出现，此诚稍可通矣。然生命之潜在，为生命之种子，非即生命值缘出现乃为生命。一切种识及精神物质诸种子，周遍无始，潜转不断，值缘乃出，现为地球以至为诸生物，各从其自种生，不得谓从地球生也。盖量之分合与体（质）之变化有异，合十升水为一斗水，分一斗水为十升水，此量之分合无关于体之变化，体固无异，量亦仍等。一分水以化学药品化为"氢"二分、"氧"一分，此体之变化，亦关于量之变化，量既不等，体亦大异。凡非分合而是变化，必非但由现事分合所成，乃别由其自种为主，加入诸现事中，或摄或拒，乃成为水、为氢、为氧。故水与氢、氧，虽互为现起之缘，而其现起，实各有其自种。由此可知地球体为生命出现之缘，而生命之现起亦各有其"自种"。有情以一切种识为自种，各精神物质以一切种识中之各种子为自种，得缘则兴，失缘则潜。故有情之生命，无始流转，兴潜不断。彼生物学者之臆说，皆违事实。于是，今说乃为现实真相。生命之不断明，则前所说道德、教育之自然律，皆可为决定之真理，而人生亦有互助与进化之可期矣。（录《真现实论》第二章第五节第六目）

五、有情类之生起

前言每一有情，各有一"永续统摄自觉进化之体系"（一切种识），此体系非判决为何种之有情类者。然无始于此中起有"自我执"相依故，流转于上述别异之二十五种生类，总名异生（凡夫），不成进化。其流传也，亦由此中起有意识等之活动造作（羯磨）。其动作或随顺于真相，或重违于真相故，熏受于永续统摄中成潜势力。遇有暂离系碍之一刹那，此潜势力之充盛者，值相当之缘会，突然而起，遂规定此永续之体系为一类身命，随其势限长短，有一期之相续，谓之命根。随前各各动作潜力（羯磨）之规定不同故，其相似者成为同类（众同分），不相似者成为异类，于是有诸有情众生类之差别。以随不伤生而济生，不盗财而施财，不邪淫而正礼，不妄言而诚信，不昏醉而清明等动作，潜力充盛故，故值相当之缘会，乃得人之身命。更加不骂詈而柔和，不饰伪而质直，不挑唆而调解，不贪悭而惠济，不瞋恨而慈怜之动作，潜力充盛故，值相当之缘会，乃得拘卢人及六欲天之身命。更加四禅、四空之禅定修习潜力充盛故，值相当之缘会，乃得色界诸天、无色界诸天之身命。反之，则由不正礼而邪淫等动作，潜力充盛故，值相当之缘会，得傍生之生命。不施财而盗财等动作，潜力之充盛故，值相当之缘会，得饿生之生命。不济生而伤生等动作，潜力充盛故，值相当之缘会，得苦生之身命。每生类中，优劣有差，随其前作潜力善恶轻重，感受遂异。但能大致之相似，不能一律而全同。故有情种类之生起，非由"神"等所造，亦非必由他世界所传来，（亦可由他世界传来）尤非由化学质素（原子极微等）所构成，乃依各各永续统摄体系自我执中所起意识动作，熏受在永续统摄体系中，成潜势力，至充盛时，遇暂离于系碍，（前命根力已尽而死之一刹那）值相当之机会，（若父母等）乃突然规定此"永续系"生起为各类类似之身命耳。（录《真现实论》第二章第一节第五目）

六、有情众生之决择

有情众生，前已广说，今更为异门之分别。如《瑜伽》六十云：

如先所说生杂染义，当知此生略有十一：（一）一向乐生，谓一分诸天。（二）一向苦生，谓诸那落迦。（三）苦乐杂生，谓一分诸天人、鬼、傍生。（四）不苦不乐生，谓一分诸天。（五）一向不清净生，谓欲界异生。（六）一向清净生，谓已证得自在菩萨。（七）清净不清净生，谓色、无色界异生。（八）不清净清净处生，谓在欲界般涅槃法有暇处生。（九）清净不清净处生，谓色、无色界异生。（十）不清净不清净处生，谓生欲界异生不般涅槃法，设般涅槃法无暇处生。（十一）清净清净处生，谓生色无色界非异生诸有学者。复次，经言：汝等长夜增羯吒斯，恒受血滴。何等名为羯吒斯耶？所谓贪爱，贪爱之言与羯吒斯，名差别也。此言显示摄受集谛，恒受血滴，摄受苦谛。复次，《婆罗门喻经》中，世尊依死杂染说如是言：有五非狂如狂所作。何等为五？（一）解支节者。谓更有余活命方便，而乐分析所有支节，以自活命，是名第一非狂如狂所作。（二）悭贪者。谓悭贪所蔽，悭贪因缘，所获财宝不食不施，唯除命终欻然虚弃大宝库藏，是名第二非狂如狂所作。

（三）乐生天者。谓更有余身语意摄种种妙行生天方便，而乐妄执投火溺水，颠堕高崖，自害身命，作生天因，是名第三非狂如狂所作。（四）乐解脱者。谓更有余八支圣道解脱方便，而乐妄执自逼自恼种种苦行，作解脱因，是名第四非狂如狂所作。（五）伤悼死者。谓依伤悼亡者因缘，种种哀叹劈攫其身，垄灰拔发，断食自毁，欲令亡者还复如故，是名第五非狂如狂所作。（录《真现实论》第五章第二节第一目）

第三节　业与界趣

一、总论业与界趣

业谓行为造作之义。业之杂染者曰有漏业，有烦恼漏故。然行为之事，不见得都是有漏。如菩萨行，即是净业，亦无漏业。但净业已别名之为"行"。故此处之业，专指染业。业之大分，从所依法上讲，即：（一）身业，以依身造成故。（二）语业，以依言语造成故。（三）意业，以依意识造成故。语，意所现起行为，就性质上别有三种。（一）善业，现在后世自己他人皆有利故。（二）不善业，于现在将来自己他人皆有害故。（三）无记业，不能记其善恶故，如无意识动作等。业能得果，因业受罪者，谓之罪业；因业得福者，谓之福业。能得色无色界天果报，常在定中者，曰不动业。此业即指禅定修习，由此生于初禅天以上，寿命极长，曰不动业果。果即指三界：欲界、色界、无色界。（一）欲界者，以有色身及五尘欲者，谓之欲界。（二）色界者，色有一变义，二碍义，合变碍二义，即可碍滞，有变坏之物质是也。但尘欲已空，虽有色身，常在定中。故在初禅天尚有眼耳身识，二禅天以上即五识全泯，只有定中意识。已无尘欲，故超欲界，尚有色身，故云色界。此界有四重，即四禅天。虽同在色界天，而高下悬异，故区为四重：1. 离生喜乐地即初禅，有三重天。欲界天有忧愁、苦恼、及欢喜、快乐与不苦不乐等，名之曰受。至初禅天，离欲界生色界，忧愁、苦痛已无，只有欢喜、快乐，然此尚不全在定中，亦有言语行为，是为初禅天。2. 二禅天，有三重天，名曰定生喜乐地。以常在定中，更加喜乐故。3. 三禅，有三重天，并喜亦泯之。凡有欢喜鼓舞，其乐尚浅，至极乐，则并喜亦无之，故曰离喜妙乐地。4. 四禅，有九重天。喜与忧对，乐与苦对，至四禅并欢喜快乐皆无之，但是不可形容之平等受，故曰舍受，名曰舍念清净地，是四禅十八天名色界。（三）超出色界，是曰无色界，即纯精神界。平日以为离物质，无法证明精神之存在，而在此界中，即由二禅天以上，有后三识，无前五识，无色界中亦然，只有与定力相应之意识及七八识。以定力相应之业报浅深不同亦分四重：1. 空无边处。此天定心了惟虚空，佛典中曾言：在人中初得此定者，在旁人仍见其人，而本人则并自身不知所在，但如无边虚空，此时其身仍在，及至报尽命终，由其定力得业果，即空无边处天。2. 识无边处。有空时仍有相对之空，此空仍是对境，至此定中，即空亦泯，故曰识无边处。3. 无所有处。此天并能观无边心识亦泯之。4. 非想非非想处。识无边即想，无所有处即非想，此天既非有想，亦非非想，故曰非想非非想。上明之无色界境，中国书上只老子始有此境，余书并无之。但印度外道每有此境，及至成阿罗汉果，始能超出。

　　有情异生，由死转生，趣向一类之中故曰趣。此有五种：天趣、人趣、畜趣、鬼趣、狱趣。恒言讲六道，五趣较六道，只少阿修罗。以彼上通天趣，下通鬼趣，故今不别立。三界二十八天，皆包于天趣之中。平常中国人之所谓天，只是欲界第二天；道家之天，亦不过如是。二十五有中，人趣亦有四种。畜趣名不甚正，应曰傍生，即指人以外动物而言，然亦有动物非人眼所能见者，亦包其中。鬼趣之鬼，与常言之鬼不同，佛典认鬼亦为众生之一。众生者，五蕴众法所生义，只以业报不同，故人见则鬼不见，鬼见则人不见，其实鬼亦有色身之物。人碍鬼不碍，鬼碍人不碍，可同与人在一处而不互见。亦有一种鬼有小神通，亦可见人。不过与吾人所见不同，随吾人心象变现而为象。故依佛典，鬼亦众生之一趣。总之，鬼报与人不同。人见是水，鬼或是火。平常人以为人死为鬼，鬼生为人，实是误解。其实鬼是罪业报生，故人死不必为鬼，人生不必由鬼，但可云人死转生为鬼，或鬼死转生为人耳。佛典原语，并非地狱，只是苦处之义。由罪业报生专受苦处，曰地狱趣。又依佛法说，人死未必为鬼，或有作鬼，或有生天，或作畜生，或为人，或为地狱，皆是转生，非死所成也。天死或转生为人，地狱死或转生为人，故鬼非人死所必成之物。佛典只讲生死流转，讲鬼者认鬼是本体，实是误解。鬼有化生，亦有胎生，并非鬼套人壳即成为人，鬼套牛壳即成为牛。依上义可判别如下：

（一）罪业报生三恶趣（畜生、鬼、地狱）。

（二）福业报生人及欲界天（有六天）。

（三）不动业报生有色界无色界天。

佛法之三界五趣循业流转义，大略如此。（录《佛学概论论》学理编第一章第一节）

二、三界五趣九地

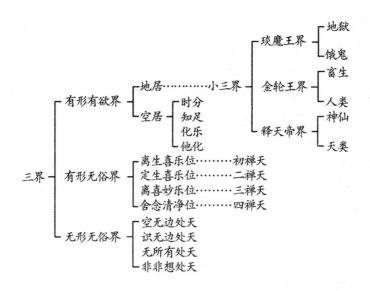

三界本名欲界、色界、无色界，以其意不甚显，今特新定三名曰：有形有欲界、无欲有形界、无形无欲界，此三界为世间一切正报之大类。有形有欲界者，五趣杂居地也，有形质、有物欲、故曰有形有欲，人类亦在其中。无欲有形界者，其心无有物欲，其形则清净微妙，常在禅定之中，故亦谓之禅天，离生喜乐位、定生喜乐位、离喜妙乐位、舍念清净位，四者居之。由此界更进一步，则有无形无欲界，形质皆空，心静恒一，居之者有空无边处天、识无边处天、无所有处天、非非想处天。

五趣即地狱、饿鬼、畜生、人、天、五类。地狱、饿鬼属琰魔王（即阎罗王）界，凡受恶报之众生堕于地狱饿鬼之中者，琰魔王管辖之，琰魔王者，责罚王也。畜生、人类属金轮王界，所谓人间世也。神仙、天类属释天帝界，所谓天界也。此琰魔王界、金轮王界、释天帝界三者，又曰小三界，皆未出乎大地之外，故曰地居，即六道众生之所居。地居之外，又有空居，已不在此大地之上。一曰时分、二曰知足、三曰化乐、四曰他化。时分者，太阳之光亦不能到，其时分则以自己一种光明定之。知足者，即兜率天，五欲淡薄，稍有所得，已觉满足，而其味最妙最好，故曰知足；化乐者，其所受用，皆随心应念变化而至；他化者，其受用皆由共同业变化而有。地居空居，解释上分别而言，实一五趣杂居地耳。

九地者，地即地位等级义。有形有欲界居其一位，无欲有形界中四位，无欲无形界中四位，凡九位。自五趣杂居地至非非想处天之九种地位，递进递高，特未至出世间地位耳，故曰九地。

依正二报，皆是苦报。五蕴六大十二处十八界者，所以集起此果报之法体也；三界五趣九地之有情世间，及大千之器世间者，所集成之果报体也。云何皆苦？以是五蕴六大十二处十八界，观察结果：皆无我故、皆虚伪不实故、皆无主宰故，故皆是苦。

三、福非福不动业及三世生死流转

福业应得福报，如受天人神仙正报之类；非福业应得恶报，如堕恶趣，而受地狱饿鬼畜生等正报之类；不动业则得禅定果报，如受二地乃至九地诸正报之类。要皆随业受报，故有依正三界等果报。果报无常，有时而尽，故为有漏因果，皆因未出轮回，未得究竟离苦故也。

过去、现在、未来谓之三世。众生依于过去之业故，受现在之果报；依于现在之业故（或兼过去之一分）受未来之果报，如是流转生死不断；中间或善、或恶、福非福等，均由自作自受，要皆不离此娑婆世界，而轮回于三界五趣九地之间，以取分段生死，循环相续，无有已时。（上三节录《佛乘

宗要论·本论上篇》第二章第二节）

四、因缘生果与业力

　　佛法以因果律,应用为有情行为责任(即伦理学)之根据,故于说"因""果"时, 亦时说"业"。谓由某"业"为因, 生于某果, 因果随业力为转移。某业既成, 某果必致, 故有时亦说其果为业果。然此"业"之一名, 考其初义,乃指有情或人生行为曰业。就行为之所依, 分身、语、意三业; 就其性质,分善业、不善业、无记业; 就其所招果报, 分福业、非福业、不动业; 就其可能招感"心身""器界"之果, 分为别业、共业之二; 复由招果力之强弱,分为引业、满业之二。此诸行"业"成熟, 有"力"能招果时, 亦曰业力。然在狭义, 唯说能招"异熟果"之行为曰业, 由此所招异熟果名"业果"。"业"之招"果", 必在异时, 至招果时, 其业已为先业。若由现时行为及他人等关系所致之果, 则非业果（非异熟果）。

　　那先比丘告弥兰陀王云："如一块土被人掷空, 复落于地, 此由现因,非大地先业之所招。由此应知, 佛陀之足曾为石击, 亦非佛陀先恶业行所招之果。复如人死, 有因先业力尽而死, 亦有由现所行能毁先业非时而死, 或及时而不死。"此中所云之"业", 唯前六识相应思之一分, 能招感异熟之果者, 且必由第六识相应思主导而成也。若其广义, 则无漏行得离系果, 亦可谓为清净业之所致。由现所行得士用果, 亦可谓为现业所感之果。至于凡"动"皆"业", 有为诸行无时不动, 则若因若果无非是业。若循其本, 则应以"能招异熟果"之"有情行为"名"业"耳。此"业"亦为因缘之一,或以为"情器身刹"皆唯"业"之所产生; 或以为"业"但与有情相关, 而与器界绝无关系, 应知两俱误解。

　　其实, 色、心诸法, 各由一切种识中之自类种生, 然和续成各地各趣之有情器, 又皆曰"业种"为增上缘力, 故身器之变迁成坏, 与"业"深有关系。变有情身业曰别业, 别别造业, 自受异熟果故, 变器世间业曰共业。大小乘经各公认器世间能坏已复成者, 由过去时一切有情共同业力而集起故。共业即社会业, 社会非个人之集合, 必须于诸个人间有共同关系之行为与生活,乃曰社会，故社会即共业。一家庭、一学校、一职团、一民族、一国群、一人间有其共同关系行为，即有共业。由此共业，即能转变家与国等或良不良。扩充为一大千界有情之共业，即能为一大千界坏已复成之共业。此《维摩诘经》广导诸有情共同行善，以为修净土之旨也。近人大抵注重于阶级、民族、国家之共业，为阶级民族等意识或行为之研究，要为共业之研究耳。别业荒沦，故鲜安乐之人，共业拘治，间成富强之国。必提高个人之别业，扩充为人间之共业，则人间世庶能进化为优良也。（录《真现实论》第五章第一节第二目）

五、二世缘起之业力说

业通有漏、无漏，此明生有情器界果之缘，故但说有漏业。业为直接能引种（行支）生现（有支）之近缘，无明、爱、取等烦恼为间接能引种（无明发业）生现（爱取润生）之远缘，故余处亦假说业之近缘为"因"，无明等远缘为"缘"也。其实，乃近缘、远缘之分耳。所谓生死相续，由惑、业、苦发业润生。烦恼名惑，能感后有诸业名业，业所引生众苦名苦是也。近缘之业，随其力之强弱，判"引业"与"满业"。所谓福、非福、不动诸有漏善、不善业及其眷属，同招引满异熟果故，亦立业名。前说"行支"，唯取无明所发正感后世善恶之业，即是引业；拣除顺现受业"非异熟业"、别当受业（感别报之漏业），皆非行支，则唯取"引业"以为"行支"也。不唯行支，即"有支"亦唯爱取所润之能引业种。巴利文论藏为"发"与"缘"之区别，其所谓"发"，亦专指能发引业之"惑"及"引业"以言。引业，即能引生后世"有情身器"之总果者，生起后世有情身器之总果体，此为最先必须独一之强胜缘。各因缘种，唯在其范型中各生现行，余业（满业等）亦但随之以生余异熟果。故行有支之业，独取引业，且特名为"发"也。诸业才起无间即灭，能招当异熟果，以熏本识，起自功能，成为业种，展转相续，至成熟时招异熟果。然此引业，亦通别之与共。别业、能引识种、名色等种，及能生真异熟识与根身；共业，能引共相种，及能生器界；而满业中之别共业，则助生身器别别诸分以成满之耳。诸惑（惑即烦恼别名）皆能发业（业即身语意等善恶行业），然无明最能发引业之现行。诸惑皆能润业，然爱取最能润引业之种子，故依能发、能润引业之现种，以立无明、爱、取之三支。若非无明发引业之现行，则无引业种及引业现行所摄植之识、名色、六入、触、受种，若非爱、取润引业之种子，则不能滋长有力以拘牵识等五种生起某类某有情之身器。论云：有漏善业种，能招可爱果；诸不善业种，能招非爱果。随二有支业种，令异熟果成善恶别。故前十支合为能生后二支之因缘也。能发及能润引业现种之"无明、爱、取"，唯是前六识相应之烦恼，行业亦以前六识相应之思虑为体，且皆奉意识为霸主，故意识实操创造未来生命之权力。所谓"动身发语（指意识）此为最，引满能招业力牵"是也。兹再制为一表，以明十二支之关系：

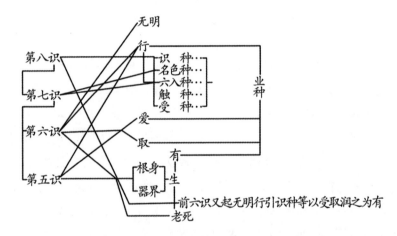

十二支中第七识之关系最少，除名色种或六入种中可有其种子，唯内随第八识所生所系，外为前六识染依耳。前六识皆重要，然发行之谜理无明，专属于第六识，且前五识皆以第六识为主动，故唯第六识为最要。其次则为第八识之受熏持种，及为业种牵其种子亲生异熟果之总体，变诸色种以为根身、器界，皆第八识之事。要之，作业唯第六识为最，发润业及行业体，皆属此故。受果唯第八识为最，生果总体及生根身、器界，皆属此故。观此，可了然于因缘所生之情器果矣。（录《真现实论》第四章第二节第九目）

第四章　有情业果相续流转中之人生

第一节　人生世界

一、此一人间之器界

此人间之器界，近人谓之地球。佛陀学中曰赡部洲，亦称地轮。举其形似，比之庵摩罗果，与今地球仪器相仿。虽亦诸旁生等所共依变资用，然可属人以言。言者、闻者皆是人故，今此但为人生言故。传赡部洲形狭长，有尖角。然此但据赡部大洲山河陆地以言，若统言赡部洲，包括两中洲与五百小洲，及大洋海，乃等于地球也。中洲，一曰遮末罗洲，应即澳大利亚。一曰筏罗遮末罗洲，应即南亚美利加洲。日本、英伦、婆罗洲等，属于五百小洲。北美、北亚，在白林海峡，本可相连接，古代人种迁徙，亦有言由此交通者，故北美及欧、亚、非四洲，总合为赡部大洲。则地球者，一大洲、两中洲、五百小洲、及大洋海之总称也。中国分国内为九州，更言国外有大九州，亦略知其仿佛。至今尚有多处人踪不到，为药叉等之所居者。故传大、中、小洲，各为某种人之居处；或传遮末罗洲，是药叉居处也。今所知之地球，陆居三分之一，海居三分之二，海之大于陆者加倍。亚之中印、欧之希腊、非之埃及、北美之墨西哥，皆尝有古文明民族，而南美与澳则无有。故人文唯出于大洲。大洲上之人文地理，乃分人主、象主、宝主、马主之四主焉。地文地理，近于大洲分为四洲：亚细亚洲最大，俄领西比利亚位其北部，南部则中国、印度、波斯、阿拉伯在焉。北亚美利加洲次之，美利坚联邦及墨西哥与英领坎拿大等在焉。欧罗巴洲与阿非利加洲，面积之量略等。非洲有英领埃及与法领摩洛哥等。欧洲则意大利、法兰西、德意志、俄罗斯等在焉。小洲则有英国、日本、（中国）台湾与美领之菲律宾等。中洲南亚美利加有智利等国，澳大利亚大抵为英领之属地。至言天文地理，大洲位于地球之北，地球之南多为洋海。故大洲之北部，近北冰洋，苦寒少雨，不宜人之生活。南部正当赤道，颇为炎热，然多雨而物产丰饶，为印度等民族居之。美利坚、中国、法兰西等，皆处南北间之温带。而小洲之日本、英吉利等，亦在温带。凉燠以时，人事斯利。然中部亦多高山大岭奥阻深藏者，有江河大湖之流域，乃为人所聚居。二中洲皆位地球之南面，为温带之稍近寒者。凡此皆可见天人之关系。（录《真现实论》第二章第二节第二目）

二、动植矿之关系与区别

凡动植矿物，皆指其"色聚"以言。矿之色聚，指金、水等，别称物质；植之色聚，指花、木等，别称生物；动之色聚，指人、兽等，别称"有色根身"。而其关系，统在能变现此诸色聚本质之一切种识（即异熟识）。器由异熟识共相种成熟力变，已如前说；有情有色根身，为颂中"执受"之一分，（另一分即是一切种）论亦释云："有根身者，谓异熟识不共相种成熟力故，变似色根，（即眼、耳、鼻、舌、身中之神经系）及根依处（即眼、耳、鼻、舌、身之血肉体），即内（执受）大种及所造色。"又云："亦有以共相种。"成熟力故，于他身根依处，亦变似彼，否应无能受用他身。由此，人等虽死，所余尸骸，犹见相续。此说有情有色根身，有其二分：一分"五根细色神经"，唯以一切种识之"不共相种"变成造所造色，由"我爱执藏识"执为自体；一分皮脏骨血等根所依处，虽以一切种识之"不共相种"变成造所造色，由"我爱执藏识"执为自体。然亦由一切种识中自他有情共相种助，变成造所造色。故父母能生育子女，友侣之身亦能相为受用，且其死后，虽不执为自体，在他有情，犹见尸骸续存。（与他界同地有情共变器界故，于将坏时，器界犹存理同）由此有四分别：（一）共共相种变。即前器界，同处、同地、同受用者。（二）共不共相种变。即前器界，各类、各个别受用者。（三）不共共相种变。即此所言色根依处。（四）不共不共相种变。即此所言五根神经。由此例之，在一切种识中，"相种"（或色种）可分三类：（一）共共相种，曰共相种，矿物器界皆由此变。（二）不共不共相种，曰不共相种。（三）别加一类共不共不共共相种，植物应由此变。其有死限生殖同"根依处"，故不共共。然无"我爱执藏识"执以为自体，故共不共，合此二义，乃于一切种识中为植物辟一特殊位置。要之，色聚中有情无情之区别，由于"我爱执藏识"执受为自体与否（我爱执藏识，间接有末那关系）。执受为自体，为有情色身；不执受为自体，为无情矿、植、尸骸等。矿物、植物及根依处、净色五根，其区别在一切种识中之"相种"不同：矿物，共相种变；植物及根依处，由共不共不共共相种变；五根净色神经，由不共相种变。其遍通之关系，在于一切种识；其区别与连带之关系，在能变之自种不同类，及藏识之有无执受。共不共不共共相种，亦持以各有情一切种识，随共相种变成之处，此"种"亦变生植物耳。此矿、植、动三者之区别与关系，虽为人间之现实观，亦此一空轮内五趣杂居地之现实观也。不及或过，遂成物本论等。（录《真现实论》第二章第三节第二目）

三、人间情器与非人间情器

依人间情器之现实，于动、植、矿三者之区别与关系，应若前述。然在不及人生者之旁生以下，以"自觉进化性"极昧劣故，人类中婴孩儿童亦近旁生故，多由异熟识受异熟之生活故，其所行动类机械故，于此习成其观想力，遂谓人生及余动植亦同矿物，悉为自然界因果力所支配之物故，立唯物论。而以矿物为本，初演化为植、动，进演为高等之动物，再演进为人生。然此只见"结散变化"之矿、植、动共性，于生物"死限生殖"之特性，不无轻视。于动物及人"统摄永续"与"自觉进化"之特性，则更忽略不察。故于矿物为本之唯物论，于不及人生之生物立场，虽或可言，亦偏而不全矣。若在超过人生之天生等，所食（植物）、所用（矿物），皆可由身化生，不殊生物。至于四禅天，则所依器界，亦随身而存没，殆犹人生之根依处，似可说依生物为本之唯生论。皆生物故，劣之则为动、植、矿物；胜之则为人、天等故。然此可生三过：（一）神生万物论。执诸万有皆神所生，成多神、一神等神教迷执。（二）循环不息论。以生殖观，祖父子孙，形气相续，在周期内循环变化，成循环论，所谓一阴一阳之道；恐形气循环之有时断灭，成不息论，所谓易不可见而乾坤毁。此为中国孔、老思想。（三）轮回解脱论。以死限观，前后今世身命相续，在异生类轮回变化，成轮回论；厌身命轮回而欲得超出，成解脱论。此为印度数论、耆那、小乘思想（数论、耆那，以存我故，非真解脱；小乘以无我故得真解脱）。此三种论，亦皆有偏。至于登地菩萨，于后得智，证阿赖耶，观身器等，皆心变现。后由得定自在，能随心转变身器等，固可以心为本，说唯心论。然心但为所依能熏，由佛智观，应为识中一切种之别别现行，现行互互增上，说一切种现之缘起。故唯心论，亦有未圆。且人间但知"独散意识"之功用，以之而说唯心，或成自我唯心论，而但存自我；或成宇宙唯心论，而推本一神，归之泛神，故亦有过。故依人间现实，于动、植、矿应分别说，乃是多元而非一元。极佛智境，以一切种起一切现，由一切现互互增上，亦为多元而非一元。种由现熏所生，复说无元。然则唯物、唯生、唯心论，皆不可成耶？曰：以别义亦可成立。举其总义，则"不离相摄"故，皆可随宜以说"唯"言。谓"所知境"（客观界）皆可名"物"（法），莫非所知境故，可名唯物，正名唯境论；从众缘所生（有为法）所显（无为法）故，诸法莫非众缘所生显故，可名唯生（正名唯根论）；一切所知不离于能知故，一切种依识熏持故，诸有为法皆所变故，诸无为法亦所现故，可名唯心（正名唯识论）。然此所云物、生、心之三名，已非复前此矿物之"物"、植动之"生"、动人之"心"之义矣。故论人间情器，仍应用前矿、动、植三类之分别。（录《真现实论》第二章第三节第三目）

四、人间之有情器界

依上述区别与关系，关系中有区别，区别中有关系，情器重重，差别如表：

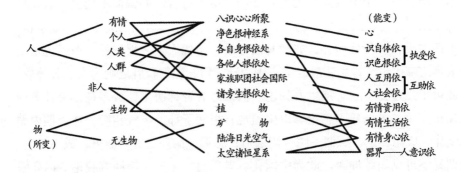

由人与物观之，生物为沟通人与物之桥。自"根神经"至于"植物"，

为生物者凡六，人占其四，故人亦属于物，而物亦属于人。旁生又为沟通人与非人之桥，人生与旁生同为有情故。有情又为沟通"能变""所变"之桥，有情通摄心与物故。旁生与人，正为有情；植、矿、日、星，正为器界。有情身心依故，自净色根及根依处，为执受依，是个人自身故。他人之根依处及家国等，为人群互助依，人类社会所由成故。诸旁生根依处，为有情资用依，人与旁生，互亦相资用故。植、矿、陆、海、光、气，为人与诸旁生生活资具之所从出，故为有情之生活依。太空诸恒星系，与人生活所资无何关系，然自净色根以至太空诸星系，皆为人类意识之所知境，故为人意识依。观此，可知"人生世界"为何状矣。（录《真现实论》第二章第三节）

五、人生世界之我与非我

常俗以自身谓之我，自身以外谓之非我。其实，"我"与"非我"，但为人心之二概念（假名），无固定之实体。犹如主观、客观二名，无一定之界域。主观曰我，主观有时而缩小或扩大；客观非我，客观有时亦扩大而缩小。其于现实，虽同前此人生世界，而我与非我，可有诸差别，今亦表之如下：

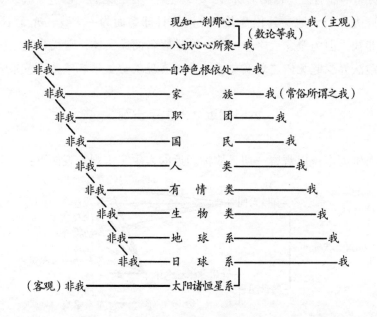

　　就人生世界为范围，对观我与非我。但为"我"者，唯是"现知一刹那心"，于现刹那唯能知故，此为我之最缩小者。但为"非我"，亦唯"太空诸恒星系"，但为能知之所知境，于人生活无资用故，此为非我最缩小者。余十皆可通于我与非我。诸识心心所聚，在现刹那能知心上，亦为所观境故。自此至于太空，同为非我，此为"非我"最扩大者。现知一刹那心，亦属八识心心所聚，故唯各人自识心聚为我；如数论等主张眼、耳等根为"神我"用，同卧具等为色身用。人亦常言身是躯壳，为"灵魂我"主人所居舍宅，魂来宅造，乃有身生；魂去舍空，身归死坏。故自身至太空，同为非我。至常俗之自身以内为我，自身以外为非我，则更俗情之常矣。有凡所为皆依家族而起，家族以内为我，外为我非，此亦俗情常有。有凡所为皆依职团而起，职团以内为我，外为非我，若工团主义者之国际工团等。有凡所为皆依国民而起，国民以内为我，外为非我，若主张"非我族类，其心必异"之国家民族主义者。有凡所为皆依人类而起，人类以内为我，外为非我，诸人道主义者近之。有凡所为皆依地球上有情类而起，有情类内为我，外为非我。有凡所为皆依生物类或地球系或日球系而起者，生物类或地球系或日球系以内者为我，外为非我，此为我之最扩大者。今此人类，虽似未能有此心境，然由人类以进超人，要非不能有之。若儒书所云：尽人之性、尽物之性，以进于高明、博厚、悠久、广大，与天地参其化育者。虽谓统日球系而为一大我，亦无不可也。明我与非我，但为概念上之一区别，唯是假名而无实体，则我非我之执情空，庶可进窥法界缘起无碍之现实矣。（录《真现实论》第二章第三节第六目）

六、切近之人生宇宙观

　　以人生为本位以观察一切，故称切近的人生宇宙观。表如下：

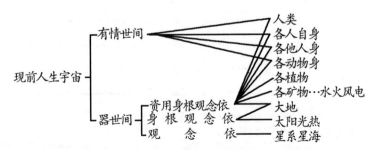

本表人类以下四项，属有情世间；各植物以下五项，属器世间。器世间所属各物事，有为人生资用所依者、有为身根所依者、有为观念所依者，或一或三，分别表列，兹就本表逆推而前以为解释，以便利故耳。

如星系星海，与人本无甚大之关系，仅为观察测验之所及，故属于观念依，而不及资用身根二者。太阳光热极大，为身根观念之所依，亦时为资用之所依，故亦通于前一。至各矿物（水火风电）以上，则为资用身根观念所俱依。此中有情世间各项，亦通于资用依，骤观之似难索解，盖疑本表既以人生为本位，则资用所依者，必在人生之外也。不知人类互助之义，即为人生资用之所依，君臣、父子、夫妇、兄弟、朋友，小而家庭，大而社会国家种族，莫不皆然，人类特其总称耳。故人类亦为各人之器世间。

各人之自身为各人资用所依，理亦易明。即如科学家言：人身一如机器，四肢百体各有相当之作用。所谓呼吸器、消化器、排泄器，如是等等，无非机械之义，即资用依。则知各人自身者，各人之器世间也；我之自身者，我之器世间也。庄子曰：指马之百体不得谓之马。然则指我之百体，亦不得谓之我。我果安在哉！至各他人身，为人身资用所依者，如以人之才、之力、之智为用是。若动物身，则或资其力或竟食其肉而寝其皮耳。故以上四类，虽属有情世间，而皆可为人生资用所依。至其为身根观念所依，尤吾人日常所习见，不事辞费。故此四类者，亦通于器世间也。（录《佛乘宗要论》序论第一章）

第二节　人生之特性

一、人生之特性与即人成佛

古锥就因明果，尝云"即心即佛"；但在人论人，不如云"即人即佛"之尤捷也。统观佛学之诠释人者，唯有三义，即见于旧新《毗婆萨论》者也。一止息意，谓于六趣之中，能止息烦恼恶乱之意，莫过于人故。二忍，谓于世达顺，情能安忍故。三末奴沙，谓于种种工巧业处，而得善巧，能用意思维观察所做事故。《立世阿毗昙论》所云《摩㝹沙》之八意，不异末奴沙。而《契经》所云：人有胜于诸天之三事，亦不此外。盖末奴沙故勇猛胜；忍，故意念胜；止息意，故梵行胜也。据兹推察人世，偏于种种工巧业处而得善巧，能用意思维观察所做事故，演为西洋人分析的哲学，我对物的文化，智的生活；偏于于世违顺，情能安仁故，演为中华人变异的哲学，我对人的文化，仁的生活；偏于六趣中止息烦恼恶乱之意故，演为印度人还灭的哲学，我对我的文化，静的生活。然此三偏，皆于人性不全，偏于末奴沙，其进境限于阿素洛；偏于安忍，其进境限于欲界天；偏于止息意，其境界善者可至于生空涅槃，不善者则仅至于色无色界禅定，而妄执为涅槃。呜呼！此人生所由烦扰流转，而求超脱者尤每堕外道小乘也！善能全人性以修佛行而圆佛觉，则由人而菩提萨埵而佛陀，夫何远之有哉！人其道奈何？曰：安忍之仁，善巧之智，本真如体之大悲方便妙用，徒以间隔于意我，不能称体而用，乃成烦扰流转之业苦。故必还灭恼乱之意以证其体，然证真如体非以住真如体，乃以空意我之障，称圆寂秒明之平等真如体，而与不可思议之大悲方便用也。故人能止息乱意，安忍善巧以全厥人性，便为发菩提心，由之修萨埵行，圆佛陀觉，即人即佛，如是如是。（录太虚大师《佛教讲演集》序）

二、有情类之教育

教化之能发育有情之身者小，而教化之能发育有情之心者殊大。心增胜故，身器随之增胜。有情类之能扩充自觉心而进化者，其枢机实操乎教育。教育虽亦为有情类相处之一事业，然先此仅言及男女、经济、政治之关系者，以家庭、职团、国群犹不过维持生存之道，而教育实为有情类进化之所依赖，须于最后专言之也。此地球人，以勇猛记忆能造诸业、勇猛记忆能修净行、勇猛记忆佛出其处之三事，胜他星球人及诸神天者，贯以勇猛记忆，皆言其教育力之殊胜耳。何以言之？诸有情类，虽皆有心识可互相感通仿效，然亦必因有诸困难，时相环绕，而又有自由活动自觉努力之余地，得凭藉以解除之者，乃能发生勇猛记忆。由勇猛记忆，乃能有殊胜教育之业。由此以观，诸苦生类，长时受诸剧苦，殆无何自由活动自觉努力之余地，故不能有勇猛记忆教育之事。诸饿生类，饥苦驱迫，逐食而趋，亦鲜能自由努力而为教育之事者。诸旁生类，心识昏昧，虽稍能模仿而以声容相示导，以言由自觉努力而教育，固非其所能也。拘卢人及二禅以上诸天，纯受前业所酬之胜果，而无丝毫之困难，故不复能发生勇猛记忆而为教育。大梵天以下诸天神，及余二星球人，固亦皆有言语文字，展转相为教化，然亦以殊少费力解决之困难，耽于逸乐，不能有勇猛记忆之教育。此地球人，时有困难须待解决，而又有自由活动自觉努力之余地，故能发生勇猛记忆而为教育之事。

此地球人，具摩㮇沙八义：一者聪明，二业果胜，三意微细，四能正觉，五者智慧增上，六者能别虚实，七者圣智正器，八聪明业所生。故天人师之全宇宙大教育者释迦牟尼等出兴于此。古圣谓整心虑而趋菩提者，唯此地球人类为能，亦因其能办殊胜之教育，感佛陀等大教育者来为教化而已。故通论有情类，不能受增上教育之障碍，则有八难：一苦生难，二饿生难，三旁生难，四拘卢难，五长寿耽乐天难，六聋盲哑癫人难，七迷执强辩人难，八边地无化人难。前五难指地球人类以外诸有情类，后三难则指地球人类言。聋、盲、哑、癫，乃地球人类之身根不完备者，故难受施教。其次，则迷执于偏见局量，而犹自作聪明好强辩者，此亦狂愚之类，故难受施教。又其次，则生在边塞无文化之野蛮中者，暂时亦难受施教。除此三者，则地球人类，固大都能勇猛记忆而受施教育者也。地球人类，以有此受施教育之本能，人与人相处，乃发展为殊胜之教育。失此教育，则失其地球人类之特殊资格；近无以全人格，远无以证菩提，故关系之重要，非他事之可比伦也。地球人类之教育，初甚茫昧也。同类身心，其官能之接于物者，大抵相似，意而识之，亦不相远，故本有容易相感通模仿之性（众同分性）。其于男女之须交合、母子之须哺养、生活之须扶助、老病之须依赖，又随时有表示己意于他人之需要。一方表示，一方须接受了解其表示，由表示及接受了解其表示之双方练习，勇猛记忆乃起。初以面容、手势及简单声音相表示，继之乃有言语。然记忆之犹极艰难，乃为结绳及简单符画等以助记忆，寝假遂演生为文字。图画、刻铸、印刷，次第兴起。讲学立说，图书大备，于是教育遂为地球人类之特能性。

有人文史以来之教育性质，大别为三类：一曰天神教育。谓道之大原出于天。天者，间有一二亶聪明作元后、而开物成务者。莫知其所以然，归之神秘不可思议之天，为最高之起源。于是演生天神教育，作之师者，托天神而施教；作之君者，托天神而行政。其目的，则尽可知之人道，而归不可知之天道是也。凡古近东西之宗教帝王教育，大抵然也。其弊也愚痴！二曰生物教育（或动物教育）。谓人生之教育，由生物动物之适应性、遗传性、模仿性等积习演成。其目的，则竞争生存，奋求富强是也。此种教育性质，虽自有人文史以来即已萌芽；而至近代，始盛行为民族国家之教育也。其弊也贪狠！三曰人群教育（或人伦教育）。稍知教育乃为人之特能，人之所异于禽兽者在此。下闲群动，节而不扰；上舍天神，存而不论。以缮吾人之性，而善吾人之生。其目的，则治理人群，安分乐生是也。此种教育性质，虽亦有人文史以来即已萌芽，而从古只有少数之真儒大哲行之。其弊也怀狭！虽然，今而后，地球人类能了解人群教育而施行否，尚为地球人类向上向下之关头也。

综合此三者而导之向上，则更有宇宙大教育者佛陀之教育（佛化教育）。佛陀教育，以人群教育为起点，此于其应化为地球人类可知之也。故当先撤废天神教育，而熏摄生物教育，以之完成人群教育。由是演进，而以人群教育态度，施之地球动物，各安其分而乐其生，相进于善；更演进而以人群教育态度，施之天神等，乃能共趋无上菩提之道。故唯佛陀教育，能奄有前三者之长而无其弊，且提奖而进化之也。佛陀为宇宙之大教育者，曰天人师，如是如是！（录《真现实论》第二章第一节第十八目）

三、人间之上中下士

中国自孔仲尼说“上智与下愚不移”，后之儒家多说人性以三品别，此亦有理。兹略引《瑜伽》卷六十一云：

复次，依行差别，建立三士，谓下中上。无自利行、无利他行，名为下士；有自利行、无利他行、有利他行、无自利行，名为中士；有自利行、有利他行，名为上士。复有四种补特伽罗：或有行恶而非乐恶，或有乐恶而非行恶，或有行恶亦复乐恶，或非行恶亦非乐恶。若信诸恶能感当来非爱果报，由失念故、或放逸故、近恶友故、造作恶行，是名行恶，而非乐恶。若先世来串习恶故，喜乐诸恶，恶欲所牵，彼由亲近善丈夫故、闻正法故、如理作意为依止故，见诸恶行能感当来非爱果报，自勉自励远离诸恶，是名乐恶而非行恶。若性乐恶而不远离，是名行恶亦复乐恶。若有为性不乐诸恶，亦能远离，名非行恶亦非乐恶。此中行恶亦乐恶者，是名下士；若其行恶而非乐恶，或乐恶而非行恶，是名中士；若非行恶亦非乐恶，是名上士。复有三士：一重受欲，二重事务，三重正法。初名下士，次名中士，后名上士。又有三种补特伽罗：一以非事为自事。二以自事为自事。三以他事为自事。若行恶行以自存活，名以非事为自事；若怖恶行修行善行，名以自事为自事；若诸菩萨，名以他事为自事。初名下士，次名中士，后名上士。又有三人：一者，有人唯能成就非律仪、非不律仪摄所受戒律仪；二者，有人亦能成就声闻等相应所受戒律仪；三者，有人亦能成就菩提萨埵所受戒律仪。初名下士，次名中士，后名上士。复依修习思惟方便，建立三人：一者，有人唯得励力运转思惟；二者，有人有间运转，设得无间要作功用方能运转；三者，有人已得成就任运思惟。初名下士，次名中士，后名上士。又依已得修差别故，建立三人：一者，有人已得内心奢摩他定，未得增上慧法毗钵舍那；二者，有人已得增上慧法毗钵舍那，未得内心奢摩他定；三者，有人俱得二种。初名下士，次名中士，后名上士。又有三人：一者，有人已得有寻有伺三摩地；二者，有人已得无寻唯伺三摩地；三者，有人已得无寻无伺三摩地。初名下士，次名中士，后名上士。又依住修差别建立三人：一者，有人住染污静虑；二者，有人住世间清净静虑；三者，有人住无漏静虑。初名下士，次名中士，后名上士。（录《真现实论》第二章第二节第六目）

四、思维人生义大

思惟义大者，若不起一为究竟利乐故，修清净法之心者，仅于现世未死之间，除苦修乐而为精勤，则傍生亦有之。虽居善趣，傍生何异。然修大乘道者，必须得一如上所说暇满之身。如与弟子书云："欲成佛道度众生，具大心力惟人能。天龙修罗金翅蟒，神仙余趣皆不及。"复次，虽有一类昔于人中修道习气浓厚之欲天，亦能见四谛理。然上界身，则定无初得圣道者。欲天多数亦如前说为无暇处，故能修入初圣道之身，以人为最胜也。又北俱卢洲，不堪受持戒律，较余三洲之身为劣。而三洲中尤以赡部林人为可赞焉，以是当念我得如此贤妙之身，何故令其无果？若竟令无果者，乃自欺自弃，更有何事可耻而重于此耶！昔于恶趣众多无暇处之险道盘旋流转，今偶一次得脱，若将此身无益弃舍，仍还彼三涂中者，岂其以咒迷乱，令我成无心者哉！当如是数数修习之。《入行论》云："得如是闲暇，而我不修善，岂更有余者，较此尤愚迷。"又云："难得有益身，由何而获得？如我具知已，后仍堕地狱。如为咒所迷，于此我无心，我何其愚鲁？何物住我心？"如是我仅观待究竟有大义利，当思即对于现近善趣身，及受用眷属圆满之因，修施戒忍等！亦须依于此身乃易修习者，若既得此具有大义之身，而不昼夜于彼现、未二世善因努力者，则如既至宝洲空手而返，岂不哀哉。（录《菩提道次第广论》第一卷）

五、人性之研究

异生性或改称"个性"。然个性一名，殊不足以尽其义。《集论》谓依"不得无漏圣法之位"假立，则应对圣性名"凡性""异生""圣者"对称，故今但名异生。此异生之特性，今细考其含义有二：（一）自他生命之别异，可云个性；（二）趣类流转之别异，可云"类性"。类性为"众同分"，个性为"各有情假者"。在能令类性、个性有别异之功能分位上，乃施设为异生之性。能令自他别异之功能，在分别我执（第六识者）及俱生我执之一分（六、七识者）。能断除此，即预圣流，得圣者同生性，证无我故，无自他别。故依一分我执种之功能分位，立异生性。能令趣类别异之功能在有漏引业（第六识者），能断除此，即预圣流。得圣者无漏性，成无漏故，无趣类异。故依一分有漏思业种之功能分位，立异生性。所谓"异生性唯心所分位，依二障种上令别异之功能假立故"，亦为总略之定义也。"个性"依五蕴合续之"有情假者"而立，身器自他成各别隔异之障者，植根于二我执之种现力，各从其我执而集现特殊之身心相，由此各有情有各有情个性之同异。"众同分"

依同类之有情众而立，其广义亦通诸法之同类。同类即是平等，各别即是差别（例平等是色则为色同类，平等是心则为心同类等）。身心器界成趣别地异之障者，植根于杂染业之种现力，各从其染业而引生类似之身心相，由此众有情有众有情类性之同异(男性、女性亦同类性可知)。儒书所云：天命之谓性。从"类性"中"人同类性"而说。性相近之性之，与人性以三品异之性，于"人同类性"中亦兼"个性"而说。"人同类性"之超"旁生性"者，有较能行善之才性，故说"性善"；人为"异生"之同一，"人同类性"即"异生同类性"，有本能行恶之才性，故说"性恶"；然我执集现之特殊身心相，与染业引生之类似身心相，皆异熟性（犹云天然性、自然性）之无覆无记法，可随有力现行意识迁变，故说无善无不善，而又可善可不善。百法中"异生"及"同类"二法，有关中国先民族于"人性之研究"者特大，故专提出讨论之。又就人言：与同类对立之"各别"，为个人性（各别广义亦通诸法，二法各别亦性分别）；与各别对立之"同类"为"人类性"；中间之社会性、国民性、民族性，阶级性（即所谓民族意识、阶级意识等），则兼类别之二性。表之如下：

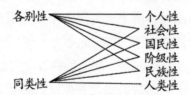

　　类与不类，相与为类。"异生"为类，（包括人、旁生等）人亦为别；有情为类，（包括三乘圣者）异生亦别；生命为类，（包括植物）有情亦别；诸法为类（无所不包），生命亦别。平等性遍于差别性，差别性遍于平等性，要为"法界之同异总别相而已"。"命"之研究，达于"藏识"；性之研究，达于"法界"。此非世间言，性命者之所知也。（录《真现实论》第三章第五二节第六目）

第三节　人与器界及一切有情

一、人生于器界之依资

兹就资人生所依持受用之器界，切实言之，人生直接所依持者，固在于地球之陆地。然日月之供给光热，海濛空气之供给风雨等，亦有关于依持。否则，色身陆地亦不能依持也。至于受用日、月、光、气、风、雨等，固多有直接、间接关系，而尤以陆地及陆海所出产之矿植，供给于人生为衣、食、住、行、康、乐之器用者为要。大抵衣食取于陆海所产植物；住、行、康、乐之具，兼取陆海出产矿植以成。人生之生活，大都依赖于植物，故亦谓人为寄生植物者。人之受用于矿植等，较旁生等为特殊者，由手足分工，而两足能支持其全身直立。旁生亦曰横生，人生亦曰竖生，亦由两足能支持直立其身否而别。两足能持身而直立，乃能运其两手，别为造作及受用于矿植之间。其造作受用于矿植之又一特殊力，则在能用于火，此亦旁生等所不能为者。由能用"火"，于是能采用钢、铁、煤、炭、石油等，制成种种五金之器。驯至能利用蒸汽力、水力、电力，产生近代工艺制造诸增强五色根识感觉力之器（望远镜等），于见知上扩辟向来不见知之境界。制造诸汽车、汽船、飞机等之交通器，凿开向来不交通之阻隔。至于改造植物、动物之种类根身等，遂令死格式之自然界，亦呈以人力为主变因之日新月异活泼形势。人生之手乎，器界之火乎，二者实为人生工作于器界种种异能之机括，亦为人生受用于器界种种特长之基本；而依此亦愈见器界由有情识变之真相也。盖由人生有何等之意欲情识，即可运用手、火，变生何等之器界，以依持受用。故交通于水星、金星、火星之他器界，亦决非绝对不可能之事。人乎！人乎！勉哉！勉哉！善用其手与火，以工作于器界，固不难改变创造之，以适于人生之依持受用，而不必"以地球人满为患"等，效彼杞人忧天之坠也。然旁生、人生等色身，则同为须以器界为依持，而受用于器世间者。虽可由互相感通情愿而资助为用，然若强取其色身而寝皮食肉，用之如器界之矿植，则为非理。盖旁生等特为吾人较愚蠢之幼弟，吾人当悯爱之。止其互为伤残，而导之以共存共荣，为友为侣，至多亦贵其为仆役、为拘囚耳。甚至人相杀食，以他人之色身为工具、为器物，而用之同于器界，则其犯分悖理之罪，更为难恕。故人生当依持地界，而受用于矿植之器。人生、旁生，则应相为教导，面共工作生活，庶其人生可衣、食、住、行、康、乐于天地。（录《真现实论》第二章第二节第十二目）

二、有情与有情之相处

《瑜伽》第二，说诸有情类之相处，死生流转，尝云："又诸有情，随于如是有情类中，自体生时，彼有情类，于此有情作四种缘：谓种子所引故，食所资养故，随逐守护故，随学造作身语业故。初谓父母精血所引；次彼生已，知其所欲，方求饮食而用资养；次常随逐，专志守护，不令起作非时行及不平等行；次令习学世俗言说等事，由长大种类故，诸根成就故。此复于余，此复于余如是展转。诸有情类，无始时来受苦受乐，未曾获得出苦乐法，乃至诸佛未证菩提，若从他闻音及内正思惟，由如是故方得漏尽。如是句义，甚为难悟，谓我无有若分、若谁、若事，我亦都非若分、若谁、若事。未能真悟如是句义，常在死生流转，故云五蕴炽盛之苦。"又就地球人类，说七种摄受事：一自父母事，二妻子事，三奴仆事，四兄弟朋友官僚眷属事，五田宅邸肆事，六、福业事（慈善事业）及方便作业事（工作业发明之利用厚生），七库藏事（银行等金融事业）。

试分析也，人类相处，首在男女婚配，所谓造端夫妇是也，于是有夫妇、父母、子女之家庭。次在资生（经济）及公安（政治）关系之事业团体，于是有民族、国家、农、工、商、政、教等阶级群众分别。所谓奴仆事，兄弟（民族之本）、朋友（团体之本）、官僚（国家之本）、眷属（指相属之群众）事、田宅邸肆（农、工、商、教）事是也。于是人事初备，而贵贱贫富之阶级亦即成立。贵而富者，有其余力以扶助贫贱，及增进其全群之福利，于是有慈善及发明进化之事。保存其剩余财产，遗传文化而流通利用之，以为全群谋福利，于是有金融机关及文化机关等库藏事。由此人事乃日蒸蒸向上。然人心之我执不除，贤愚不能平等。作业受果有别，则贫富贵贱阶级不能去。仰覆相乘，治乱相续，友敌相倾，和战相倚。常为怨憎会遇、恩爱别离、欲求不遂之苦相逼。人类相处之事，仍未易乐观也！

　　地球人类，与他有情类之相处，对旁生类，或畜役之，或杀食之；对于众苦人天，或迷著而过执，或谬解而拨无，盖离平允恰当之道犹远。毗提诃人，尼俱耶人，与地球人大略相似；拘卢人则偶然有异。相传谓拘卢人发绀青色，长齐八指，一形一色，人皆一类，亲疏平等，无适无莫，身根美妙，衣服完整，饮食自然，不假耕作，火珠熟饭，人来共食，饮食丰美，不虞缺劣，资益色身，无老无病；男女相爱，有天然树为出床敷卧具，随意欣悦，欢娱爱乐；若系近亲，树则萎枯，男女知情，即便相舍；女身受胎，八日即产，所产男女，置四衢道，经过之人，各滋育之，七日以后，即得长成，各随同伴，相对游戏；寿定千岁，死皆上生，十善业故，乃得如是；身坏命终，无人恋泣，有忧承伽摩鸟，衔置余方洲渚之上；大小便时，地即开裂，事毕之后，地合如故；业行清净，乐洁乐喜，故臭秽物不稍存留。由此可知，其以配合自由，儿女公育，故无家庭；衣食自然，故无职团；行十善业，无战争事，故无军政；以个人为自由分子，以世界为全群乐场，故无领土；生则相娱，死则相舍，故亦无宗教之谜信。神及天等，相处有差，忉利以下，亦有战争。此城彼强，不无领域；首从优劣，亦不平等；富贵贫贱，非无阶级，亦有家庭组织。如言：忉利天，能天主升善法堂，左右二边，各坐十六天王。有二太子：一名旃檀，二毗修罗，是忉利天二大将军。有三十二天左右坐，四大天王依四门坐。又言：能天主，有四亿九万四千九百正妃，二十四亿六万四千三百彩女，能天主化身与诸妃共住，真身与阿素洛女舍脂住。又说有七种市：一谷米市，二衣服市，三众香市，四饮食市，五华鬘市，六工巧市，七淫女市。以商业为戏乐，其实随意而取，但于受用，随福各有优劣。入四苑游戏，间有强凌弱众暴寡事。其为婚姻，则言无夫天女，见天童子，悉来围绕，竞言我无夫主，我今年少，邀入其室，天子随入，供养奉给，以相戏乐，其为淫欲。据言那伽、迦楼罗、四天王天、三十三天，皆男女二根相接触，不流精液，但出风气，即便畅适。时分天，男女相抱，欲情即畅。知足天，男女相执手成欲。化乐天，相笑语成欲。他化天，相视即成欲。其为生育，则言女不怀胎，亦不生产。儿女之生，或于膝上，或于眠处，先见华兆，过数日已，欻然化生，即为其天父母所生。儿女初生，即如数岁小儿，得饮食已，即便长成，赴天女处，以相娱乐。至色界天，无男女故，即无淫欲生育之事，禅定为乐，亦无游戏饮食之事。二禅天上，并无语言。无色界天，更可知矣。苦生化生，但受诸苦，无淫欲等。饿生、旁生，有淫欲等，或有家庭职团（若蜂蚁等），或无家庭职团，此为各类有情自类相处之状。互相相处：人与旁生，或相残害，或相资助；人与饿生、神生，亦间有所交涉。饿生、苦生，同为琰摩王管。忉利天以下诸生类，同为能天主之所管，四大天王，为其管领下界之四总督，各有九十九子，得为天王之代理人，分统八部神众，翼护下界。时分天以上，则与下殊少关系。然他化天与梵众天之间，有魔罗天（魔罗此云扰害）王名波旬，统其眷属，时为扰害；大梵天王，统辖诸天神等化以善法。故人世诸一神宗教，其崇奉者，大抵属忉利天之能天主，或大梵天王。佛为人天之师，人、天、魔、梵，乃皆归仰。（录《真现实论》第二章第一节第十六目）

第五章　有情流转中继善成性之人生

第一节　人乘正法

一、总论

佛教有五乘法，曰人乘，曰天乘，曰声闻乘，曰缘觉乘，曰如来乘。前二世间，后三出世，唯如来乘，完全此五。今论所取，但在人乘。此人乘法，其本源出于如来乘，故曰佛教人乘正法。然此非以穷幽体玄，造微证真者也，乃以现今人伦之习惯风俗性情为质地，以佛教人乘正法为准绳，使咸纳乎人道之正轨耳。盖人伦者，唯习俗性以为诚谛，离习俗性，别无人伦（伦即人类、人群、人道，涵有纪贯思理之义，所以异乎鸟类兽群之乱无道法也。），故不务高远，而唯求犁然有所当于群萌之心行也。若夫明心见性，发真归元，洞万化之玄妙，备众德而净妙，则尘垢秕糠，陶铸尧舜，在乎有志者自为之耳，非所以论于萌俗也。

人伦之道德理法，是人类群合之所缘生，非是人类为道德理法乃生也。盖自然界生死流转，既暂尔得生为人矣，因爱有生，綦爱生存，外患强烈，生存为艰，谋相保以生存，乃缘起乎社会。既生存矣，更谋蕃昌，浸假而习识人类生存蕃昌所必要之术，布为文教，化合民心，是为人伦道德理法。沿习成俗，积化成性，故此人伦道德理法，亦曰人伦理性。必如是，人类乃生存蕃昌文美安乐；不如是，则人类必致争夺残杀险乱困苦，驯至群功涣散、伦业消灭。然人心莫不恶劫夺残杀险乱困苦，莫不爱永保其生存蕃昌文美安乐，故此人伦道德理法，又积聚成人类之良心，为人类生命情性上所必要之大条理，而不可须臾离之矣。若近世之伦业群功，虽谓由此道德理法所生可也。

然人心犹未能全合此人伦道理也，设能完全契合乎此，则人伦之昌盛和乐，必不止是，吾可断言。

至人道之慈善行业，由一部分人类于生活力，所缺憾而见功者也。人类受范于自然之生界，若猝然遇水旱风火兵燹等灾，于生活上顿生缺憾，理有固然，势所必至，故须慈善行业以营救之。若夫因荒学惰工、欺盗淫杀，致失其生活力者，虽曰孽由自作，无事呕照，然欲广其慈心令充生不已者，亦当一视同仁以慈济之。

要之，人伦之道理及慈行，不外安守分域，相为利益，此伦理上之最大公例也。今论亦阐明此人伦道理，推行乎人伦之慈行，因国习以求功，随民俗而施教焉耳。其趣道真证无生者，全超越自然生化界，且不见有生之可爱，况相谋以保蓄昌文美乎？故今当厘定宗界曰：出安分相利外，虽有胜业，即为余事；出人乘戒善外，虽有胜谛，即务高远；出国法民情外，虽有胜说，即妨伦俗。今论概无取焉。其非胜业、胜谛、胜说者，无论已。

二、信仰皈依三宝

依佛典有三种三宝：一曰性体三宝，二曰圣贤三宝，三曰住持三宝。三宝者，"佛宝""佛法宝""佛法僧宝"是也。何为住持三宝？依像而见之佛，塔寺是也；依书而传之法，经藏是也；依律而住之僧，丛林是也。而此住持三宝，又依僧宝而住。僧宝清高，佛法兴盛；僧宝污卑，佛法衰替。是故独以僧为住持，住即居住不迁之义，持即任持不失之义。僧有僧相、僧德，辞亲投师，受戒持律，三聚无犯，六和无诤，此僧相焉。修证禅定，学通经教，此僧德焉。然具僧相尤为住持三宝之要。（具僧相者，即具律仪。此犹儒家礼乐未尝不美，以无住持部众，故只空言而无实事。盖礼乐依群众而存，离群索居则无礼乐可言，国家礼制因势变迁，时异俗殊则难固守，唯集自由信行部众，始可新故相传住持佛教。有此住持部众，故律仪相不致隐没。传戒讲经，坐禅设斋，皆与礼制乐器相应。今者僧众浸不清净，唯仗二三业林守之，须整理焉。）具僧相者，以律居异。又分二众，即"比丘""比丘尼"是也。比丘尼众亦但附属，实则在乎比丘而已。苾刍（即比丘也）所宗，多分出世三乘之道，今不述之，但知僧众所以为佛教住持三宝之一者足矣。

信仰者，信仰三宝也。性体三宝，修定慧者可自心证知，而世不得见知闻知也。圣贤三宝，世可闻知而不得见知也。可见知者，良维住持三宝。住持三宝又依僧为住持。故在家男女信佛信法矣，尤须礼一所信仰之比丘为皈依师，而后信仰仪式始完全也。盖佛教非同天神教，可不必见知证知，而向渺茫漠无之虚空着其信仰者也。信仰佛教仪式维何？由所礼皈依师，于塔寺中佛像或佛经前，陈香光之供，作钟梵之乐，为说三皈或一戒乃至五戒。一也，赠与佛像、或佛经、或缦衣、或念珠。二也，为立一皈依三宝之法名。三也，教令每晨行三皈礼，或念佛名。四也，如是信仰，于诸信仰最为清净，最为简便！皈依者，皈依三宝也。皈依三宝者，信佛教之普通礼仪也。无论在家出家，皆须行之。无此，非信佛之徒也。犹之五戒为人伦之通常道德，无论何国何教，莫不崇之。无此，非人伦之类也。故信仰皈依佛教者，必兼三皈五戒。

三、三皈

云何三皈？有誓，有愿。其皈依师，当教之称诵曰：

自皈依佛	誓我生生	永不皈依	天神鬼物	自皈依法	誓我生生
永不皈依	外道邪教	自皈依僧	誓我生生	永不皈依	损友恶党
自皈依佛	当愿众生	体解大觉	发无上心	自皈依法	当愿众生
深入经藏	智慧如海	自皈依僧	当愿众生	统理大众	一切无碍

反本还源曰皈，知止心定曰依。此中前三皈为发誓，后三皈为愿。誓以自轨乎正，愿以推善及人。三皈义理可浅可深，其皈依师当随解说。浅则妇孺与知，深则圣贤莫穷。更教每晨行三皈法，盥漱事毕，随所居处（或家中、或行旅，无处不可）张供佛像，或陈佛经，手执净香，身披缦衣，诵此二种三皈依词。每一皈依，即礼一拜，共六拜毕，乃作他事。所费时间，日仅五分钟耳，于诸人事，都无妨碍。

四、五戒善法

云何五戒？今当先列其名：（一）不残杀而仁爱。（二）不偷盗而义利。（三）不邪淫而礼节。（四）不欺妄而诚信。（五）不服乱性情品而调善身心。此之五戒，上截即是伦理原则，下截则同儒家五常；上截在止所不当为，下截在作所必当为；能止所不当为则所作者自合于必当为，专作所必当为则自能远离于所不当为。止所不当为者曰戒，作所必当为者曰善。今因省称，故但曰戒，具足应云五戒善法。勿惰必勤，勿怯必勇，则为通策五戒之要行。然不得同与五戒善法者，以勤勇未必善，惰怯未必恶也。果敢而力作所不当为事，亦勤勇也，此则不如惰怯，犹足损减恶行。唯惰怯于应止之事而不能止，不勤勇于当作之务而不能作，斯为恶耳。然勤勇于当作之务，亦不可偏重其一端，宋墨之自苦为极，斯（斯多噶）、耶（耶稣）之冒难相尚，其为仁义也过勤勇，盖于礼节及调善身心者偏废也，若孔子庶乎中正耳！

五、在家六众信徒

于在家信仰徒众中，又分甲乙丙丁戊己六众，即依所受五戒完全、不完全别之也。凡皈依师为说戒时，当先告以五戒名义，及此六众差别之界。虽赞其胜，勿贬其劣，令彼自择，勿稍勉强，方可广摄群机，令无遗类。

甲众但受不偷盗而义利一戒。盖四性戒，佛虽俱重，唯此偷盗，国所必禁，犯偷盗罪，即犯刑律。故此一戒，国民必守，以裨国治，莫大乎此。以广摄机亦此为最。否则娼优屠猎之类，无由信奉佛教故也。或复随彼受者所喜，于五戒中自择一戒受持，亦准甲众。

乙众则较甲众加受不邪淫而礼节一戒。端正风化，增进民德，此为其最。除娼优类皆得受之，摄机亦宽。复随彼受者所喜，于五戒中自择二戒受持遵守，亦准乙众。

内众较乙众加受不欺妄而诚信一戒。诚信既为人人必要之德，则自人人所易行也。于五戒中，受者自择三戒持守，亦准丙众。

丁众则较丙众又加不残杀而仁爱一戒。若论道德，此戒最重，然在国群，行之稍难，是故次于第四。于五戒中，受者自择四戒持守，亦准丁众。能完全受持乎四戒，已足为极良善之国民矣。

戊众受具足五戒。今当略说五戒义相，前之四众所受一、二、三、四之戒，其一一戒所有义相，亦皆准此。（己众见后第十分。）

六、不残杀而仁爱

云何不残杀而仁爱？残谓伤有情类（有情类者即动物）身体，杀谓断有情类生命。虽在杀器，亦不得执，虽在恶虫，亦但防除，非徒不残杀人类也。此则当兵、执刑、屠畜、煮蚕皆在遮止之一例，稍难通于国法民习，故今当依方便。凡由国法所起残杀，若战敌国及刑莠民，为避瘟疫灭诸毒虫，此虽以杀止杀之事，可权轻重偏开许之，则于国民义务无妨碍矣。且应了知为国却敌，即是爱利全国人民；而对敌人亦复泛仁，第令退降非必残杀，故仁义之师本在维持和平也。屠猎等业，则可改操，不能改操则可但受甲、乙、丙三种戒，故在此戒，定遮止之。略举戒相如下：

非依国法，勿执用杀人器，勿伤残人身体，勿杀害人生命。

非卫身命，勿执持兵器，勿伤害诸禽兽鱼虫类生命。勿于禽兽等亲杀、使杀而食其肉。勿食见杀、闻杀之畜生等肉，勿业渔猎，勿业牧畜，勿业煮蚕缫茧，勿屠剥烹烧鸟兽鳖等类。

愿令福乐而无灾苦之谓爱，推爱于众之谓仁。但欲谋己福乐而除己灾害，不恤丧人福乐而致人灾害，此虽爱己而不爱人，不得谓之仁爱。仁爱者，爱人如爱己，人未有不愿己之得福乐而免灾苦者也；爱人如爱己，则亦愿人之得福乐而免灾苦，斯不为残杀矣。亦唯不残杀，而后乃真能仁爱也。盖人心无謺，不善则恶，必断绝净尽于残杀之业者，然后仁爱之量乃全。必纯粹充满于仁爱之行者，残杀之根乃拔。试随国俗之习惯，略分仁爱事相：

当慈爱儿女。当恩爱父母。当敬爱师长。

当保爱幼弱（幼弱者不能自全福乐而自脱灾苦，则当保护之）。

当和爱友朋（兄弟当在师长幼弱友朋之间）。

当专爱夫妻（是男女间爱情专之夫妻，非以不爱父母师长等为爱）。

当亲爱国民（本国人皆属之）。

当尊爱国家（代表国家之官吏议员军人皆属之）。

当泛爱全世界一切人类。

当悯爱尽大地一切有情类（悯彼愚痴苦恼而不伤害之）。

七、不偷盗而义利

云何不偷盗而义利？偷谓诈骗潜窃，盗谓强劫豪夺。举要言之，人伦间物，主权转移必依正义，不与而取、非分而取、无功而取，皆偷盗耳。除直接之偷盗为国法所禁外，今当略陈不义利之事以戒之：

勿赌博。

勿闲荡。

勿消费遗产而不事生业。

勿丐求度日而不图立身。

能资生活而遂欲望之谓利，致利于宜之谓义。功食相准，受施相称，知利己须利人，即利人为利己，是之谓义利，人人行义利而后偷盗除矣。人之生活于人伦中，其交待者广矣，一日所饮食服御居寝者，不知经几何人力而后得之。然则食于众者，将何功以偿之？受于人者，将何施以酬之？不可不思于直接（若农工等）、间接（若商贾、官吏、军人、教师等）之生利事业，谋任其一，任其一而致其劳矣，乃可与社会交为功而相为利。人己人人，各得其宜。试随国俗之习惯，略举义利之差别：

当教育儿女。

当孝养父母。

当供奉师长。

当惠施幼弱。

当辅益友朋。

当分利亲属。

当交利国民。

当纳税守法以拥护国家之权利。

八、不淫邪而礼节

云何不淫邪而礼节？淫指男女胖合之事，不正洁之胖合则为邪淫。略举戒相如下：

不非人淫。除依国法民俗所正式结合之夫妻外，不得行淫，乃至男与男、女与女及一切畜生等，均不得行淫。

不非器淫。除夫妻之男女根外，若自他身、若内外物，一切不得取以行淫。

不非处淫。除夫妻之房室床第之外，于一切处不得行淫。

不非时淫。于一切不宜行淫时，不得行淫。

又淫者，过甚其事之谓，邪者旁越其行之谓。惟男女之欲情，最易过于旁越，礼节乃缘之生起焉。故曰：君子之道，造端夫妇。合理而行之谓礼，适当而止之谓节；合理则正而不邪，适当则乐而不淫矣。自夫妻以至于国群，皆有其礼节也。无论何事、无论何行，不明分理、不量性能，或以责己、或以律人，至于过甚旁越，皆足为害，故概加以邪淫之名。而居己处群，均不可须臾有畔于礼节也。此中条目，不遑一一举之，但能正乎男女之欲情者，斯已得礼节之本矣。

九、不欺诳而诚信

云何不欺诳而诚信？欺者以术愚人，诳者以言诈人，诚者公私如一，信者言行若符。不欺诳始可以诚信，积诚信则可绝欺诳。人必待社会而生活，（国家亦一社会）社会之力，持于名契，名契之力，生于诚信，不诚无物，吾不得知，人不诚信，则无社会，则断断乎可无疑矣。上至与国交盟，下至两人相约，行事欺妄，语言诳罔，决无屡行而不失败者也。致诚信者，毋自欺也，当以一切时、一切处不妄语为本。

十、不服乱性情品而调善身心

云何不服乱性情品而调善身心？凡饮食之含刺激与兴奋性者，皆足以习为嗜好，腐败身心，并拂乱其性情血气，由之而肆行于盗邪等事。愚者畏果，智者慎因，故当俱遮止之。略举相如下：

勿食鸦片。

勿食各项烟草。

勿饮酒。

勿食各项奋性药品。

眠起饮食，衣服居处，劳动、休息、聚谈、研习，每日皆有一定常度，则身心自然调善矣。

十一、五戒之类别

能完全守此者，谓受具足五戒。受持具足五戒，则必为人间之贤士君子矣（此在儒门为士希贤）。此之五戒，有性有遮。前四性是罪恶故戒，戒于人心之危者也；后一遮其罪恶故戒，戒于道心之微者也。何则？人伦中之善恶，皆以及乎人者为断。若欺诳、淫邪等，其事必由交待而起，不行则已，行则必致有害于人，害人故即事是罪恶；若饮酒等，其害但及于身，在于他人固无妨害，然因饮酒则每致乱行误事，驯至于作残杀、偷盗、邪淫、欺诳等罪恶，故亦不可不遮止也。

十二、增上五戒

己众则受增上五戒。云何增上五戒？依前具足五戒而更增广高尚之谓也。

（一）毕竟不造一切残杀业，而慈护一切有情生命。较前应添条件，略举如下：

不执兵权刑权。

不充军警。

随所闻见常赎放生命。

随所闻见常和解殴斗。

劝同胞胜残去杀。

劝各国弭兵息战。

（二）毕竟不造一切偷盗业，而力谋一切同胞利益。应添条件，略举如下：

不取非正义之财利。

不作损害人之营业。

奉事有道德之圣哲。

尊显有才智之贤士。

教育孤贫之儿女。

抚养老弱病废之无告者。

授乞丐等无业游民以正当工艺。

拯济天灾人祸之各地同胞。

（三）毕竟不造一切淫邪业，而以礼节纲维民俗之风化。应添条件，略举如下：

不逾越公守之分理而行。

不违反国群之风俗而行。

常守非人、非器、非处、非时之邪淫戒。

常劝人守邪淫戒。

助他人得依民礼国法而正式结合。

助男女同沐文明道德之化，而各得和睦生养之乐。

（四）毕竟不作一切欺诳语，而以诚信正直人伦之名守。应添条件，略举如下：

不于两处调唆是非。

不讥讪嘲笑及种种骂詈。

不作艳词绮文及浮夸无实之说。

合礼义而后言。

所言必可践履。

然诺不渝始终。

（五）毕竟不服乱性情品，而修洁端治其身心。应添条件，略举如下：

不啖血肉。

不事华饰。

不食荤辛。

不观戏剧。

于乐境知足，不贪之无厌而自迫。

于苦境知离，不瞋之无已而自害。

于平等境善观察，不痴暗昏闷而自迷。

能受持此增上五戒，终身守之无失（此中若不服兵、不食肉等，其理由甚长，当另出之。），在人乘则优入圣域，而复为天乘之初阶（此在儒为希圣希天），后有必生于三十三天矣！（此天横有三十三众，犹一地球而有五洲，非谓层叠而上有三十三天也，层层而上，欲界、色界、无色界，共二十八天，此当离人最近之一天耳。）

十三、持戒之因果

佛教三世因果五趣轮回之说，其义深广，不遑敷陈。但凭眼前平陂往复必然之理，信之可也。此之五戒，即为人道正因。一戒不守，必堕三涂（即畜生等）；人人一戒不守，则人道断绝矣。守一戒至三戒，虽得为人，未能完全人格；人人守一戒至三戒，人道可由之而保存。受持四戒，人格乃全；人人受持四戒，人道可由之而蕃昌。受持具足五戒，则为良士；人人受持具足五戒，人道可由之而进善。受持增上五戒，则生生于人类为大圣贤；人人受持增上五戒，则虽地球变成忉利天界可也。

十四、传授受持之方法

此人乘法六众人等，其皈依师为受戒时，当极任自由选择之。既择受已，必严遵守，非有必不得已外缘，勿轻退舍。苦迫因缘，必不能守，则当宣告退舍，不可覆藏而故犯之。或牵外缘，或因不知，于所持戒有误犯者，当于佛前发露忏悔。悔者悔改，除恶即善，改过即功，故能忏悔，即无过恶。又或于每夜临睡时，内心省察，有过犯则日求减少，无过犯则自深庆幸，积久行之，其善德必昭昭然润乎身也。由甲众而进于乙众，如是次第进至戊众、己众，亦为进善之征。信仰者于此皈依师受乙众戒，异时亦可别礼一皈依师受丙众戒，余众仿此。虽有多师，所受殊分，而不妨乱。然所受戒，唯仗善心自为监督，以守持笃行耳。若受之而不身体力行之，甚至故犯之而又掩藏之，徒然自欺，不如其已。

十五、断疑生信

疑者曰：观五戒所陈者，预及男女之居室，口体之嗜欲，何其苛人私曲之深、侵人自由之甚耶？其非特立高行者所乐从乎！应之曰：自由之说，今少衰矣。然英国穆勒约翰者，生最崇自由之俗，而又为最重自由之人者也，其著群己权界论曰："以小己而居国群之中，使所行之事，利害无涉于他人，则不必谋于其群，而其权亦非国群所得与。忠告教诲、劝奖避绝，社会所得加于其身者尽此。过斯以往，皆为蔑理而侵其应享之自由权者也，此所谓行己自由之义也。"然则虽其人之利害无涉于他人，而他人固犹得忠告教诲劝奖避绝之也。今五戒所陈者，独第五戒非直接及于他人者耳；前之四戒，为其不当为，其害固及他人，为其所当为，其利亦及他人者也。律以穆勒之论，固他人得而干涉。今佛教之用为教义，则概唯晓谕劝导之而已，信受与否，既悉听人心之自择。即择受矣，奉行与否，亦唯任人心之自持，而不藉锱铢强迫之干涉者也。即在佛教之住持僧，律仪之繁密亦甚矣。然其始之出家也，既唯自意之所乐；出家矣，而不能清净乎律仪，在师长则劝告教诲之耳，在僧众则默摈而避绝之耳，亦不藉锱铢强迫之干涉者也。此真各主其身、合意为社之大自由义也！使特立高行之士而不崇自由则已，设崇自由，则佛教正特立高行之士所乐从耳！按此人乘正法，乃人道原始要终之常德，浅之则不唯可通于文明之俗，亦可通于塞野之伦；深之则不唯可通于开化之邦，亦可通于郅治之世：其关于生理群谊心术者广矣！知其名相而不穷其原委，持之固可冥受其益；能穷原竟委而明之，则持之当弥坚，而行之当弥笃耳，何为其不可信从乎？故政与教殊势。政之所禁，行且直接有不容避之囹圄刀锯等刑加焉；政之所劝，行且直接有不容辞之爵位利禄等赏加焉；而教戒之所可否者，则自择自受、自持自行、自信自强、自欺自舍而已。然佛教人乘戒善，

依其所可否者而行，政之所刑者未尝不自离，政之所赏者未尝不自合，违其
所可否者而行，政之所刑者未尝不自合，政之所赏者未尝不自离。而效功之
美善，固有国政之刑赏所不逮者也。故曰：齐之以刑，民免而无耻；齐之以礼，
有耻且格。然离之合之者，在人自致而已。握其权力者，固在政不在教也。
教之所施，始终不逾于忠告、善导、示诲、劝喻而已。此政教分途异用而相
助为礼者也，盖唯明于政教之大分者，乃知之耳。彼神教、名教之混合于政
权者，非此所论。故自有史以来，立教无清净于释迦者矣！

　　疑者又曰：佛教人乘正法，洵美善矣！然人情不皆美善也，以至美至善
之教义，律不皆美善之人情，又绝无权力可干预其间而为左右，专凭口说笔
语而期其自择自好、自受自督、自趋自致，殆人情之所难能乎！应之曰：人
情虽不必皆美善，而美善固人之情也。且人情未有不好其自所谓善者也，特
涓涓之私蒙其明，而天演之虐困其生，或迫之而过激其行，或牵之而自主其事，
积成习惯，习惯成性，陷恶而犹自以为善。或者绳以人伦道德，乃谓彼其人
好恶而不好善耳。若解其虐而撤揭其蒙，渐其习而援出其陷，其心纵未淳善，
若夫辨别善恶不能，固有之矣，由之而好善矣，由之而择善固服矣，何为必
不能哉？夫人伦道德者，人所别于禽兽之理性也。生而为人，既有合乎此理
性而行之可能也。况其从幼至长，周围所渐渐者，皆人伦也，又安可谓其必
无合乎理性而行之本能乎？有此本能而不现行，则隐显之殊耳。缘以感之，
声以通之，由隐而显，固将沛然而莫之御。佛教人乘正法，即人伦道德也，
本非复绝恒蹊而为人情所必不可及之事。其在浅识之民，但能信受，虽行之
久而渐明其故，亦有益无损也，夫奚难能之有。

第二节　家庭之男女道德

一、男子

　　居士子！若有人善别六方，离四方恶不善业垢，彼于现法可敬可重，身
坏命终，必至善处，上生天中。

居士子！众生有四种业、四种秽。云何为四？居士子！杀生者，是众生业种、秽种；不与取、邪淫、妄言者，是众生业种、秽种。于是，世尊说此颂曰：杀生不与取，邪淫犯他妻，所言不真实，慧者不称誉。

居士子！人因四事故，便得多罪。云何为四？行欲、行恚、行怖、行痴。于是，世尊说此颂曰：欲恚及怖痴，行恶非法行，彼必灭名称，如月向尽没。居士子！人因四事故，便得多福。云何为四？不行欲、不行恚、不行怖、不行痴。于是，世尊说此颂曰：

断欲无恚怖，无痴行法行，彼名称普闻，如月渐盛满。

居士子！求财物者，当知有六非道。云何为六？一曰种种戏求财物者为非道。二曰非时行求财物者为非道。三曰饮酒放逸求财物者为非道。四曰亲近恶知识求财物者为非道。五曰常喜妓乐求财物者为非道。六曰懒惰求财物者为非道。

居士子！若人种种戏者，当知有六灾患。云何为六？一者负则生怨。二者失则生耻。三者负则眠不安。四者令怨家怀喜。五者使宗亲怀忧。六者在众所说人不信用。

居士子！人博戏者不经营做事，做事不营则功业不成，未得财物则不能得，本有财物，便转消耗。

居士子！人非时行者，当知有六灾患。云何为六？一者不自护。二者不护财物。三者不护妻子。四者为人所疑。五者多生苦患。六者为人所谤。居士子！人非时行者不经营做事，做事不营则功业不成，未得财物则不能得，本有财物便转消耗。

居士子！若人饮酒放逸者，当知有六灾患。一者现财物失。二者多有疾患。三者增诸斗诤。四者隐藏发露。五者不称不护。六者灭慧生痴。居士子！人饮酒放逸者不经营做事，做事不营则功业不成，未得财物则不能得，本有财物便转消耗。

居士子！若人亲近恶知识者，当知有六灾患。云何为六？一者亲近贼。二者亲近欺诳。三者亲近狂醉。四者亲近放恣。五者逐会嬉戏。六者以此为亲友，以此为伴侣。居士子！若人亲近恶知识者不经营做事，做事不营则功业不成，未得财物则不能得，本有财物便转消耗。

居士子！若人喜伎乐者，当知有六灾患。云何为六？一者喜闻歌。二者喜见舞。三者喜往作乐。四者喜见弄铃。五者喜拍两手。六者喜大聚会。居士子！若人喜伎乐者不经营做事，做事不营则功业不成，未得财物则不能得，本有财物便转消耗。

居士子！若有懒惰者，当知有六灾患。云何为六？一者大早不作业。二者大晚不作业。三者大寒不作业。四者大热不作业。五者大饱不作业。六者大饥不作业。居士子！若人懒惰者不经营做事，做事不营则功业不成，未得财物则不能得，本有财物便转消耗。于是世尊说此颂曰：

种种戏逐色，嗜酒喜作乐，亲近恶知识，懒惰不作业，放恣不自护，此处坏败人。行来不防护，邪淫犯他妻，心中常结怨，求愿无有利，饮酒念女色，此处坏败人。重作不善行，佷戾不受教，骂沙门梵志，颠倒有邪见，凶暴行黑夜，此处败坏人。自乏无财物，饮酒失衣被，负债如涌泉，彼必坏门族。数往至酒鑪，亲近恶朋友，应得财不得，是伴党为乐。多有恶朋友，常随不善伴，今世及后世，二俱得败坏。人习恶转灭，习善转兴盛，习胜者转增，是故当习胜。习升则得升，常逮智慧升，转获清净戒，及与微妙止。昼则喜眠卧，夜则好游行，放逸常饮酒，居家不得成。大寒及大热，谓有懒惰人，至竟不成业，终不获财利。若寒及大热，不计犹如草，若人作是业，彼终不失业。

居士子！有四不亲而似亲。云何为四？一者知事非亲似如亲。二者面前爱言非亲似如亲。三者言语非亲似如亲。四者恶趣伴非亲似如亲。居士子！因四事故，知事非亲似如亲。云何为四？一者以知事夺财。二者以少取多。三者或以恐怖。四者或为利狎习。于是世尊说此颂曰：

人以知为事，言语至柔软，怖为利狎习，知非亲如亲，常当远离彼，如道有恐怖。

居士子！因四事故，面前爱言非亲似如亲。云何为四？一者制妙事。二者教作恶。三者面前称誉。四者背说其恶。于是世尊说此颂曰：

若制妙善法，教作恶不善，对面前称誉，背后说其恶。若知妙及恶，亦复觉二说，是亲不可亲，知彼人如是，常当远离彼，如道有恐怖。

居士子！因四事故，言语非亲似如亲。云何为四？一者认过去事。二者必辩当来事。三者虚不真说。四者现事必灭，我当作不作认说。于是世尊说此颂曰：

认过及未来，虚论现灭事，当作不作说，知非亲如亲，常当远离彼，如道有恐怖。

居士子！因四事故，恶趣伴非亲似如亲。云何为四？一者教种种戏。二者教非时行。三者教令饮酒。四者教亲近恶知识。于是世尊说此颂曰：

教若干种戏，饮酒犯他妻，习下不习胜，彼灭如月尽，常当远离彼，如道有恐怖。

居士子！善亲当知有四种。云何为四？一者同苦乐当知是善亲。二者愍念当知是善亲。三者求利当知是善亲。四者饶益当知是善亲。居士子！因四事故，同苦乐当知是善亲。云何为四？一者为彼舍己。二者为彼舍财。三者为彼舍妻子。四者所说堪忍。于是世尊说此颂曰：

舍欲财妻子，所说能堪忍，知亲同苦乐，慧者当狎习。

居士子！因四事故，愍念当知是善亲。云何为四？一者教妙法。二者制恶法。三者面前称说。四者却怨家。于是世尊说此颂曰：

教妙善制恶，面称却怨家，知善亲愍念，慧者当狎习。

居士子！因四事故，求利当知是善亲。云何为四？一者密事发露。二者密不覆藏。三者得利为喜。四者不得利不忧。于是世尊说此颂曰：

密事露不藏，利喜无不忧，知善亲求利，慧者当狎习。

居士子！因四事故，饶益当知是善亲。云何为四？一者知财物尽。二者知财物尽已便给与物。三者见放逸教诃。四者常以愍念。于是世尊说此颂曰：

知财尽与物，放逸教愍念，知善亲饶益，慧者当狎习。

居士子！圣法律中有六方：东方、南方、西方、北方、下方、上方。居士子！如东方者，如是子观父母，子当以五事奉敬供养父母。云何为五？一者增益财物。二者备办众事。三者所欲则奉。四者自恣不违。五者所有私物尽以奉上。子以此五事奉敬供养父母，父母亦以五事善念其子。云何为五？一者爱念儿子。二者供给无乏。三者令子不负债。四者婚娶称可。五者父母可意所有财物尽以付子。父母以此五事善念其子。居士子！如是东方二俱分别。居士子！圣法律中东方者，谓子、父母也。居士子！若人慈孝父母者，必有增益则无衰耗。

居士子！如南方者，如是弟子观师，弟子当以五事恭敬供养于师。云何为五？一者善恭顺。二者善承事。三者速起。四者所作业善。五者能奉敬师。弟子以此五事恭敬供养于师，师亦以五事善念弟子。云何为五？一者教技术。二者速教。三者尽教所知。四者安处善方。五者付嘱善知识。师以此五事善念弟子。居士子！如是南方二俱分别。居士子！圣法律中南方者，谓弟子、师也。居士子！若人慈顺于师者，必有增益则无衰耗。

居士子！如西方者，如是夫观妻子，夫当以五事爱敬供给妻子。云何为五？一者怜念妻子。二者不轻慢。三者为作璎珞严具。四者于家中得自在。五者念妻亲亲。夫以此五事爱敬供给妻子，妻子当以十三事善敬顺夫。云何十三？一者重爱敬夫。二者重供养夫。三者善念其夫。四者摄持作业。五者善摄眷属。六者前以瞻待。七者后以爱行。八者言以诚实。九者不禁制门。十者见来赞善。十一者敷设床待。十二者施设净美丰饶饮食。十三者供养沙门梵志。妻子以此十三事善敬顺夫。居士子！如是西方二俱分别。居士子！圣法律中西方者，谓夫、妻子也。居士子！若人慈愍妻子者，必有增益则无衰耗。

居士子！如北方者，如是大家观奴婢使人，大家当以五事愍念给恤奴婢使人。云何为五？一者随其力而作业。二者随时食之。三者随时饮之。四者及日休息。五者病给汤药。大家以此五事愍念给恤奴婢使人，奴婢使人当以九事善奉大家。云何为九？一者随时作业。二者专心作业。三者一切作业。四者前以瞻待。五者后以爱行。六者言以诚实。七者急时不远离。八者行他方时则便赞叹。九者称大家庶几。奴婢使人以此九事善奉大家。居士子！如是北方二俱分别。居士子！圣法律中北方者，谓大家、奴婢使人也。居士子！若有人慈愍奴婢使人者，必有增益，则无衰耗。

居士子！如下方者，如是亲友观亲友臣。亲友当以五事爱敬供给亲友臣。云何为五？一者爱敬。二者不轻慢。三者不欺诳。四者施与珍宝。五者拯念亲友臣。亲友以此五事爱敬供给亲友臣，亲友臣亦以五事善念亲友。云何为五？一者知财物尽。二者知财物尽已供给财物。三者见放逸教诃。四者爱念。五者急时可归依。亲友臣以此五事善念亲友。居士子！如是下方二俱分别。居士子！圣法律中下方者，谓亲友、亲友臣也。居士子！若人慈愍亲友臣者，必有增益，则无衰耗。

居士子！如上方者，如是施主观沙门梵志，施主当以五事尊敬供养沙门梵志。云何为五？一者不禁制门。二者见来赞善。三者敷设床待。四者施设净美丰饶饮食。五者拥护如法。施主以此五事尊敬供养沙门梵志，沙门梵志亦以五事善念施主。云何为五？一者教信行信念信。二者教禁戒。三者教博闻。四者教布施。五者教慧行慧立慧。沙门梵志以此五事善念施主。居士子！如是上方二俱分别。居士子！圣法律中上方者，谓施主、沙门梵志也。居士子！若人尊奉沙门梵志者，必有增益，则无衰耗。（下略）

二、女子（节录《玉耶女经》）

（上略）佛语玉耶："世间下有七辈妇，为汝说之，一心善听。一者母妇，二者妹妇，三者知识妇，四者妇妇，五者婢妇，六者怨家妇，七者夺命妇。汝今解否？"玉耶答言："不及此义。"

佛言："善听，吾今解之。何等母妇？爱念夫主，如母爱子，昼夜长养，不失时宜，心常怜念，无有厌患，念夫如子，是为母妇。何等妹妇？承事夫婿，尽其敬诚，如兄如弟，同气分形，骨血至亲，无有二情，尊之重之，如妹事兄，是为妹妇。何等知识妇？奉事夫婿，敬顺恳至，依依恋恋，不能相远，私密之事，常相告示，行无违失，善事相教，使益明慧，相亲相爱，欲令度世，如善知识，是为知识妇。何等妇妇？供养大人，竭情尽行，无有一二，净修妇礼，终不废阙，进不犯义，退不失礼，常和为贵，是名妇妇。何等婢妇？心常畏忌，不敢自慢，忠孝尽节，口不粗言，身不放逸，以礼自防，如民奉王，夫婿敬幸，不得憍慢，若得杖捶，敬承奉受，及见骂辱，默然无辞，甘身苦乐，无有二心，募修妇道，不择衣食，事夫如事大家，是名婢妇。何等怨家妇？见夫不欢，恒怀瞋恚，昼夜求愿，欲得远离，虽为夫妇，心常如寄，乱头勤卧，无有畏避，不作生活，养育儿子，身行放荡，不知羞耻，陷入罪法，毁辱亲里，夫婿相憎，咒欲令死，是名怨家妇。何等夺命妇？昼夜不眠，毒心伺之，作何方便，得远离之，欲与毒药，恐人觉之，心外情通，雇人害之，复遣傍夫，伺而贼之，夫死更嫁，适我愿之，是名夺命妇。"

三、优婆夷教育与佛化家庭

依中国旧有的习惯，一说到佛教，即认为出家二众住寺院才是佛教，学佛者是必须住寺院出家的。实则不然，寺院和出家人虽是代表佛教者，但信佛学佛者实不拘于住寺院的僧尼。学佛者是需要普遍深入社会，方能表现出佛教的普及精神。故佛教中的女众教育，顶好能教导在家众来修学佛法，而其所学所做，亦不必限于作佛教的功课。凡女子所应学的知识与所应作的事业，皆宜学习，使之将来学成后，能作真正的优婆夷。

专作优婆夷众之教育道场，故其所施设的教育，宜着重于优婆夷教育。但如何是优婆夷的教育呢？即如今小学所受之教育为国民教育，将来亦可升受佛教教育，使之对佛法作普通教理研究与功课修养。教理研究与功课修养同时并进，便可训练成在佛法中有解有行的佛弟子——优婆夷。但只如此做，则所办的教育，只是有体无用，因无学习现时社会做事的知识与能力，一出寺院之门，即如迷路的羔羊，找不到适宜住宿生活的地方。故优婆夷教育应注重的，有以下数点：

A　优婆夷教育。首先要注重能处理家事的家庭教育，造成此种优婆夷人才，将来便可使他们家庭佛教化。

B　学生华文、英文并习。将来学有余力时，亦可出洋传教。如外国牧师之来中国传教、兴学校、设医院等然。在现在的中国存此希望，自知这希望未免太奢。但若能学习中医，去外国一面施医，一面传教，是比较容易做得到的，只要有人肯发心做的话。

C　中国近来亦有人要发起办佛教医院。如前年汉口曾有人发起创办，而未成事实者。因要院中办事人皆为信佛者，不容易找到。盖觅少数佛徒的医师尚容易，唯有看护士一类，要完全信佛的就很难物色，所有物色来的都是信崇他教的。所以这种人才，亦有造就的需要。

D　优婆夷教育，还要注重幼稚园和小学教师的人才造就。现在社会上有许多人，都把子女送往幼稚园或小学或在家庭中另请教师教养。而这些教师，大都是异教徒，若佛教中有这类人才，去当家庭教师或幼稚园小学教师，则佛教将来必有普遍深入社会之可能。

因此，优婆夷除了专心学佛的人格修养外，还须施以家事教育、中医教育、看护教育、幼稚园小学之师范教育等。则所造之材，必各有所需，各适其宜，个人既成为社会有用之人，而佛教亦可由此流入社会民众间，裨益当非浅鲜。

其次，所谓"佛化家庭"，在家学佛的二众须特别注意。尤其是造成佛化家庭的因素，是在学佛的妇女。佛化家庭，在佛教中向未注重，故佛教在世界上虽曾盛行一时，而有不久灭迹销声者。我曾考察印度的历史，今印度有婆罗门教徒二万多人，回教徒也有七千万人，即后来传入之基督教，亦有一千多万人，其余如尼犍子教徒——即今所谓之耆那教，亦有两百万人之谱。而佛教在今日的印度，除近尼泊尔的雪山及缅甸的山岭部落中有少部分人信仰佛教，其余者都是非佛教徒。其余散零的在家佛教徒，只是从锡兰流传过去的，非是印度原有的佛教徒。印度本为佛教之发源地，自佛世经阿育王至戒日王时代，佛教在印度曾因崇奉信仰而放灿烂的光彩，使婆罗门教的气焰一落千丈。到了今日，婆罗门教复兴，回教、耶教盛行，甚至尼犍子的耆那教亦有信徒二三百万众，佛教反而衰落而至于灭迹，这是什么缘故呢？由历史的考察，知道由过去主持佛教者唯为寺院僧众，而维护兴盛佛教的关键，完全操诸高僧及国王大臣之手。若有王臣拥护的佛教高僧，便可使佛教弘盛，风靡一时；否则，若某一时代无杰出僧材，不能引生王臣信仰，或遇根本不信佛教的国王，佛教自然被压迫摧残了。

在中国元末的时候，蒙古部属崇奉回教的莫卧尔，曾征服印度而建立莫卧尔帝国，想把印度的宗教消灭了。但这时，除佛教已在印度被灭迹，其他婆罗门教与耆那教等，并没有被回教摧残。原因是婆罗门教和耆那教，是建筑在家庭宗教的基础上，过去已把家庭宗族宗教化，祖父子孙历代相承，在一般社会中已根深蒂固，故不容易为异教所征灭，得以长久流行。反观佛教所以在印度灭迹，就因没有同婆罗门和耆那教一样地把基础建筑在家族上，不与全民发生分离分不开的关系，故有今日的结果。

从这种历史的教训上，知道佛教过去在流传上的失败，故今后在家学佛的信众，应把家庭整个佛教化。凡是我家庭中之子孙婢仆，皆须灌输以佛教知识，使之信崇，子子孙孙递相传承，与佛教发生亲密的关系。把佛教在家族上打下一个深固的基础，则佛教将来就可永远流传下去。要使佛教消灭，除非人类都消灭了，如婆罗门教与耆那教在印度的潜势力一样。故我在第一点中，即提说要家庭佛教化，而其责任则在优婆夷。要把佛化的家庭，造成比不信佛者的家庭更来得清洁、整齐、美丽、朴实，同时也就能感化了不信佛的人。

我所以注意优婆夷的普通教育，是有意思的。因觉得佛教界对在家学佛女子所施教育，若无如此之办法，则学成而出院者，除去入庵作尼必更无用处，故不厌烦琐剀切言之。（讲于香港东莲觉苑，刊载《海潮音》十七卷第二期）

附录一　男性与女性

男女之性别，即其所负生活之任务及身体构造之差异，常识上亦至显著。今从生理学、佛经人性各书中，亦可略说。

大体上说，男子之创造性、运动性、独立性、强暴性等，较胜于女子。而女子之宗教心、修饰心、耐烦心、幽娴等，较胜于男子。实际上呢？女子胜于男子者，男子亦具；男子胜于女子者，女子亦具。整个人类的文明成绩，就由这样两个性情心理不大同的个体调和平衡而发展促起，这已成了人类生存的合理解释。

可是，在男性本位者，则纯粹以男性为人类社会活动之中心，女性只不过维持"生活体"之一种调剂的手段而已；而在女性的本位者，则又纯从生物发达之原始倾向上，认女性常占人类生活上之主要地位。就人类与高等哺乳动物视之，无不以女性为中心。认男性为优胜者，乃重男轻女陋习相传的错觉，并学生物界自然发展之倾向。此说为美国高德氏力主之，他曾经写过一篇《优秀的性》，力倡女性之伟大及为人类生活社会之中心。

佛教的男女性，是要从几方面看的。从男女性的本身上看确是有些不同，特别是欲情上看，差异尤为显然。

佛经说："欲界一切种性，卵生、胎生、湿生、化生，皆因淫欲而生。"这是说明凡是有情都有情欲。孙陀罗难陀好色欲，提婆达多好名闻等，是说明好欲不同。然而，欲情最多者，还是女性。《阿含经》说："欲情多者，便成女人。"正因为欲情太重，障难太多，《法华·提婆品》说他不得佛身，纵然成佛，是要先变成男子的。如说："龙女变成女子，于南方无垢世界，成等正觉。"《智度论》也说她是要过"从属"的生活，才保得住善名。如云："一切女身，无所系属，则受恶名。女人之体，幼年则从父母，少则从夫，老则从子。"这都似乎对治着女子的特性。

从佛教的自由平等观上看，男女是极端的平等。男性固可以自由修行成佛，而女性也一样的可以。《宝积经》上有四千比丘尼和九亿六千龙女住菩萨道，受记做佛。《法华经·授记品》也有六千比丘尼，有学无学，受记做佛。《大般若》也有五百比丘尼，皆大阿罗汉等，足见佛教的男女性是平等的。

如果从见性上看，那就是严格了，两性的标准，是由见"佛性"与否去决定的。《涅槃经》说："见了佛性方为男子，否则，都是女人。"这个说明，看起来严格，实际上都很平常，因为见了佛性，才是彻底的离欲的。这又更见得佛教男女性的划分，是绝对公平的了。

中国旧社会上，对男女性的看法，是相当的重男轻女的，女子无才便是德。读了书的女子，就不容易养了，也似乎不是好女子了。而"三从四德"等，是十足对女性的轻视和束缚。尤其唐以后的专制政体，女性的痛苦，则越更加深，所有一切女性的自由和平等，完全被那些孔孟后代的男子，剥夺殆尽了。直到如今，中国极少数的知识女性，比较上才有稍微抬些头了，然终因几千年来男性社会的余习，仍不能平等。（录福善作《唯性论》第四章第六节最后一段）

附录二　女子宗教心理学之解剖

环顾全国信仰宗教人们的数量，以女子占大多数。其原因不外心理之自然倾向和法律经济之驱使。欲研究女子宗教心理，必先讨论其生理构造及精神作用之特点，据最近杨鄂联所辑的《女子心理学》内有调查女子身体及精神的统计表，节录其大要如下：

身体的特征		精神的特征	
头盖骨密量	小	受感性	锐敏
颜面	小	幻觉	多
体温	高	想象作用	盛
呼吸	弱	抽象作用	拙
筋肉	柔软	情绪	显著
喉头	不充分发达	破坏性	大
手足	短小	暗示催眠现行	多
骨	轻	感动性	强大
脂肪	多	意志力持续力	弱
身长	低	音声	高锐
肝脏	大	记忆作用	良
体重	少	模仿的动作	多
脉搏	高	辨舌	流畅

呼吸弱，脂肪多，手足短小，筋肉柔软等为女子体格上之特别缺点。概人之勇气多发于胸部，而女子呼吸即弱，其肺部自然为狭窄，则其空气必感缺乏，因其呼吸少量之酸素，吐出多量之碳酸瓦斯，故每临大事，殊少判决之能力和强毅之反抗。又为手足短小，筋肉柔和，脂肪众多之故，只宜于精细轻巧的静定工作，而不宜于活动奔走之生活。

受感性既敏锐，则宜于服从暗示，而缺少直觉的判断，和推理考察的力量。感动性强大，则富于同情的表示，而少确乎不拔的意见。意志之持续力弱，则多无益之幻想，缜密的考察。破坏性大，则没多戮气与忧性，而嫉妒怨恨之念，常填满其胸怀。

若在另一方面观察，则适得其反比例。筋力勇气既比较稍逊，所作奸犯科之事，自能任意横行，而自成有一种温良恭俭让之美德，故虽缺乏积极的行动，却富消极之意志，忍耐又复强固，能耐种种艰难困苦之工作。记忆力优胜，能追忆过去之诸事。又多巧智辩才，擅长交际，更能调节身心，使其寿命增长。

一、女子倾向宗教之原动力

（一）心理之趋向。女子心理既富于锐敏之受感性，众多之幻觉性，复富于想象作用、模仿作用和被暗示催眠现象，所以每遇到离合悲欢之场、生死祸福之际，彷徨恐怖，不知其所以然之故。又多不能运用其天赋之推理及抽象之本能，来透视及解决一切疑难问题，而其强烈之感动性又不能勉强致令平贴。是以只得随顺其幻觉和想象之本能，而渐入于被暗示性催眠现象之宗教区域，以麻醉其性灵之创痕矣。

（二）法律经济之趋使。吾国律法循行一夫多妻制度，故为人妇者，每感夫有外遇，而己力又不足与之抵抗，常于怒忿之余，激而笃信佛教，以消磨其寂寞之身世和难弃之岁月。至于一般职业妇女，固能经济独立，不必依赖其夫，然或儿女众多，（女子于离婚后，每喜自养其儿女，不肯留与其夫，而子女亦多愿随从母氏，不肯与其父同居者，殆亦天性使然乎？）或许找不到相当职业以糊其口，唯有遁迹空门，借精蓝古刹为栖身之处，藉诵经拜忏以购办衣食。上焉者则藉夫族之赡养费、夸富贵、竞奢华、浪掷金钱，大作佛事——如拜梁黄、打水陆之类，以期消除今生罪障，盼望来世福报。

（三）旧道德之概念。一般思想较旧之社会人士，以为女子从一而终之格言，是天经地义，不能更变，故对于节妇贞女辈，仍表示相当的保护。如清洁堂、敬节堂等机关，依旧许其存在，所以妇女们，只能保守贞操，则毋愁没处噉饭。然其身体虽有所托而免于冻馁，而其心田郁闷之象征，则仍无从消散。故其结果，多归入宗教，以求解脱。

（四）新哲学之研究。近时因一般新僧伽之鼓吹宣传，使极少数心量稍广之智识阶级女子，觉得佛是哲学，西方文明国家也有人注意佛教，我们不妨亦来赶热闹，以雄其谈锋，然亦有从此生信，而研究修持佛法者。

二、信仰之来由

（一）家庭之熏染。吾国内家庭内老年妇人，至少有十分之三是信仰佛教的，焚香礼佛，诵经念佛，在童年时，早已司空见惯，不足为奇。况且，白发的祖母和慈祥的母亲，多欢喜带领其儿女入寺瞻礼陀佛，当儿童看见这样伟大的佛像，庄严的殿宇，不觉目击道存，深深地印入脑海，一旦年时长成，偶尔触着不如意事情，就会立刻拨转其自杀的动机，而走入信佛的道路。

（二）生死之恐怖。人在老年衰弱或疾病缠身之时，自知去死不远，恐怖万状，虽万般计较，百种避免，终难安慰其怯弱之心灵。只有皈依三宝，作其依附，在风烛残年中得自解自慰。纵令大命垂尽，亦可有恃无恐，撒手便行，当辗转床褥、呻吟疾苦之时，亦得依教作观，看破四大，镇定心神，减少烦恼。

（三）福报之希冀。在旧礼教未为完全解放其束缚下之性，种种牵制，种种嫌讥，动辄得咎，苦多乐少。因其生性柔弱，缺乏奋斗力量，凡遇到不平等不合理之待遇时，亦能忍辱含垢，委曲求全，但其厌世之念，已牢固而不可救拔矣。一从事布施，来生可获无量福报，莫不喜形于色，而乐解其悭囊焉。

（四）烦恼之求脱。处在青黄不接，各种旧制度崩溃，新生制未成之时，稍有知识之妇女，多不满意于其四周环境，以致烦恼重重，无法解脱。求诸艺术科学，益增迷闷；求诸哲学伦理，说食不饱；独高深之佛学，头头是道，能彻底解释人生之谜。由解而信，由信而行，由行而证，循序渐进，自能消减一切无谓之烦恼，使个己心田似霁月和风，绝无晦昧昏扰之相，则"廓然而大公，物来而顺应，清明在躬，志气如神矣"。

三、宗派之趣向

（一）禅密之修持。禅贵参研，密重观想，非刚毅果断，勇猛精进，历久不退者，罕见成效。而女子意志薄弱，持久力短少，推力作用幼稚，故对于修习禅密，多难成就。虽偶有杰出者，亦不过等于凤毛麟角耳。

（二）戒律之奉行。女性外表宁静，内蕴褊狭，虽遇极不重要之微细问题，停滞胸臆，缠绵不决，积怨含瞋，至死不渝。对于远大之企图，反不能推理得之，犹豫踌躇，因循坐误，不能当机立断，果敢有为。每因小不忍而乱大谋，为私见而昧公益，故对于戒律，只能表面上清净其身戒，而对于微细之心戒，绝少能持之者。

（三）教理之研究。按吾国女子多有以文艺见称，而绝少以哲学鸣世者，盖其徒富显作之情绪，而窘于推理和抽象之功能也。故免近虽有极少数女子研究教理，亦不过随文解义，模糊领会，求其彻底了解于一宗一派者，尚觉其人。何况欲其详细分析，缜密综合，考误订伪，出其心得，公诸同好乎！

（四）净土之归结。净土宽泛，摄机最广，上自达官贵人，下至斋婆灶婢，无不以一句弥陀为其归结，不问忙闲，不问贫通，皆可持诵。能持十念，即得往生；若具足信愿行三，便能莲品登高，简而易行，约而可能，适合女子心理。故现在吾国女子信佛者，十人中竟有九人，归向净宗云。

普遍言之，吾国女子信仰宗教之心理，初以敏锐之受感性为滥觞，中以苦谛为入门，以求生安养为归宿，颇少能发无上大菩提心，敝屐尊荣，刻苦修学，深入经藏，彻悟自性，发扬文化，作后学之津梁，改造人心，为国家奠基础者。所以人数虽众，多系老兵残卒，徒耗饷银，无建功立业之可能性，养懒偷安多成废人，无奋发图强之精神，吁，可慨也夫！（张圣慧作，见《海潮音》，第十八卷）

第三节　国与国际道德

一、模范政治家（录《孛经》）

（上略）佛言：宿命无数世时，我为菩萨道，常行慈心，欲度脱万姓。时有蒲邻奈国，广博严好，人民炽盛。中有梵志，姓瞿昙氏，才明高远，国中第一。有三子，其小子者端正无比，父甚奇之，为设大会，请诸道人、中外亲戚，抱儿示之。众师相曰："是儿好道，有圣人相，必为国师。"因名为孛，孛幼好学，才艺过人，悉通众经，及天下道术九十六种。生死所趣，山崩地动，灾异祸福，医方镇厌，无所不知。能却淫心，消伏蛊道，武略备有，而性慈仁。瞿昙没后，二兄嫉之，数求分异，曰："孛幼好学，事师消费，与分当少。"母怜念之，数晓二子，二子不止。孛见兄意盛，自念：人生皆为贪苦，我若不去者，兄终不息。因自报母，求行学道，母便听之。

孛即去，近明师，作沙门，于山中自得四意止：（一)慈众生如母爱子；（二)悲世间欲令解脱；（三）解道意心常欢喜；（四）为能护一切不犯。复得四意诸佛所誉：一制贪淫；二除恚怒；三去痴念；四得乐不苦，逢苦不忧。又绝五欲：目不贪色，耳不贪声，鼻不贪香，舌不贪味，身不贪细滑。能以智慧方便之道，顺化天下使行十善，孝顺父母，敬信师长。诸疑惑者，令信道德，知死有生，作善获福，为恶受殃，行道得道。见忧厄者，为解免之；疾病者，为施医药；服孛教者，死皆生天。其有郡国水旱灾异，孛至即平，毒害悉除。

时有大国，安乐饶人，王名蓝达。所任四臣，专行邪诣，淫盗奸欺，侵夺无厌，民被其毒，王不觉知。孛愍伤之，往到城外，从道人沙陀寄住七日，乃入城，欲乞食。王于观上见孛年少，仪容端正，行步有异，心甚爱敬，即出问讯。王曰："愿道人留住，我有精舍，近在城外，可以中止，当给所须。"孛曰："诺。"王喜曰："意欲相屈，明日已去，日日于宫食。"孛曰："善。"王还，向夫人说："孛非恒人，汝明日当见之。"夫人心喜。床下有犬，犬名宾只，闻之亦喜。明旦孛来入宫，王与夫人，迎为作礼，与施金床、氍毹①、毾㲪②。孛欲就座，犬前舐足。王自起行澡水，敬意奉食。已而俱出，到外精舍。孛为王说治国正法，王大喜欢，因请孛留，令与四臣共治国事。四臣愚怯，不习战阵，自知贪浊，常恐王闻。一臣曰："人死神灭，不复更生。"一臣曰："贫富苦乐，皆天所为。"一臣曰："作善无福，为恶无殃。"一臣自恃知占星宿。然皆佞诣，不为忠正。孛性聪明，高才勇健，仁义恭敬，信顺寡言，言常含笑，不伤人意，清净无欲，节色少事，其政不烦，预知灾异，能役使鬼神，却起死人，爱民如子，教之以道：不得酗佚、游猎畋渔、弹射鸟兽、杀盗淫欺、谗骂佞嫉、诤怒妖疑，皆化使善。其为政后，国界安宁，风雨时节，五谷丰熟，众官承法，不复扰民。孛体无为，独贵奉佛，沙门内道，朝暮诵习。及其姊子，亦贤有志，常师仰孛，国好学者，多依附之。王无复忧，一以委孛。

四臣畏忌，不得纵横，兴嫉妒意，谋欲治孛，共合财宝，人一亿数，伺王出时，以上夫人而自陈曰："臣等至意，奉家所有，及身妻子，当为奴婢，欲白一事，愿蒙听省。"夫人贪爱得其好宝，答谢四臣曰："便可说之。"四臣对曰："王所幸孛，被服粗陋，似乞人耳！见任过重，不念国恩，日道夫人恶，教王远房室。窃念夫人，宜及少壮，当有立子，今若失时，则绝国嗣。

---

① qú shū，毛织的地毯，旧时演戏多用来铺在地上或台上，因此常用"氍毹"或"红氍毹"代称舞台。

② Tàdēng，《通俗文》"氍毹之细者名毾㲪。"

愿熟思惟，不除芋者，恐后有悔。"夫人恚曰："王信此人，不知其恶，各且还归。今自忧之，比令明日，使不见芋也。"夫人遣四臣出，即以栀子黄面，乱头却卧。

须臾王还，内妓白王："夫人不乐。"王素重之，入问再三，夫人不应。王即怒曰："何人有罪应诛戮者，汝欲使我罪谁那尔？"夫人垂泣曰："王会不用我言耳。"王曰："便说，不违汝也。"夫人即曰："王旦适出，芋来谓我：'今王老耄，不能听政，国中吏民，皆伏从我，可以图之，共此乐也！'今反为此乞人所谋，我故愁耳。"王闻是语，譬若人噎，既不能咽亦不得吐，不用恐悔，用之恐乱。念芋助我已十二年，常以忠正忧国除患。远近赖之，此国之宝，不可治也。

王曰："今治芋者，后必大乱，为万民故，且共忍之。"夫人便自掷床下，举声哭曰："不治芋者，我当自刺，自投楼下，不能见也。"王复晓曰："汝亦知法，此非小事，起共议之。"夫人还坐。

王曰："道人不可刀杖加之，当以渐遣，稍减其养。明日来者，勿复作礼，擎捲而已，与施木床，于殿下坐，炊恶穛米，盛以瓦器。如是惭愧，极自当去。"王说此时，宾只不悦。

夫人明旦，即以王教，具敕内厨。芋来入宫，宾只于床下喔喙吠之。芋见狗吠，夫人擎捲，及所施设，即知有谋。自念：我欲无害于人，人反害我，如是当避入深山耳。小怒成大，不可轻也，彼以阴谋，我宜慎之！凡人身赢，行正为强。今我自有食钵、水瓶、革屣、繳盖、漉水之囊，斯足用矣。芋食已，摄物欲去。王惊起曰："是何疾也？"顾谓夫人，乃使我失圣人之意。即前牵芋问："欲何之？"

芋答曰："为王治国十二年矣，未曾见宾只喔喙。如今也，是必有谋，故欲去耳。"王曰："实有！今见芋意觉微甚明，愿自敕厉，当诛恶人，不须去也。"芋曰："王前意厚，而今已薄；及我无过，宜以时去。夫盛有衰，合会有离；善恶无常，祸福自追。结友不固，不可与亲；亲而不节，久必泄渎；如取泉水，掘深则浊。近贤成智，习愚益惑；数见生慢，疏则成怨。善交接者，往来以时；亲而有敬，久而益厚。不善友者，假求不副；巧言利辞，苟合无信。接我以礼，当以敬报；待我以慢，当即远避。有相亲爱，迥相憎者；爱时可附，憎不可近。敬以亲善，戒以远恶；善恶无别，非安之道！人无过失，不可妄侵；恶人事己，不可纳前。人欲疏己，不可强亲；恩爱已离，不可追思。鸟宿枝折，知更求栖；去就有宜，何必守常？朽枝不可攀，乱意不可犯。人欲相恶，相见不欢，唱而不和，可知为薄；人欲相善，缓急相赴，言以忠告，可知为厚。善者不亲，恶者不疏，先敬后慢，贤愚不别，不去何待？夫人初拜，今但擎卷，若我不去，将见骂逐。初施金座，今设木床；初盛宝器，今用瓦瓯；初饭粳粮，今恶粝米；我不去者，且饭委地，知识相遇，主人视之，一宿如金，再宿如银，三宿如铜。证现如此，不去何待？"

王曰："国丰民宁，孛之力也。今弃去者，后将荒坏。"孛曰："天下有四自坏：'树繁花果，还折其枝；虺蛇含毒，反贼其躯；辅相不贤，害及国家；人为不善，死入地狱，是为四自坏。'经曰：'恶从心生，反以自贼，如铁生垢，清毁其形。'"王曰："国无良辅，实须恃孛，若欲相委，是必危殆。"

孛曰："凡人有四自危：'保任他家、为人证佐、媒嫁人妻、听用邪言，是为四自危。'经曰：'愚人作行，为身招患，快心放意，后致重殃。'"

王曰："我师友孛，常在不轻。当原不及，莫相捐去。"

孛曰："友有四品，不可不知：有友如花，有友如称，有友如山，有友如地。何谓如花？好时插头，萎时捐之，见富贵附，贫贱则弃。是花友也！何谓如称？物重头低，物轻则仰，有与则敬，无与则慢。是称友也！何谓如山？譬如金山，鸟兽集之，毛羽蒙光，贵能荣人，富乐同欢。是山友也！何谓如地？百谷财宝，一切仰之，施给养护，恩厚不薄，是地友也！"

王曰："今我自知，志思浅薄，听用邪言，使孛去也。"

孛曰："明者有四不用：邪伪之友、佞谄之臣、妖嬖之妻、不孝之子，是为四不用。经曰：'邪友坏人，佞臣乱朝，嬖妇破家，恶子危亲。'"

王曰："相与爱厚，宜念旧好，不可孤弃也。"

孛曰："有十事知爱厚：远别不忘、相见喜欢、美味相呼、过言忍之、闻善加欢、见恶忠谏、难为能为、不相传私、急事为解、贫贱不弃，是为十爱厚。经曰：'化恶从善，切磋以法，忠正诲励，义合友道。'"

王曰："四臣之恶，乃使孛恚，不复喜我。"

孛曰："有八事知不相喜：相见色变、眣睐邪视、与语不应、说是言非、闻衰快之、闻盛不喜、毁人之善、成人之恶，是为八事。经曰：'卒斗杀人，尚有可原，怀毒阴谋，是意难亲。'"

王曰："是我顽弊不别明暗，恶人所误遂失圣意。"

字曰："有十事知人为明：别贤愚、识贵贱、知贫富、适难易、明废立、审所任、入国知俗、穷知所归、博闻多识、达于宿命，是为十事。经曰：'缓急别友，战斗见勇，论议知明，谷贵识仁。'"

王曰："自我得字，中外恬安，今日相舍，永无所恃。"

字曰："有八事可以恬安：得父财、有善业、所学成、友贤善、妇贞良、子孝慈、奴婢顺、能远恶，是为八事。经曰：'生而有财，得友贤快，诸恶无犯，有福佑快。'"

王曰："圣人之言，诚无不快。"

字曰："有八事快：与贤从事、得咨圣人、性体仁和、事业日新、忿能自禁、虑能防患、道法相亲、友不相欺，是为八事。经曰：'有佛兴快，演经道快，众聚和快，和则常安。'"

王曰："字常易谏，今何难留？"

字曰："有十不谏：悭贪、好色、朦笼、急暴、抵突、疲极、悁恣、喜斗、专愚、小人，是为十。经曰：'法语专愚，如与聋谈，难化之人，不可谏晓。'"

王曰："如我悁恣，不能远色，字得无为不复与我语乎？"

字曰："人不与语有十事：傲慢、鲁钝、忧怖、喜豫、羞惭、吃朋、仇恨、冻饿、事务、禅思，是为十事。经曰：'能行说之可不能，勿空语虚伪无诚信，明哲所不顾。'"

王曰："恶妇美姿，巧于辞令，如有外妖，卒何用知？"

字曰："有十事可卒知：头乱鬓倾、色变流汗、高声言笑、视瞻不端、受彼宝饰、阚看垣墙、坐不安所、数至邻里、好出野游、喜通淫女，是为十事。经曰：'妇女难信，利口惑人，是以高士，远而不亲。'"

王曰："人情所近，亲信妇人，不知其恶。"

字曰："人有十事不可亲信：主君所厚、妇人所亲、怙身强健、恃有财产、大水渍处、故屋危墙、蛟龙所居、辜较县官、宿恶之人、毒害之虫，是为十。经曰：'谓酒不醉，谓醉不乱，君厚妇爱，皆难保信。'"

王曰："如孛所语，爱习生恶，是可嫉也。"

孛曰："可嫉有五：粗口伤人、谗贼喜斗、谯譊不媚、嫉妒咒诅、两舌面欺，是为五。经曰：'施劳于人，而欲蒙祐，殃及其躯，自遭广怨。'"

王曰："何所施行，人所爱敬？"

孛曰："爱敬有五：柔和能忍、谨而有信、敏而少口、言行相副、交久益厚，是为五。经曰：'知爱身者，慎护所守，志尚高远，学正不昧。'"

王曰："何者为人所慢？"

孛曰："见慢有五：须长而慢、衣服不净、空无志思、淫态无礼、调戏不节，是为五。经曰：'摄意从正，如马调御，无憍慢习，天人所敬。'"

王曰："愿孛留意，共还精舍。"

孛曰："有十事不延于堂：恶师、邪友、蔑圣、反论、淫姝、嗜酒、急弊长者、无反复子、妇女不节、婢妾庄饰，是为十。经曰：'远避恶人，淫荒勿友，从事贤者，以成明德。'"

王曰："孛在我乐，四方无事，今日去者，国中必嗟。"

孛曰："有八事可以安乐：顺事师长、率民以孝、谦虚上下、仁和其性、救危赴急、恕己爱人、薄赋节用、赦恨念旧，是为八事。经曰：'修诸德本，虑而后行，唯济人命，终身安乐。'"

王曰："吾常念孛，岂有忘时。"

孛曰："智者有十二念：鸡鸣念悔过作福、早起念拜亲礼尊、临事念当备豫、所止念避危害、言语念当至诚、见过念以忠告、贫者念哀给护、有财念行布施、饮食念以时节、分物念以平均、御众念用恩赐、军具念时缮治，是为十二。经曰：'修治所务，虑其备豫，事业曰新，终不失时。'"

王曰："安得大贤，使留孛乎？"

孛曰："大贤有十行：学闻高远、不犯经戒、敬佛三宝、受善不忘、制欲怒痴、习四等心、好行恩德、不扰众生、能化不义、善恶不乱，是为十行。经曰：'明人难值，而不比有，其所生处，族亲蒙庆。'"

王曰："我过重矣！畜养恶人，使孛恚去。"

孛曰："大恶有十五：好杀、劫盗、淫姝、诈欺、谄谀、虚饰、佞谗、诬善、贪浊、放恣、酗酒、妒贤、毁道、害圣、不计殃罪，是为十五。经曰：

'奸虐饕餮，怨谮良人，行己不正，死堕恶道。'"

王曰："晓孛不止，使我惭愧！"

孛曰："人有十事可愧：君不晓政、臣子无礼、受恩不报、过不能改、两夫一妻、未嫁怀妊、习不成就、人有兵仗不能战斗、悭人观布施、奴婢不能使，是为十。经曰：'世傥有人，能知惭愧，是易诱进，如策良马。'"

王曰："吾始今日，知有道者，为难屈也！"

孛曰："有十二难：任使专愚难、怯弱御勇难、仇恨共会难、寡闻论议难、贫穷负债难、军无师将难、事君终身难、学道不信难、恶望生天难、生值佛时难、得闻佛法难、受行成就难，是为十二。经曰：'人命难得，值佛时难，法难得闻，闻能行难。'"

王曰："今与孛谈，益我有智。"

孛曰："略说其要，人所当知，有四十五事：修其室宅，和其家内，亲于九族，信于朋友，学从明师，事必成好，才高智远，宜守以善，富当行恩，治产宜慎，有财当广方业，子幼勿付财，相善与交，苟合莫信，财在县官当早忧出，卖买交易以诚勿欺，凡所投止必先行视，所住当知贵贱，入国当亲善人，客宜依豪无与强净，故富可求复，素贫勿大望，宝物莫示人，匿事莫语妇，笃君当敬贤，厚勇取忠信，清者可治国，趣事能立功，教化之纪孝顺为本，师徒之义贵和以敬，欲多弟子当务义诲，为医当有效验，术浅不宜施用，病瘦当随医教，饮食取节便身，知识美食当共，博戏莫财命抵，所施假贷当手自付，证佐从正勿枉无过，谏怒以顺，避恶以忍，人无贵贱，惟和为好，道以守戒清净为上，天下大道无过泥洹，泥洹道者，无生老病死饥渴寒热，不畏水火怨家盗贼，亦无恩爱贪欲，众恶忧患悉灭，故曰灭度。王当自爱，我今欲退。"

王曰："孛欲去者，宁复有异诫乎？"

孛曰："譬如大水所荡突处，虽百岁后，不当于中立城郭也，其水必复顺故而来。宿恶之人，虽欲行善，故不当信，本心未灭，或复为非，不可不戒。人所欲为，譬如穿池，凿之不止，必得泉水。事皆有渐，智者见微，能济其命，如人健沍截流度也。"

王曰："前后所说我皆贯心，举国士女靡不欢喜，旧恶低伏，无敢言者，愿闻其言，傥遭异人，何知其明？"

　　字曰："明者问对，种种别异，言无不善，师法本正，以此知之。明人之性，仁柔谨愨，温雅智博，众善所仰，无有疑也。观其言行，心口相应，省其坐起，动静不妄，察其出处，被服施为，可足知之。与明智谈，宜得其意，得其意难，如把刃持毒，不可不慎也。"

　　王曰："欲事明者，不失其意，为之奈何？"

　　字曰："敬而勿轻，闻受必行。明者识真，体道无为，知来今往古，一归空无；人物如化，少壮有老，强健则衰，生者必死，富贵无常；是故安当念危，盛存无常。善者加爱，不善黜远；虽有仇恨，不为施恶。柔而难犯，弱而难胜，明人如是，不可慢也。"

　　王曰："尽心爱敬，以事明智，宁有福乎？"

　　字曰："智者法圣以行其仁，乐开愚蒙，成人之智。治国则以惠施为善，修道则以导人为正。国家急难则能分解，进退知时无所怨尤。恩广德大不望其报，事之得福终身无患。王其勿疑！治政之法，不可失道，劝民学善，益国最厚。"

　　王曰："谁能留字，我心愁惨，忽忽如狂。垂泣向字，忏悔解过。"

　　字曰："如人不能泅，不当入深水，欲报仇者，不当豫娆。亲厚中诤，后更相谢，虽知和解善，不如本无诤也。善不能赏，反听谗言，我如飞鸟，止无常处，道贵清虚，不宜人间。如野火行，傍树为燋；激水坏船，毒虫害人，与智从事，不当扰也。草木殊性，鸟兽类分，白鹤自白，鸬鹚自黑，我与彼异，无欲于世。如田家翁，生习山薮，与之好衣，为无益也。天下有树，其名反戾，主自种之，不得食实，他人窃取，果则为出，今王如是。善安国者，而见驱逐；佞伪败政，反留食禄。宾客久留，主人厌之，我宜退矣！"

　　王曰："人命至重，愿垂忆念，今欲自力，事学胜前！"

　　字曰："王虽言之，犹不得施，夫人意恶，我不宜留。天下家家皆有炊食，沙门所以持钵乞者，自乐除贪，入戒无为，远罪咎也。"

　　王曰："今字既去，莫便断绝，愿时一来，使我不恨。"

　　字曰："如俱健者，犹复相见。且欲入山，以修其志。夫蜜近而相念恶，不如远而相念善。智者以譬喻自解，请说一事：譬如有人以蜜涂刀，狗得舐之以伤其舌，坐贪小甜，不知疮痛。四臣如是，但美其口，心如利刀，王其戒之！自今以后，若有惊恐，常念莩者，众畏必除。"

莩复言曰："鸥枭乐冢，群鼠粪居，百鸟栖树，鹤处汙池，物各有性，志欲不同。我好无为，如王乐国。器虽粗弊，不可便弃，各有所贮，愚贱不肖，亦不可弃，各有所用。王当识此！我犹知人言意所趣，如鸟集树，先从下枝，间关趣上，见宾只吠，以知中外有谋，意欲厌故，更受新也。"

莩曰："请退！即起出城。王与夫人，啼泣送之。人民大小，莫不号怨。

王行，且问莩："谁可信者？"

莩曰："我姊子贤善，可与咨议。时时共出巡行国中，观民谣俗可知消息。"

王曰："受教！"即与傍臣人民，为莩作礼，于是别去。

莩去之后，四臣纵横，于外以佞辩为政；夫人于内，以妖蛊事主。王意迷惑，不复忧国；奢淫好乐，昼夜耽荒；众官群寮，发调受取，无有道理。征卒市买，不复雇直；强者凌弱，转相抄夺；至相杀伤，不畏法禁；良民之子，掠为奴婢；六亲相失，逬窜苟活；灾异相属，王不能知。风雨不时，所种不收；国虚民穷，饥饿满道；歌谣怨声，感动鬼神。人民愁怖，亡去略尽；号泣而行，莫不思莩。莩如鸧鹰，临众鸟上，压伏奸人，慈育民物，如天帝释。

莩姊子道人，后适他郡，见国荒乱，聚落毁坏，人民单索。还为王说："大臣不正，放纵劫盗，掠杀无辜，残虐无道；人怨神怒，天屡降灾，远近皆知，而王不觉。今不早图，且无复民。"

王乃惊曰："果如莩戒！我所任者，如狼在羊中，知民当散，如奔车逸马。道人既告，何以教之？"

道人曰："莩去国乱，皆由奸臣，王宜更计，国尚可复。愿一巡行，目见耳闻，当知其实。"

王即与道人私出，按行国界。见数十童女，年皆五六十，衣服弊坏，呼嗟而行。道人问曰：诸女年大，何以不嫁？答曰："当使王家穷困如我，快也！"

道人曰："汝言非也！王者位尊，何能忧汝？"

女曰："不然。王治不正，使国饥荒，夜则困于盗贼，昼则穷于胥吏。衣食不供，谁当嫁娶我也？"

王复前行，见诸老母，衣不盖形，身赢目瞑，啼哭而行。道人问曰："皆有何忧？"

答曰："当使国王穷盲如我，快也！"

道人曰："是言非也！老自目瞑，王有何过？"

诸母曰："我夜为盗所劫，昼为吏所夺，穷行采薪，触犯毒螫，使我如此，非王恶耶？"

王复前行，见一女人，跪搆牛乳，为牛所跃，跃地骂曰："当跃王妇如我，快也！"

道人问曰："牛自跃汝，王家何过？"

答曰："王治不正，使国荒乱，盗贼不禁，令我善牛见夺，为弊牛所跃，非王恶耶？"

道人言："汝自无德，不能搆牛。"

女曰："不然，若王家善，牸自当留，国不乱也。"

王复前行，见鸟啄虾蟆，虾蟆骂曰："当使恶王见啄如我，快也！"

道人曰："汝自为鸟所啄，王当护汝耶？"

答曰："不望护也！王无恩泽，政治不平，祭祀废绝，天旱水竭，故使我身鸟见啄耳。"

虾蟆唤曰："知为政者，弃一恶人，以成一家，弃一恶家，以成一乡；不知政者，民物失所，天下怨讼。"

道人曰："百姓无罪，呼嗟感天，神使虾蟆降语如此。王自具见，宜退恶人，改往修来，与民更始。如种善地，雨泽以时，何忧不熟？"

王曰："今当任谁？"

道人言："宜急请牸，牸仁圣知时，返国必安。"

王还，即遣使者入山请牸，言："若牸不还者，当向叩头。道我自知，怨负万民，忧不能食，须待牸到。牸素慈仁，忧念十方，知我国荒，想必来也！"

使者受命，往到牸所，稽首白言："大王殷勤，致敬无量。自知罪过深重，违失圣意，使国荒乱，百姓穷困。涕泣思牸，不能饮食，愿垂愍念，一来相见也。"

牸哀人民，故随使者还。道见死狱猴，故剥取其皮，欲以生语。国人闻牸来，皆出界迎。牸到城外，止故精舍。王出相见，作礼问讯毕，一面坐，叉手谢牸言："空顽不及，虐负万民，请自悔励，幸遂原之。"牸曰："甚善！"

　　四臣过耳语。苧曰："卿等无过，何不公谈？"四臣恚曰："凡为沙门，欲望天福，人皆称善，不当杀狋猴，取其皮也！"

　　苧曰："卿等自迷惑，不别真伪耳。是非好恶，天悉知之，苦乐有本，不可强力，为恶罪追，虽久不解。作善福随，终不败亡；祸福在己，愚谓之远。以我剥皮而杀狋猴，虽此似是，卿曹默默为奸，不止相杀事耶！言命在天，谓善无益，为恶无殃，祸福之报，自然如响，响应随声，非从天堕。卿等作恶，岂不自识？虽欲诬之，自然不听。此非谤我，为自中耳！卿一人言：人死神灭，不复生者，是圣语耶？从意出乎？自欲为恶，反言作善无福，为恶无殃！夫天之明象，日月星辰，列现于上，谁为之者？"

　　四臣默然。

　　苧复曰："天地之间，一由罪福，人作善恶，如影随形，死者弃身，其行不亡。譬如种谷，种败于下，根生茎叶，实出于上，作行不断。譬如灯烛，展转然之，故炷虽消，火续不灭。行有罪福，如人夜书，火灭字存，魂随神行，转生不断。卿曹意志，自以为高，如人杀亲，可无罪乎？"

　　四臣答言："夫荫其枝者，不摘其叶，何况杀亲而当无罪？"

　　苧曰："然卿难我似是。吾取死皮，汝尚诬之，卿曹所为，法当云何？"卿一人言："人死神灭不复生。"一人言："苦乐在天。"一人言："作善无福，为恶无殃。"一人自怙知占星宿。外阳为善，内阴为奸，譬如伪金，其中纯铜，貌饰美辞，心行谗贼。如狼在羊中，主不能觉，天下恶人，亦称为道。被发卧地，道说经戒，专行谄欺，贪利欲得，愚人信伏。如雨掩尘，群妖相厌，如水流溢，不时入海，多所伤败。惟有圣人能济天下，化恶授善，莫不蒙祐。若善无福，恶无殃者，古圣何故造制经典，授王利剑？夫行有报，其法自然，善者受福，恶者受殃，天之所疾，祸无久迟，阴德虽隐，后无不彰。故国立王，王政法天，任贤使能，赏善伐奸，各随其行。如响应声，人死神去，随行往生；如车轮转，不得离地，信哉！罪福不可诬也。人行至诚，鬼神助之；恶虽不觉，终必受殃；故当戒慎，远恶知惭。若皆为善，禀气当同；不善者多，或有不平，或寿不寿，多病少病，丑陋端正，贫富贵贱，贤愚不均，至有盲聋喑哑、跛蹇癃残，百病皆由宿命行恶所致。其受百福，人所乐者，则是故世行善使然。积德忠正，故有日月星辰，有天、有人、帝王、豪贵，是明证也。何可言无？宜熟思之，勿谓不然！"

　　亐说是时，王与臣民，无不解悦。

　　亐复曰："古昔有王名为狗猎，池中生甜鱼，甘而少骨，王使一人监护，令日献八鱼。其监亦日窃食八鱼，王觉鱼减，更立八监，使共守护。八监又各日窃八鱼，守之者多，鱼为之尽。今王如是，所任不少，为乱益甚。譬如人摘生果，既亡其种，食之无味。王欲为治，不用贤人，既失其民，后又无福，治国不正，则使天下有诤夺之心。如人治产，不勤用心，则财日耗。国有勇武习战阵者，不足其意，则弱其国。为王不敬道德，不事高明，生则贤者不归，死则神不生天。掠杀无辜，使天下怨讼，则天降灾，身失令名。治国以法，为政得忠，敬长爱少，孝顺奉善，现世安吉，死得生天。譬如牛行，其导直正，余牛皆从。贵贱有导，率下以正，远近伏化，则致太平。为君当明，探古达今，动静知时，刚柔得理，惠下利民，布施平均。如是则世世豪贵，后可得泥洹之道。"

　　众坐皆喜，称善无量。王即避座，稽首白言："今亐所语，譬如疾风，吹却云雨，幸本慈念，垂化如前。"

　　亐即起行随王入宫，四臣愚痴，于是见废。亐复治国，恩润滂流，风雨时节，五谷丰熟，人民欢喜，四方云集，上下和乐，遂致太平。（节录《佛说亐经》）

二、人间政治领袖之德失

　　佛法施行于人间世，而人间世盛衰兴废，政治领袖有大关系。古为帝王、辅宰，今为总统，或委员官长等。兹略引《佛说出爱王经》分别之：

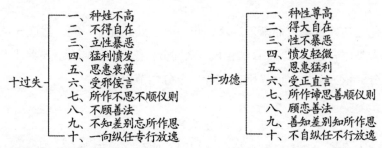

| 十过失 | 一、种姓不高
二、不得自在
三、立性暴恶
四、猛利愤发
五、恩惠衰薄
六、受邪佞言
七、所作不思不顺仪则
八、不顾善法
九、不知差别忘所作恩
十、一向纵任专行放逸 | 十功德 | 一、种性尊高
二、得大自在
三、性不暴恶
四、愤发轻微
五、恩惠猛利
六、受正直言
七、所作谛思善顺仪则
八、顾恋善法
九、善知差别知所作恩
十、不自纵任不行放逸 |

　　此中除第一种姓高贵不高贵，在今平民政治之制度中，可不论外，余九德失，皆政治领袖德失治乱所关也。

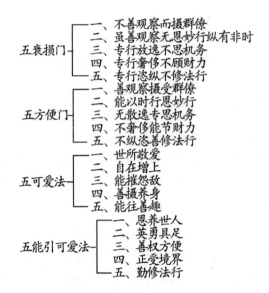

反五可爱法，为五不可爱之法；反五能引可爱法，为五能引不可爱之法。可以推知，世之欲为建功立德之政治领袖者，于能引可爱之五法，知善修习，则庶几矣。（录《真现实论》第五章第二节第七目）

第四节　人生世界之净化

一、人类之净化

净化之功，皆由近而渐远。众，非一时一处，亦非一类。然应先从此时、此处之人类以言之。类者，百法论曰：众同分。在人曰人同分，人类即人同分。此人同分，依人众立，而界别非人者。今分六节以言：

（一）人事学——人类学、社会学等

此"人事学"与前之"自然学"相对，应包括心理学、社会学、人种学、美学、人类学、历史学、宗教学、教育学、经济学等。其结晶之应用于中国者，则如孙中山之三民主义，亦其流亚也。综合而深究之，则为人生哲学。在佛法之《起世经》《正法治国经》《圣王十善法》等，亦明斯义。

（二）法政学——宪法、法律、军政、民政等

此由人的群众有治理及和辑之需要而来者，在现时大抵皆依"国的人群"而施设，其内容虽为宪法、法律、军政、民政等，而一按其过去到现在之历程及现在到未来之趋势，则其始盖本无政治法律之事。仰天俯地，中有人物，人与人也，物与物也，亦各自生自死而已，不知治乱，亦无文野。然以传种须合男女，资生要友群众，有合则有离，有友则有敌，事之所需，争以此生。能平断者，共听其制，于是有专权之帝制，大率托其权力禀之以天，浸假而有帝制之政治法律焉。发端酋长，以至皇帝，由族而国，胥曰专制。已而帝制专断，民情失平，要准以法，君民共守，乃有若今英、日等君主立宪国之政法也。法为平准，人等权位，民则皆民，何有乎君，乃有今法、美等国民立宪之政法焉。国大民众，群老情涣，横议蜂起，阀势倾争，欲依政见铸成一党，以一党力辑治国众，乃有中国国民党今在试验中之党治的政法焉！
……

（三）经济学——生产、支配、消费等

生之者众，为之者疾，是言生产也。财不患寡，而患不均，是言支配也；以天下之财，经营天下之美利，是言消费也，此本于人类生存之需要而有之事。然一察其从过去、现在、未来之历程与趋势，其初托身天地，自然生活，无所工作，亦无占蓄，则为无产无经济世。其次则若印度之刹帝利（译曰地主），中国古云："普天之下，莫非王土"。则财产要皆为君主所有，其臣民皆为给养之雇工及佃奴耳，进之乃为贵族产权之经济世：一因多数有地之君合并成国，共尊一帝，其君降为王、公、侯、伯等之贵族，然仍各主其地。二因君主以地分封亲族及有功之臣工，亦能各主其地，于是产权乃操之于贵族。此时虽有农、工、商，而以农为本。进之工商发达，由握有机器等资本者操产业之权，于是乃成资产阶级之经济世，此为近代诸国经济情状。感其不平而欲改正之者，则有社会主义。此有二派：一集产派。将生产机关集合

为社会公有，而各个人皆为工人，计工与值，虽各得享有其工值，不能为资本主权者。二共产派。产皆社会公有，废除金钱物价，但各尽其力以作工，亦各取其需以资享用。然此二犹为一种主张之在试行中者也。然与无政而治相当者，应更有无产而化一阶，无产者无复财产之观念，然互相生化而不相戕贼，亦不同原始之自然生活，而略似佛书所云北郁单越之生活焉。而折中者，亦在三民主义。

（四）教育学——宗教、伦理等

教育之施设，大抵为知识之启授及行为之指正。由此炼修身心而致强健优美，以之构成群治，周给世用，乃至超凡愚之辈，入贤圣之流，皆教育之事焉。有时谓吾人的知识之启发传授与行为之指导纠正，惟上神天帝等乃能示以标准，于是有宗教之教育，若基督教、回教等之教育是也。有时谓人类之生性能群而有伦理，以为准则而启导之，足为教育之本，则有伦理教育，若孔子及亚里士多德等教育是也。于此而偏重玄理，则成哲学之教育；于此而偏重实事，则成科学之教育。近世则以国民主义而偏重国家民族，以教育达到国民主义之政治为目的，乃成为国民的政治教育。此皆自其注重点以为区别，其实则知行之启导而已。兹著《以大同的道德教育造成和平世界》，录于此：

古时似乎曾实施道德之教育，然大抵为一宗教、一学派之教育，别户分门，党同伐异，学术之师弟授受，比财产之父子传承，好称家法，动夸秘珍，自私自利，相蔽相欺。故虽貌为道德，其实每图利禄，可谓之宗派的经济教育，不能以道德教育名也。近今国家主义与民族主义崛兴，教育亦随之转为国家民族之教育，其旨在陶铸一国之民为一团，以供其国家民族竞存争胜之用。学派之教育虽渐融化，而教宗之教育则仍继其旧，因之有宗教以外之教育，亦有教育以外之宗教，宗教与教育之分，实分于近今之国民的政治教育也。此国民的政治教育，唯以富其国强其民为事者也。今谓宗派与国民之教育，虽其范围广狭不同，要皆各蔽以私，未能大公而无我也。始以教育生于其心，卒以行事害于其政，故战争时作，而难至世界于永久和平之境也。欲革其弊，当正之以德，超脱各教宗学派、国家民族之拘碍而解阐之，取其精华，弃其糟粕，以成为普益全世界人类之大同的道德教育，庶其天下为公，和平可期耳!

以宗派的经济教育，造成以经济为中心之社会，一切皆自私自利的家产化，其极致即为今此资本主义为中心之社会，于是社会常现阶级战争之病象而成战争之世界。……以国民的政治教育造成以政治为中心之社会，一切皆争强争霸的国权化，其极致即为今此帝国主义为中心之社会，于是社会常现国族战争之病象而成战争之世界。反动方面，遂有无政府党乘之而起，然无政府党纵能颠覆帝国主义为中心之社会，亦未能建设和平之世界也。

然则孰能建设和平世界乎? 曰: 唯大同的道德教育。言大同者，示超脱宗教学派、国家民族之各异，然非毁灭之也，特解其私蔽，集其众长，以全世界人类之公益为依归耳。言道德者，道者公理，德者正义，示超脱经济上争产、政治上争权之罪恶，然非破弃经济与政治也，特令经济政治皆成全世界人类的公理正义之道德化耳。中国有古书曰: "大道之行也，天下为公。选贤与能，讲信修睦。故人不独亲其亲，不独子其子，使老有所归，壮有所用，幼有所长，鳏寡孤独、废疾者皆有所养。男有分，女有归，货恶其弃于地也，不必藏于己——经济道德化的真共产——力恶其不出于身也，不必为己——政治道德化的真无政府——是故谋闭而不兴，盗窃乱贼而不作，故外户而不闭，是谓大同。"最足表明大同的道德教育之义。至谋闭不兴，盗乱不作，外户不闭，则战争世界成和平世界矣。但其本乃大道之行，所谓大道之行者，即大同的道德教育之施行耳。故和平的世界，必由大同的道德教育造成焉。

以大同的道德教育造成以道德为中心之社会，一切皆公理正义之道德化。曰"亦有仁义而已矣"，曰"道之以德，齐之以理"，曰"十善为人道之正行"; 皆斯义也，其极致即为人类自由平等之和平世界。经济政治既大同的道德化，则大同道德化的经济政治，亦大同道德之一端，无大同道德外之经济政治也。宗教学派，既大同的教育化，则教育大同之教宗学派，亦大同教育之一端，无大同教育外之教宗学派也。何者? 以离去个人修养、社会修养之教育，无别宗教之可得故。修养之究竟，莫过于"圆成正觉，普济群生"，而"求真利众"为人类终身可行，此即宗教修养，亦即大同的道德教育之纲骨。至迷执之谬习，自当镕解而无迹也。

然此大同的道德教育，由如何推行之以实现和平世界乎? 曰: 由世界教育会议组织一"大同道德教育运动"。一方解放宗派的经济教育与国民的政治教育之拘蔽，一方唤起全人类世界小中大学之教师与学生，皆同情于此之运动。全世界之教育界，若能以坚决一致之主张，下百年树人之工夫，则百年之后，大同的道德教育行，而和平世界亦造成矣。

（五）律仪众——六和众与清信众

依上政治、经济、教育三学，对于人的群众之各方式，或已过去，或正现在，或属未来之希望者，已可明其大概。然在佛教，乃犹有七众的律仪众也。世之群众，系以君师，此律仪众，则唯作师。近与欧阳渐居士论律仪众书，兹录于此。

（前略）吾昔于整理《僧伽制度论》，尝略分佛徒为信众、僧众。曰：世尊虽说五乘法，而建设律仪则在声闻乘。此土所流传尊崇者，其教理虽多在大乘系统，而律仪则从声闻乘"内秘菩萨行，外现声闻相"，此土僧伽之特色乎！良由缘觉乘摄在声闻乘。人乘天乘暂以化俗，随世常仪，无别开建。菩萨乘则浩荡无涯，普摄众生，皆菩萨众。前之四乘，全非全是，遍于神人缁素之中，而无人神缁素可别。菩萨之舍俗入僧也，他方佛土纯一大乘，则依菩萨律仪而住。若此土，既依声闻建律仪，则舍俗菩萨亦依声闻律仪住。曹溪先得法，复受苾刍戒，其先例也。在俗菩萨，既摄在优蒲众，则形仪随俗而不能住持像教；入僧菩萨则摄在出家众，此出家众以波罗提木叉为师，依毗捺耶处住，人天钦敬，独能住持佛法，故得住持僧宝之名。若据同体三宝，此为即心自性功德，生佛平等；若论别相三宝，此为果圣因贤教证，圣凡差别。今说住持三宝，佛即塔像，法即经典，僧即依出家五众律仪而住者。住持僧宝，端肃严整，则住持佛宝有威灵。住持僧宝讲说精进，则住持法宝得宏通。如是则信众兴盛，反是则信众衰灭。故住持三宝，全系乎住持僧宝而已。故依出家五众律仪住者，一方对别相三宝及住持佛法为信徒；一方对信众为被信之住持僧宝，故与信众有殊。欲令住持僧宝清净，势不能不择善根具足者而度，其数故难多得，亦无需乎多（节《僧依品》）。

又曰：《梵网》等菩萨戒，是法身金刚心地之善根，非释迦佛在人世安立教团之律仪。佛在人世所安立教团者，良唯在家二众及出家五众之律仪。

故《瑜伽》第四十，律仪戒者，谓诸菩萨所受七众别解脱律仪，即是苾刍戒、苾刍尼戒、正学戒、勤策男戒、勤策女戒、近事男戒、近事女戒。如是七种，依止在家、出家二分，如应当知，是名"菩萨律仪戒"。又云：出家菩萨，为护声闻圣所教诫令不坏灭，一切不应行非梵行。又七十五：此三种戒，由律仪戒之所摄持，令其和合（正明七众律仪为人世安立教团之纲纪，令众和合）。若能于此精勤守护，亦能精勤守护余二；若于此戒不能守护，亦于余二，不能守护，是故若有毁律仪戒，名毁一切菩萨律仪。故近事男女戒，虽不必在戒堂学习、戒坛传授，然必从苾刍、苾刍尼受之。而《梵网》等菩萨戒，则随曾受菩萨戒能解说菩萨戒者，无论何人，为僧为俗，佛经像前具得受之。（节《教团品》）

又曰：菩萨乘戒，如画大地，遍具诸相，入一切画；如伽陀药，遍医诸病，更增气力；如醍醐味，遍入诸食，益加味美。是故发菩提心，悲智增上，随持何戒，皆菩萨戒。虽持近事男女一戒，若兼受菩萨戒，即为受持菩萨一戒近事男女。如是菩萨沙弥，乃至菩萨苾刍，亦复如是。故菩萨戒遍于七众，非菩萨戒不融圣凡，非七众戒莫辨僧俗，非菩萨戒不见佛门广大，非苾刍戒莫显僧宝清高。昔灵峰律师《毗尼事义集要·缘起》曰："大雄御极，法僧二宝咸由正觉扬辉，善逝藏机，佛法二尊，同藉僧伽建立。倘惟十重众轻，即与在家奚别？自非五篇七聚，安知离俗高标？是知梵网五道齐收，但除地狱，则以通而成其大。毗尼止许人伦，犹遮诸难，正以局而成其尊。必使仰慕大乘，不甘小节，自可反俗舍僧，作火中优钵。如或情悲末法，有志住持，岂得恣情荡检，为师子身虫！"斯亦可谓深知律意矣。（同上）

又曰：受菩萨戒，约义当有三种：一者冥资受菩萨戒。若为鬼畜神天等说菩萨戒，大悲冥益，资熏善根。二者名字受菩萨戒。凡发信心，佛经像前向法师求受菩萨戒，能解法师语言，识菩萨戒中名字者，皆得受之。在俗二众，在僧五众，及诸发心受菩萨戒善男女等，皆属此摄。三者实义受菩萨戒。一切众生，无论僧俗，凡悟实相，了知甚深菩萨戒义，或佛经前依法自求受之，或从曾受善知持净菩萨戒法师（不拘僧俗）依法求授受之。然出家菩萨，为护僧制故，必仍从苾刍菩萨求受之。凡参学毕，欲摄俗利生者，皆应受实义菩萨戒。（同上）

又曰：然菩萨戒，非佛教教团在人世之安立相，自心自持，自心自忏，智悲为首，随宜变化，大用现前，不存轨则，故制度上不限定须受之行之。盖制度依群众而设，乃佛教团在人世之安立相耳。《婆沙论》曰："夫能维持佛教教团，有七众律仪在。"又曰："世间道果相续不断，尽以波罗提木叉（即七众律仪）为本根。"则赡部洲佛教教团之存立否，亦据是以辨耳。律仪七众在，则赡部洲佛教教团在；律仪七众灭，则赡部洲佛教教团灭，故为教团之总检者，在俗仍是近事男女一戒乃至五戒，在僧仍是勤策乃至苾刍、勤策女乃至苾刍尼。此僧宝之所以为僧宝也，必须依众和合学处修习。受名字菩萨戒，则资长善根而已。受实义菩萨戒，则自发大心而已，此不关众和合之学处者。具菩萨德，受苾刍戒（若曹溪等），斯即菩萨苾刍。所谓情悲末法，有志住持者也。（同上）

准是以观，居士释师中之辟谬，有可得订正者：

一曰许菩萨僧，非许不出家为僧也（菩萨之不共戒不分僧俗）。此有二故：一者诸净土中化生化食，唯僧无俗，本无有家，无出不出。故据乘之德行，分僧为二或一。此居士引《智论》所谓他佛土中，或纯菩萨僧，或菩萨僧多，声闻僧少，及一灯明国，但菩萨僧（此虽释迦亦他净土，以释迦亦于他净土作佛故）等是。亦吾所谓他方佛土纯一大乘，则依菩萨律仪而住者也。二者诸秽土中有家狱故，须出家故，有僧有俗。然秽土中必有声闻，必有声闻律仪，严别僧俗。菩萨从同，不须别立。故在家菩萨即依近事律仪住（有处维摩诘等亦名优婆塞故），出家菩萨即依声闻律仪住（有处弥勒等亦名苾刍故）。居士引《智论》所谓释迦牟尼佛，声闻为僧，无别菩萨僧，弥勒、文殊师利菩萨等以无别僧故，入声闻僧中次第坐，吾亦依此，谓释尊建立律仪在声闻乘。然同时据乘之德行以言，则弥勒等即菩萨僧，亦名菩萨苾刍。大乘行故名菩萨，出家故名苾刍僧。则于居士所引《大般若经》，以无量菩萨为僧一文，亦无违背。以无量菩萨为僧者，即有弥勒等无数行菩萨德之苾刍僧耳。故净秽土中，虽皆许有菩萨僧，然非许秽土中在家狱者得称僧也。故今此人间安立佛教教团之住持僧宝，仍非出家不许称僧也。

二曰僧宝通异生，非居士也。异生非生异，非出家不出家之别，乃凡圣之别也。有不出家居士而圣非异生者，若净名等；有出家僧异生非圣者，若凡僧等。《法苑》引《十论经》，解为异生具苾刍戒及正见故，得名为示道沙门之僧宝，自是正义。别解为设非沙门（非出家）而住圣道，理无净故，得名僧宝者，此非赡部洲之住持三宝义所应许。然在别相三宝义中，一切证圣果者，或内凡具正见正修行者，不论曾出家否（在家声闻得证四果，则自然呈出家相。菩萨登圣地者无限，但成佛亦自然呈出家相），皆得称僧。昔吾在《起信论》释及《庐山学》中亦屡言之。论敬有德，则居士辟谬中二、三、四义，可皆合理。然论赡部洲安立佛教团之制度，则仍当格于住持三宝义，曰：居士非僧类，居士同俗。而居士为福田义宽，则等于世间有恩、有德、有苦者，皆可为福田耳。盖僧与俗，别相三宝，可以乘别。住持三宝，必以七众律仪别故。

　　三曰居士作师说法、阅戒，及为比丘就学，礼拜、叙次，当简别言也。在家菩萨作传在家菩萨戒师，当如《璎珞经》说。若传出家菩萨戒及传七众律仪戒，则应属出家师。至《华严》《瑜伽》等发心为师为尊，则犹发心欲成佛等。且下文舍家，未始非实现为师为尊之一事也。造论者称论师，精因明者称因明师，精某经者称某经师，此如医称医师，画称画师，当然可以为授业师，但非出家苾刍之剃度师及传律仪戒之师耳。昔须达长者为新学苾刍说法，先礼僧足，然后为说。今日不高座说，或于佛高座前旁立为说，可为白衣说法仪也。在家阅戒，吾于古德圆通之说，亦无间然。然此等遮中之特开，乃为大菩萨化他事。大菩萨智悲为首，可自为权变。然在家非皆大菩萨，为护多数在家人故，不应昌言破在家不可阅戒之禁也。居士乃至世间有一技之长者，比丘需学之时，皆可就学。其住内法在家英睿若胜军等，从学内法亦宜，但不为出家者亲生法身之师耳（和尚为亲生法身之师，故古译力生，谓亲从其力生法身也）。比丘礼拜在家，在安立七众律仪则迦叶难为礼，则犯戒当也。故佛旋曰：此为大乘者说，不为声闻众说。声闻守世常经，菩萨可自行达权通变而为之。然为护七众律仪故，为护多数在家人故，不应昌言令僧拜俗。善财童子，非僧摄故。文殊等亦出家菩萨，当然在于僧次。阿阇世王经至推文殊所率在家菩萨亦在前。一因尊文殊，故尊及其众；二因其时迦叶等初发菩萨心，故特推之。若论世之常仪，则出家菩萨当自为叙次，出家与在家，当如七众律仪为次也。

勘辨既竟，犹有数义当论及者：

一律仪为众立，不为非常人设——世之礼法，为群众设，佛之律仪亦然。故《瑜伽》云："由律仪所摄持，令众和合。"如有一二钜人长德，远若维摩诘、傅大士，现通说法，四众倾服。近如杨仁山居士，刻经弘法，竹禅和尚尝献金供养，纳头礼拜。如此高贤胜事，世偶一见，其孰得非之。然不以此一二高德之事，着为定制，仍护惜七众律仪常制者，以知佛律以大悲心为护庸众方便施设，故不凭我见法执而立异，令众不和。然吾尝谓菩萨于戒，智悲为首，随宜变化，大用现前，不存轨则，此岂常律能拘；然悲护庸众故，终不昌言破常律也。

二秽土须律仪之故。净土化身化食，天然无家；秽土生身养身，则有家眷家产，贪爱独钟，俗染为相。然若不存净化，则非佛教标相。欲存净相于浊世中，非于出家、在家、男性、女性分别部居，各成一众不能。秽土中有此佛法清净标相安立于世者，则为佛法住世。否则，即为法灭。菩萨法中，以此为与声闻共法，声闻已有，不须别立。故即依之为法曰：菩萨依声闻律仪，其实菩萨用之，即为菩萨律仪，菩萨外此别无律仪，故瑜伽指七众律仪为菩萨律仪戒。又曰：是故若有毁律仪戒，名毁一切菩萨律仪。故应知七众律仪为声闻菩萨之共律仪，非但属声闻也。居士门下亦有言曰：菩萨之大，乃能兼之为大，非与声闻立异而已。历举龙树、世亲从有部受出家戒，无着从化地，陈那从正量受出家戒等，出家菩萨无不遵习苾刍律仪。则知在家菩萨亦应遵习近事律仪也。在律仪言，弥勒、龙树亦苾刍耳，维摩、傅翁亦近事耳。敬其乘德，乃称菩萨，复以菩萨之不共戒，以广化他之用而已。故知于秽土中，七众律仪，大小共遵，非别出家、在家即为小乘，而大乘无出家、在家之分宜也。于此七众律仪，不惟住某众、不守某众戒条为毁犯，其住某众、不安某众之分，如以近事凌躐苾刍，尤为毁坏七众全部律仪，亦即为毁一切菩萨律仪。故具大悲方便而护法护有情者，此宜知慎！由此推论，佛教团中作师之分，可依三学，为表如下：

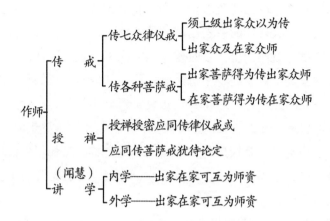

佛教团七众区别表	级　别	上　级	中　级	下　级
	性　别	比　丘 ←	勤策男 正学 ←	近事男
		比丘尼 ←	勤策女 ←	近事女
	处　别	出　　　　　家		在　　家

　　吾非敢谓现有如法出家律仪僧众，而为中国今之僧众辩护也，特以为护此浊世中如来正法清净幢相，摄有情故，不可不维持佛教教团安立相之七众律仪制，以期望有悲愿住持佛法之僧众，与安立如是净律仪之众耳。（下略）

　　（六）郁单众——十善业感福报众

　　北郁单越洲之人众，为佛法所说之模范人众，由十善业所共感之自然福果。兹节录《佛说起世因本经》为证：

　　诸比丘，郁单越人发绀青色，长齐八指，人皆一类、一形、一色，无别形色可知其异（此条甚要，人种进化，淘汰劣种也。现在格尔通讲优生学，正是为此）。

　　诸比丘，郁单越人悉有衣服，无有踝形及半露者，亲疏平等无所适莫。齿皆齐密，不缺不疏，美妙净洁，色白如珂、鲜明可爱。

　　诸比丘！郁单越人若有饥渴须饮食时，便自收取，不耕不种，自然粳米清洁鲜白无有糠糩，取已盛置敦持果中，复取火珠置敦持下，众生福力（教育智德兼到也），火珠应时忽然出焰，饮食熟已，焰还自灭。彼人得饭欲食之时，施设器物，就座而坐。尔时若有四方人来，欲共同食，即为诸人（古时斯巴达人国王同上饭堂，将来也必废私厨，如罗素说公共食宿馆，克翁所说 Popottes Communists 公灶也）具设饭食，饭终不尽，乃至食人坐食未竟，所设之饭器常盈满。彼人食者，无有糠糩，自然粳米，成熟饭时，清净香美，众味备具，不须羹罐。其饭形色，若诸天酥陀之味，又如华果洁白鲜明。彼人食已，身分充盈，无减无缺，湛然不改，无老无变，是食乃至资益彼人，色力安辩无不具足。

诸比丘，郁单越人，若于男女生染着时，随心所爱，回目观视，彼女知情，即来随逐。其人将行至于树下，所将之女，若是此人母姨、姊妹、亲戚类者，树枝如本不为下垂，其叶应时萎黄枯落，不相覆苫，不出花果，亦不为出床敷卧具。若非母姨、姊妹等者，树即垂枝，垂条覆荫，柯叶郁茂，华果鲜荣，亦为彼人出百千种床敷卧具。便共相将入于树下，随意所为，欢娱受乐（更可证树即大机器房场公园了。按大同世人，如伏羲以前无姓氏，大抵用干支以文身，志血统远近）。

诸比丘，郁单越人住于母胎，惟经七日，至第八日即便产生。其母产讫，随所生子若男若女，皆将置于四衢道中，舍之而去（此言男女公育甚明）。于彼道上，东西南北行人往来，见此男女，心生怜念，为养育故，各以手指内其口中，于彼指端自然流出上乳甘乳（此即今用之机器乳头也）饮彼男女，令得全活。如是饮乳，经于七日，彼诸男女还自成就一色类身，与彼旧人形量无异，男还逐男，女还逐女，各随伴侣相随而去（人合大群，真成天下一家也）。

诸比丘，郁单越人寿命一定，无有中夭，命若终时，皆得上生，何因缘故郁单越人得此定寿？命终已到，皆复上生？诸比丘，世或有人专事杀生、偷盗、邪淫、妄言、两舌、恶口、绮言、贪、瞋、邪见，以是因缘，身坏命终，堕恶道，生地狱中；或复有人不曾杀生，不盗他物、不行邪淫、不妄言、不两舌、不恶口、不绮语、不贪、不瞋、亦不邪见，以是因缘，身坏命终，趣向善道，生人天中。何因缘故向下生者？以其杀生、邪见等故。何因缘故向上生者？

以不杀生、正见等故。或复有人作如是念：我于今者应行十善，以是因缘，我身坏时，当得往生郁单越中（此言今人能行十善，即变为郁洲也），彼处已生，住寿千年，不增不减。彼人既作如是愿已，行十善业，身坏后生郁单越中，即于彼处复得定寿，满足千年，不增不减。诸比丘，以此因缘，郁单越人得定寿命。

诸比丘，何因缘故，皆得上生？诸比丘，阎浮洲人，以于他边受十善业，是故命终即得往生郁单越界。郁单越人以其旧有具十善业，郁单越中如法行故，身坏命终，皆当上生诸天善处。诸比丘，以此因缘，郁单越人上生胜处。

诸比丘，郁单越人命行终尽，舍寿之时，无有一人忧恋悲哭，惟共舁置四衢道中，舍之而去。诸比丘，郁单越人有如是法，若有众生寿命尽时，即有一鸟名忧承伽摩（隋言高氏），从大山中疾飞而至，衔死人发，将其尸体掷置余方洲渚之上（此又是一种飞行机器，将来用飞艇运死尸也）。何以故？郁单越人业行清净，乐净洁故，意乐喜故，不令风吹秽臭之气，来至其所。

诸比丘，郁单越人大小便利将下之时，为彼人故，地即开裂，便利毕已，地合如故（此亦是机器便池）。何以故？郁单越人乐净洁故，意乐喜故。（录《净化主义中人类第一》，见《海潮音》第八卷第十一二期合刊）

二、世间之净化

有情所依之器界有净秽，心识有愚智，触境生心而有情有苦乐。净化之者，化世间之秽者、愚者、苦者，为净、智众也。天乐，地狱苦，人、鬼、畜三苦乐杂。格其优降，则以天、人、鬼、畜、地狱为次第。离三恶趣生人中，舍人身生天上，此异学之世间净化。佛法则不然，求出三恶趣，不必生天上。所谓"人身难得""佛法难闻"，净化世间在人中。致人世和乐，阶梯出世之寂灭，此佛法之世间净化也。净化之道有三：曰施，曰戒，曰定。然施不如法或无戒，生大力鬼、畜中，非世间所贵。若不以进趣出世而修定，为定力所拘者，生长寿天中。不特乐极生悲，亦无以阶梯出世。施摄众而常杂恶，定离恶而多独善，施、定非不善，终不如净戒之处众不碍众，自他俱利而和乐善生也。释尊有云："吾为汝说过去、未来，不知汝信不信，且为谈现在。"

准此意以读释尊本教，则于十方世界谈此土，三世时劫重现在，一切有情详人类。即此土、此时之人类以明世间之净化可也，岂必动言十方世界、一切有情哉！人之生也，缘爱生，与爱俱。自体爱，境界爱，其所爱不必同，而求畅达其生存则一。爱以乐起，乐者爱之不欲离；苦者未得不欲得，已得求所去。意在爱，未得之乐而欲得之；乐其乐，生其生，是为世人之情。我欲之，人亦欲之，即自情以通他人之情（自通之法），尽人之乐而遂人之生，谓之"善"，人生道德之十善基于此。

十善者：不杀生以绝内命，不偷盗以夺外命，而个人于是乎乐生。不邪淫以破室家之好，而家族于是乎乐生。不妄语乱是非，不两舌以破和合，不恶口以予人难堪，不唐言绮语以启人邪思，而社会、国家于是乎乐生。此七者，曰"善业"。身、语之动动于意，不贪而后能克己，不瞋而后能恕人。此二者，曰"善心"。善心者，情意之善者也。正常之情意与行为，必因正确之认识，曰"善意"。善意者，信业报，明因果，知善恶，不邪见者而后知所以自处，知所以处人。十善行而仁政兴，灾难息。修、齐、治、平在十善。行十善而现生乐，后生乐，近涅槃乐，和乐善生在十善。人无贤不肖，莫不本乐生之情而动。不肖者，虽常苦他、害他而遂己之乐生，然亦未尝不欲人之予以乐生，此乐生之十善，所以为世之常道，释尊因而教之。又以化在世间，身、语为重，阶梯出世，禁醉乱之无知，乃别启五戒（不杀、不盗、不邪淫、不妄语、不饮酒）之教。五戒、十善，本于自他共处，非一人之戒善。自行、教他行、赞叹行、随喜行、必自他共行，乃足以致人世之和乐善生。不欲此世之净化则已，求净化，欲以大同、和平、自由为鹄者，离五戒、十善，不可得也！

虽然，自他共处，世事繁多，离合、存夺不可名状。戒、善重于止恶，净化世间不离此。然唯此，则乐个人之未来生而有余，乐群众现在之和谐共存则不足。释尊为在家众多说施、戒、慈、定以处世。戒偏于止恶，为出家众多说戒、定、慧以出世。戒不仅止恶，和乐共处之法制，即寓于其中。种族无优劣，职业无贵贱，四姓出家同姓释。僧事者，众人之事也；众人事，非一人治，非少数人治。"我不摄受众"，佛灭无大师，一切决于僧羯磨（会议办事）。出家者，受同一教育，守同一戒律，其学而无成者曰哑羊，乱法纪者曰无羞，不使预羯磨。德学集团会议而主僧事，非少数人主，亦非侈言群主。彼无识无行者，如何能主！徒为狡黠者所利用欺骗而已。沓婆受谤，佛明知之而令自白于众，举道德之化而一一纳诸法轨之中也。论经济，有四方僧物，有现前僧物，众人共有共享之，亦随时随地而有别。如法受别施、受别请，此私有经济，制标准而或出入其中。超标准之私物，生则公诸众而不得隐，死则大分没为僧物。犯罪者，悔则服务以净罪，不悔则默摈不齿以为刑。凡此种种，莫非自他和乐共存之制。此自他和乐共存之制，唯限于出家众，白衣不许闻问，何哉？盖不能见容于封建阶级，独善之当世，故不得不隐之以待时！即僧制以论自他共处之群制，而世间乃有和乐平等。思想正左右则"见和"，资生均贫富则"利和"，法制齐上下则"戒和"，此三，和之体。具和之体，必有和之相：情投意悦则"意和"，翔实雅正则"语和"，光明礼敬则"身和"。摄同行、同愿六和之群众，行自乐、乐他，自生、生他之十善，净化世间为大同、和平、自由，可立而待也。

虽然，世间以有情为本，有情体有而相生，莫不悦生而恶死，厌苦以求乐。独不知有情之乐生，即众苦之本，有在即苦在，有生即苦生。厌苦而苦不尽，求乐而苦来；生不常而死继之，奈何！致人世而和乐，非不善也，然身心无常变易苦，自他共处离合苦，器界依存拘碍苦，有即苦而苦即有，又奈何！和乐善生之净世，不足以持久。昔顶生王以十善化四洲，分帝释之半座，然时移、人亡则政息。善眼十善化弟子，自修慈定生三禅，功德巍巍，而今安在？有生必有灭，乐会终当离，世间之实相如是，吾人其奈彼何？

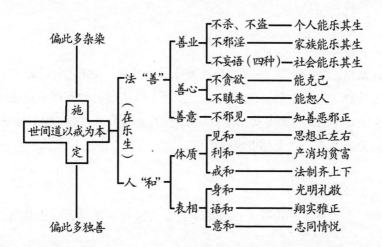

第六章 人生向上胜进中之超人

第一节 佛法与人天

一、六种有情众

人众为有情众之一类众，而有情类包括有"异熟识"者之全部，下自无间之苦趣，上至等觉之菩萨，唯佛除外，舍异熟故，此即佛界与其余凡圣之区别。而有情众，则指五趣异生与三乘圣贤以言也。兹别为六于下：

（一）苦趣众

梵语"泥犁"，是"苦器"义，意指在"苦器"中受苦众生。古译地狱，殆取譬耳。此有八寒、八热诸处之众，广如经论所明。所奇者，乃最苦之无间处：一有情满，多有情满，一多无碍，情器圆融，乃同佛智之境，洵所谓有情业报，亦不可思议者也。

（二）鬼趣众

此云鬼趣，为有情类之一，非是人类死后之灵魂。人死之后，或转生为人、为天、为苦趣、为傍生故。虽或为鬼，亦转生以为鬼，非死即云鬼也。鬼趣有由胎生或化生者，衣食男女，不殊人畜，特其业报异人畜界，故不相通见耳。其类有福德威力者，然大都饥虚羸弱也。

（三）傍生众

傍生，亦云畜生，指除人以外诸动物以言。种种类类，分别难尽，大别为陆行众与水行众及空行众。然更有不在地球，而为吾人不及以知者，若诸龙众及妙翅鸟众等。

（四）人趣众

在有情类中，有"人趣众"之一位置。言其等级，居苦趣、鬼趣、傍生众之上，天神众之下也。

（五）天神众

此有一为四天王统诸神众及阿修罗众，二为三十三天众，三为时分众，四知足众，五化乐众，六他化自在众，此为欲界天众。更上有四禅八类之色界天众；更上有无身无器之四空天众。较之人众，其数甚多，总曰天神众也。

以上五众，皆为世间之众。

（六）贤圣众

此云贤圣，非世俗所云之贤圣，唯是佛法中之贤圣。有三乘别：一声闻乘之贤圣众，七贤为贤，四果为圣；二独觉乘之贤圣众，因行为贤，证果为圣；三菩萨乘之贤圣众，十住、十行、十向为贤，十地为圣。是为出世之众。（录《净化主义中有情》第二章，见《海潮音》第八卷第一二合刊）

二、佛乘与人世的关系

谓先观察佛法流行于世其利益关系为如何，然后知佛乘之大可贵，迥非世间其余宗教学术，仅为有关于人世之行为生活，而犹不免于猥杂疵谬者比也。

（一）佛乘与法界一切众生。须知佛乘之义在使法界一切众生离苦得乐，本不限于人类。如言宗教，为多人宗仰之义，则其范围仅限于人；若从法界众生观之，唯佛法为能普遍，随类应化，妙用无边，为法界众生之所归依，故知佛乘为法界真正宗教。佛乘之义，既为普遍十法界，兹仅就人间世以观察之，所见亦小矣。虽然，在人言人，复何伤？

（二）在人间现证于佛乘之利益。兹就人间世说，可以现证于佛乘上之利益者，非谓神奇变化可以致利。盖神通变化，妖魔鬼怪亦善能之，不必上求于佛法。今所说之利益，谓人依此正法，心身修行，上智利根之人，则可销疑惑、去怖畏、而得心地清明，意志强固，不为世界一切理论事变之所迷乱、动摇、牵引、烦扰，有真快乐。且可以自所修者，依于慈悲、发为方便，以利他人，如此则在世与出世无异矣。其次，虽非上智，亦可尊信佛法，所谓因信生解、因解起行、依正因果，修行人天十善，亦得心地安乐，仰不愧、俯不怍，而为人中贤圣。夫人世功名，圣贤为最，而修行十善在佛乘本非甚高，而现前所得之利益，固已如是，则佛法与人世之关系，岂浅鲜哉！盖其利益之高尚者，为各教各学之所不能有，其浅易者，乃能统各教各学之所长也。

（三）佛乘与人天善法。兹所说者，系佛乘与人世关系。何故须说天乘善法？须知人是业果，随业受报，本乎一心，可以为人，亦可以生天类，且可以成菩萨，乃至成佛。况古今圣贤，虽同是人类，而其行为必不止于人乘善法。如孔子之七十而从心所欲不逾矩，孟子之四十不动心，其诚于中者如此。故其本因地，已超乎人类之上。即今西欧哲学亦有"超人"之语。可知同是人类之中，而有常人、善人、君子、圣贤之不同。故今兼说天乘善法，实非远离人类故作高谈，且人天乘善法，仅佛乘之初阶耳。

甲　人乘善法

人乘善法首在修行十戒，继则修行十施。十戒须能生忍，十施须能正勤。十戒者，人有十恶业须当戒之，故云十戒：一杀、二盗、三邪淫（为身之三恶业）、四恶口、五两舌、六妄言、七绮语（为口之四恶业）、八贪、九瞋、十痴（为意之三恶业），戒之使无，谓之十戒。戒之之道，在能生忍。生忍者，谓于生活上能忍耐也。盖人不随生活习惯起贪造恶，而能安顺于理，即为安分守己，纵使分内有苦，以能忍故，十恶不作，而戒行以备，此为一己之根本。根本既立，继行十施，以为利人。十施者，即由十戒增进一步，譬如戒杀，仅谓不杀，施则不但不杀，而且救他之生；又如不但不盗，而且以财与人；不但不邪淫，而且化人以礼，以下类推。惟修行十施须知正勤，正勤者，谓合于正理之勤劳，不为无益之辛苦耳。

乙　天乘善法

天乘善法，首在修行十定。十定通于三界，谓欲界二、色界四、无色界四。如下：

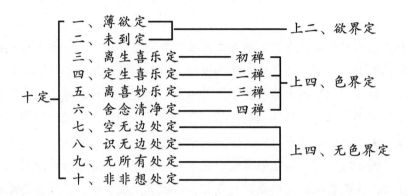

修行十定，须堪法忍，以为助行。谓不为色、声、香、味、触等五尘之所烦扰牵引，心无动故。如是而有十舍。舍，谓舍离，不自满足故。譬如舍九欲（人类粗五欲即财、色、名、食、睡）而得薄欲定，舍动扰而进未到定，舍欲界所有而进初禅，复舍初禅而进二禅。如是递舍递进而无有住，其要则在精进。精进者，精纯专一，有进无退也。

（四）人间圣贤须修证天乘善法。如上节言，人天善法当可明了。吾人既为人类，必以人乘善法为本所有事，先修行之。能戒则不害，能施则利人，戒施并修，善根自立。又进而修行天乘善法，为作圣之基。定舍兼行，善根深厚，则可常在人天，不堕恶趣。所谓人希贤、贤希圣、圣希天，可见向上之心人所同具，唯在修行之何如。是故说法非以娱听，在使闻者如实修行，而得法利耳。

（五）世间善法须有出世善法为本。以上所说人天乘善法，均为世间的善法，以其未明一心真如本不生灭，而有我执故。就世间言说，名之曰善，究属有漏之福业。若明出世法者，则此世间善法，可为修行之初阶；不明出世法，则此世间善法，仅在人天之中受诸福报。故有出世法为本，而后人天善法之为用大也。（录《佛乘宗要论·下篇》第二章）

第二节　由人而菩萨

一、进化的人生（芝峰讲）

要明白佛教的进化人生，须先要知道佛教的轮回道理。一般人听到佛教的因果轮回说，似乎与西洋达尔文的风行一时的进化论来比较，远不相及。这种见地是错误的！因为这两种学说是由于不同的形式和道理。进化论说明人类由低等动物进化到高等动物，是一往直前的；而佛教所说的轮回，是由因感果、由果造因循环不已的，这两者迥然不同。佛教的轮回说，是为一般的说法，真正的意义，是在超越轮回而求其向上进化，并不以轮回循环式的为其止境。人们若彻底明白轮回的真义，认识人生或驴胎、或马腹的循环不已的所以然，我相信他的生存是会向前求其进步，以超越这轮回的痛苦，以得到合理的快乐的境界。（中略）

佛教所谈的进化人生，是个人的绵延进化和全体的集合进化，与达尔文、克鲁泡特金倡导的人类进化主义有些不同。什么是个人的绵延进化？圣典上说：一切众生皆有佛性。换句话说：一切众生皆有成佛的可能，达到成佛的目的。这便是人类生命进化到顶级的时候！

在我未说明人类进化之先，且言何谓佛？一般人以为寺庵泥塑木雕偶像这就是佛。其实，这偶像不过表示教徒们信仰所依的一个对象罢了。真正所谓成佛，必具二要素：一智慧，以智慧力故，体察谛理断诸烦恼。二福德，以福德力故，庄严国土，洁净身心。佛之所以成佛，即由此二力圆满无缺故。成佛为人类进化最高的目的，这无论在理论上或事实上，不但超过达氏进化之说，即与克氏相较，亦更上一层矣。

一般生物学者，谓人类由猿猴相递进化而成。进化论亦做如是说：有机物是无机物的渐变到突破。这两说都以唯物史观为出发点。佛教一向主张唯心论、唯识论的，一般人不了解唯心唯识的究竟道理，遂生起误会，以为佛教只是谈谈唯心唯识而已，殊不晓得在唯心唯识的范围内，就含有物的意味。圣言量明明白白地告诉我们："心不自心，因色而心。"这不是一个很好的证实吗？

以佛教眼光观察人类生命之流，在时间上，过去无始，未来无终。所以演化成三世因果之说，为生命不断绵延。在空间上，不是直线的而是横线，因为从"人与人"和"人与物"的关系上看，生命之流绝对是广大普遍的。中国儒哲说："一人一宇宙，一人一太极。"佛言："天上天下唯我独尊。"这些话语，就是说明生命之流的崇高伟大。可怜我们人生不能触着生命活浩浩的源泉，只在一点一滴里沾沾自喜，在这仅数十寒暑的人生，同时在空间所占的地位，似乎沧海中之一粟。这种小观了自己，未免失去了人生的价值。佛陀要人们认识自己的本来面目，认识自我的生命之流是永劫的、普遍的。人和人之间，乃至和其他一切动物之间，都有着互涉错综不可离的亲切的关系，一旦触着自我的真生命，自然不谋代价而去实行有利益于人类乃至一切有生命的动物的事情，唤醒人类的迷梦，向着成佛之道——真人生之道进行。不仅废去罪恶的战争，即同情互助的自我相也完全忘怀。所以，佛陀虽要度尽一切众生，但同时说："若人谓我能度一众生者，即是谤佛。"这就是人生命之流，彼此虽不失自我，实在是互相普遍，本来即是佛，哪里可说"得度成佛"呢？然而，人类没有这种的自觉，没有牺牲小我而完成大我的勇敢，终不能逃出循环式的轮回圈子。无论人类进化的如何程度，也不过在一点一滴上暂时的欢乐，而不知转瞬消化的悲惨结果。

所以，佛教的人生进化，第一先要参透人生的真谛、生命之源泉。然后，一切行为都有着落，而达到成佛的地步。成佛，并不是离开人生，即完成人生的真意义，是人生的进化最高峰而已。（见《海潮音》第十七卷第一期）

二、生活之量的扩充与度的提高

王化中评王国维思想云：盖生生主义之所以不能充其量者，以有情之求生互相障碍也。其互相障碍，则以欲的冲动，损他以自利也。由欲而自私，由私而独立，由独立而损人，由损人而人亦反损之。由是非杀他人不足以自生，非夺他人不足以致富，非辱他人不足以自荣。故生生不能相并，而生活之量与生活之度成反比例矣。依王氏之论，则欲生活之度达于最高度，则非生活之量缩至最小范围不可，此则弱肉强食之学说，而当今帝国主义、资本主义奴役他人以繁荣自我一国一阶级之实在情形也。设欲生活之量最大范围，则非生活之度缩至最低限度不可，此则我国墨翟、宋钘之道，节用自苦，薄葬非荣，以完成其兼爱交利之主义是也。然墨翟之道，其道太觳，使人无生人之趣，无乐生一之心。墨子虽独能任，其奈天下何？达于天下，离道远矣。既此道不可行，则仍唯有弱肉强食之一途。弱肉强食者，非相生相饕之途，而相贼相害之路也，即非生人之途而绝灭人类之路也。此则今日世界之真相，又何怪智士仁人之恻怆悲伤而极，求解脱之道也哉。乃解脱而不知有转依，则又入于绝灭人生之路，是又大不可也。今知转依之道，则知生活之所以苦痛相续，由于烦恼恶业之招引也。使能转烦恼恶业而为善法正道，则个人之生活自上升而净洁，人类之生活亦互助而繁荣。盖由善法正道而生，则有情与有情相助而不相害，相友而不相乖，仁慈而无所贪著，智慧而不以诈虞。欲尽而我亡，自不损人以利己，情正而量广，更能己不而立人。生活不倚着于外物，则逾量之要求息，而物我两裕。人类不相凌虐，则残酷之消耗绝，而生理向荣。人登寿域，世致宁平，生活之量与生活之度，同臻高大，相长而不相害也。故知解脱者，生活之净化也。生活之净化，生活之变质也。生活之变质，转舍烦恼而转依善法也。依烦恼而生，则生活之度与量相倾相消而苦恼相等，终至于生活之绝灭。依善法而生，则生活之度与量相长相益，而福德庄严以至于法身净土摄受有情于无穷也。故生生主义与解脱不相碍，而必由解脱之道始能达其目的也。

三、人生观的科学

（一）人生的科学。观察人生是什么的人，往往先说明宇宙是什么为根据，而后用来解释人生。其实，宇宙只是"人的生活"与"非人的生活"之总生活，而人亦即为宇宙总生活表现之一种生活。换言之，人生即一宇宙，人生各一宇宙。人生各一宇宙与一一人生各一宇宙，及一一非人的生活各一宇宙，皆有交遍涉入之调和关系而不相离绝的。万有的现象（心识的内容），虽用知识可有死物的与活物的区别，而佛学唯识论亦有"相分无能缘用"，与"余分（见分、自证分，证自证分）有能缘用"的区别。但相分都是余分所变缘的，绝无离绝余分而有的相分。故明宇宙万有是什么，即是明人生是什么，明人生是什么，即是明宇宙万有是什么。所以，有万有之区别，及万有中一有的人生之区别，只是从一主动中心，集一切关系而成"一有"时，由其特殊之功能（一切法之自种）于一切现象的关系（现行的一切法之增上缘等）有亲疏顺违等之差异，故成无数之差别耳。今要明宇宙人生是什么，首现在前者即为此能够明了分别的知识自身。从此知识之一体系（体系即一积聚的自身）一体系而以类别言之，每一人生，则有能认识色、声、香、味、触之眼识、耳识、鼻识、舌识、身识五官觉，与能认识一切法之意识，及能认识内我之末那识，并所认识的内我之阿赖耶识，共为八个知识身聚。此八个知识身聚，固为人的生活中，可现知之事实而无从否认者。其次，则为八个知识身聚，相和互应的情志等，五遍行、五别境、与诸业染、不定等心所有法。其三，则为知识与相应的情志等所变现，缘虑的影像，物质现象，若五尘、五根，及四大种等——其四则为前三事上附现的分量、位次、数目等。其五，则为前刹那起灭事的所依，不可分辨、不可区别、不可规摹、不可言诠的实相——真如。其六，则为阿赖耶识中所潜藏前四刹那起灭的事，于不起时之一切能起的功能差别（种子）。此上六事，皆为人的生活中感验所可及、推论所必至之事实，除此别无他事，故一一人的生活，唯此六事而已。——微尘、一一世界、一一细胞、一一生物、一一心行、一一神我，亦同一一人生，唯此六事而已。此六事中，最幽微难知，而是所知之一切差别现象所由差别的，则为阿赖耶识所潜藏的一切功能差别（一切种子或一切习气），若一差别功能藉一切现起流行亲疏顺违关系而起流行时，便成一个刹那起灭相续或不相续的生活之事，一个调和所成的不调和事物，而又与其他——调和所成的不调和事物相调和的。其次，幽微难知的，则为现起流行不息的阿赖耶识、末那识，与微隐前六识及此诸识相应的情志等，即迷谬者所说为"神"，或"灵魂"，或"个性"，或"直觉"，或"真时与自由意志"，或"精神元素"等。又其次，幽微难知的，则为一一阿赖耶识上所变现刹那起灭相续而缘虑的人生宇宙。即为现前所知人生宇宙现象依托为本质的根身、器界，此是科学家所认为不可知的感觉所与性，与康德所谓物如，但所与性及物如，亦可包前二难知的及实相在内。又其次，较易知者，则为现前心理作用之显意识（即心理学所研究的）；即现前所知有生活目的物之变化（生物学所研究的），与现前所知人类生活作用之关系物（生计学、法律学、社会学、文语学、历史学、论理学等所研究的）。又其次，尤易知者，则为现前所知之器界物质现象（即数量学、物理学、天文学、地质学等所研究的）。前三难知的，皆须用广义科学的瑜伽方法，佛教之外亦有瑜伽方法，但佛教之外的可说为常识之瑜伽方法，唯佛教的为科学之瑜伽方法，析观知识方面现前及非现前之一切万有，为变幻无常，没有定例可得的——皆为无我的，相待假现没有自体可得的，故知识上不可存立，而在情志方面，更析观其是杂乱染污扰害苦患的，故情志上不可存立，而唯不可存立、不可施设、不可分别、不可取、不可说、不可得的是真实相。由是久之久之，引生真现量如实智，实证不可存立、不可假说、不可取、不可得的真实相，只是遍一切——自觉而别无他可觉，真见道，于是起摹仿智——相见道的如量智变相缘真如万法，而渐渐久之久之觉行圆满，乃能遍了知第一难知的一切功能差别——究竟觉的佛智一切种智。在现时科学方法可求知的以上，犹有这许多人生宇宙内容，须待广义科学之瑜伽方法乃能知的，岂可安于现前偏狭的科学方法，不采用瑜伽的科学方法以进求确知，徒置之无可奈何而示弱，或任宗教、玄学的逞臆乱谈乎！噫！此诚现时狭义科学之耻哉！

由上所明，可知无论一微尘、一世界、一细胞、一人生、一心行、一神我，皆各为一差别功能，藉一切现起流行的亲疏顺违关系，而现起流行为刹那起灭相续，或不相续的一个调和所成的不调和事实，而又与其他——调和所成的不调和事实，——微尘、——世界、——细胞、——人生、——心行、——神我，相调和的。一切事实的本来真相如此，人生的本来真相亦如此，此之真相，亦即广义的真如，亦云本来面目。但其中有可损灭断绝其各各功能差别、而使永断相续永不现起的，烦恼障、所知障所摄，及所起的有漏界，即乖于前来所述明——微尘等事实之真相的。有虽可隐藏损减而不可断绝，且可增益，熏习增长、发挥扩充而使成满显明为永远现起相续的，离二障之无漏界，即合于前来所述明——微尘等事实之真相的。明佛教在用瑜伽的科学方法以达到"离二障等的常乐我净无漏界"，可知梁漱溟等所言者为不然也。

因为一刹那的现起流行，有一部分属前七识的，与其有顺违关系的，即能熏减熏断、或熏生熏长其潜隐于永远起灭相续之阿赖耶识中的功能差别。使一部分前七识的现起流行而乖于前来所述明——事实真相的能熏有力，则便能熏长熏生潜藏赖耶之自类有漏界的功能差别，及熏减潜藏赖耶之他类无漏界的功能差别，而续续现起流行乖于前来所述明——事实真相的事实，即成为不安不乐之有漏苦果。使一部分前七识的现起流行而合于前来所述明——事实真相的能熏有力，则便能熏长熏生潜藏赖耶之自类无漏界的功能差别，及熏减熏断潜藏赖耶之他类有漏界的功能差别，而续续现起流行合于前来所述明——事实真相的事实，渐渐圆满乃至唯有合于前来所述明——事实真相的事实现起流行——事事无碍法界，而永绝乖于前来所述明——事实真相的事实现起流行，即为常乐我净之无漏妙果。知此，乃可进言当如何做人的生活之进行趋向的标准。

（二）人生观的科学一。由上所明，可知人生进向的标准，即在减断前七识的现起流行上，一部分乖于前来所述明——人生等事实真相之能熏力用，而生长彼前七识的现起流行上，一部分合于前来所述明——人生等事实真相之能熏力用，使永久起灭相续的赖耶中所潜藏的有漏危苦之功能差别逐渐减断，及无漏安乐之功能差别逐渐生长而已。但前来于一一世界、一一人生等事实真相虽略有述明，犹未细为解释。此一一人生等真相，广义真如或如来藏法身，为"乖则有漏而苦，合则无漏（漏谓过患）而乐"之所从判，故更分析言之：依前来所述明者当知一一微尘、一一细胞等事实真相。其第一即为遍一切一一自觉而别无他可觉的遍觉（佛陀）。若非遍一切一一自觉，则必有其他可觉，有其他可觉则有能觉所觉之对待，而所觉一分，即非是觉，便不成为遍觉。故遍一切一一自觉的遍觉，是一一人生等第一真相。我们当以为进行趋向所依归的第一标准。其第二即为由一潜藏在赖耶的差别功能，藉一切现起流行的亲疏顺违关系，而现起流行为一个刹那起灭相续，或不相续的生活之事，而又能损减或生长潜藏赖耶的功能差别，及唯不可得的为真实相之律法（达磨）。故此种生现、现生现、现生种、种生种的一切变化，及不可得的实相之律法，是一一人生等第二真相，我们当以为进行趋向所依归的第二标准。其第三即为藉一切现起流行的亲疏顺违关系调和所成的一个不调和事实，若——微尘、——人生、——心行等——而又与其他——调和所成的不调和事实，若——世界、——细胞、——神我等——相调和（僧伽）。故此——摄一切，一切入——的调和，是——人生等第三真相，我们当以为进行趋向所依归的第三标准。依此根本的、究竟的第三标准，则我们做人的生活，如何是善，如何是不善，可得而定矣。但此——人生等事实三真相，未到究竟觉位，不易认识证实，而摹仿此三真相以表示于现前、现起流行之事实上的，即为释迦牟尼等佛陀，解深密等阿毗达磨，华严海会等僧伽耶。故人生之究竟观，当以皈依佛陀、达磨、僧伽为始，以此三者为摹仿——人生等事实三真相，而表现为吾人作人的生活之真标准故，吾人珍之、敬之、宝之、重之，而抱守为不可须臾或离的宗旨——最高情志或最高生命或最高信愿。

（三）人生观的科学二。上来明佛陀、达磨、僧伽为人生三真相，须归向且依持之，为人生究竟的标准，准之以圆成实现，即为佛陀或佛法僧之圆成实现。然我们作人的生活之究竟的标准虽定，而我们现前作人的生活，当从何为初步以进行呢？此则当积之以渐，而为渐次之进行。但既明作人的生活之究竟标准，则初步之进行，亦即为进向究竟的进行，所谓圆渐而非渐圆者也。然圆渐中无非渐次，仍当以修行信心位（大乘习所成种性位）及三无数劫位分之：第一无数劫位，即依信心位所修"成就信心之行"扩充之，而从事广义科学的瑜伽方法，以得遍一切——自觉的遍觉。亦梁漱溟所讲人人第一态度之进步态度。第二无数劫位，即依前位遍一切——自觉的遍觉扩充之，而觉知不可得的实相（狭义真如）与种现起灭断续损益的变化相之律法，以渐证调和的不调和之一切调和。亦梁漱溟所讲人生第二态度之进二步态度。第三无数劫位，即依前位渐证一切调和而扩充之，以从事反穷——不调和所由起的功能差别永灭之，亦梁漱溟所讲人生第三态度之进三步态度。得真解脱，而成就常——恒续转的；乐——遍和洽的；我——法法为王，事事无碍的；净——二障尽断、二死绝灭的大牟尼法，得真解脱及大菩提，乃达究竟。

但三无数劫位之前，更有一修行信心位，即为吾人做人的生活最切要之进行初步。就今日已能征服自然、发达个性的西洋人言；若中华、印度等人，则更须同时补足一二百年来西洋人之所事。其第一即于现前的科学理知，不但用以征服他物（包括自然界及他人）发达自我，而亦用此格物致知的理知，反躬以诚意、正心而调治直觉，理智调治直觉，用梁漱溟语，此即明明德、致中、致良知的工夫，亦即内圣外王的内圣工夫，及孔子四十而不惑以前的工夫。使随感而应，皆不离与理知冥寂的当前直觉，欣然自足，而无所倾慕乎当前以外。则佛教以外之宗教，及西洋的玄学、哲学等迷执，皆伏而不起，亦即是科学家一切可知的皆是心理内容，与佛教初一步做说的遍一切——自觉而别无他（若宗教的神玄学的本体等）可觉之遍觉。亦梁漱溟人生第一态度之进一步态度。心意的困难问题摆在前面，遂用理智以向此摆在前面的问题要求解决，其解决之态度亦是战争的，所开的战争即名理欲战争，战胜了即儒家所谓贤圣，但其战争是内向的而非外向的，故为进一步的。其第二即依现前的科学于零乱忽漫之经验中，所求得比较有秩序条理的关系法则，法学根据于此，中国的易理亦根据于此。侧转身来施用到突戾嚣张的人众生活上，使成为比较修齐治平的一一个人及各各团体。身、家、国、天下，此即亲民、致和工夫，及内圣外王的外王工夫，与孔子五十而知天命（天命即一切经验中所得关系法式），六十而耳顺的工夫。使随时、随地、随人皆能乐其生业，而安于符顺理智之人间礼义，欣法自足，而无所倾慕乎人间以外。则佛教以外之宗教，及西洋的玄学、哲学等执情皆伏而不起，亦即是科学知识施于人众方面。以人众生活为本之经济学，基尔特等之社会主义——法律学，克鲁泡特金之无政府主义——伦理学等，而所本者则在生物学、心理学，亦佛教初一步仿一一事实关系所施设之毗捺耶法。亦梁漱溟人生第二态度之进一步态度。因彼偏尚情感流动，而此则本于合理的人众生活之法则，以轨持情感，使人众生活成为理得心安的生活。其第三即依上二重之经历，而自心的、人众的庸常生活，俱达到无思而为、不勉而中之仁慈孝友生活，即止于至善之物格、知至、意诚、心正、身修、家齐、国治、天下平之境界，亦即致中和而天地位，万物育之情境，与圣王之极致，及孔子七十而从心所欲不逾矩之心境。使无可无不可，活泼泼地，无入而不自得。则佛教以外之宗教，及西洋的玄学、哲学等迷情皆伏而不起，亦即是佛教初一步假说的不思议常乐我净法界。此是由修习大乘增上戒学之十善法成就而渐生大乘禅定之境界，亦是梁漱溟人生第三态度的进一步态度。以此即从致中和及不中和的本身，反转一切休息，而脱然真得庸常生活之中和故。

　　然梁漱溟的人生第三态度，是印度无想外道等妄取的断灭，与佛教小乘之发生稍有关系，而与大乘佛教无关。故梁漱溟所说人生三态度，其第一是此前西洋人之征服天然、发展自我的科学态度，其第二是以前无科学时代的儒、道家态度，其第三是印度外道的态度，而皆非佛教的。

　　佛教的，当以其第一态度之进一步态度为起点。此修行信心位之三事，与后之三无数劫位相仿，不过此三事是依现前流布的人道生活而施设（世俗的），是用狭义科学达到的；彼三位是依一一世界、一一人生等事实真相而施设（胜义的），是用广义科学达到的。故人生之初行，是依一一事实三真相之世俗假说的佛陀，（若周、孔之圣）、达磨（若易礼之经）、僧伽（若史家所颂为刑措风清之成康之治等）为依归。而人生之究竟，是依一一事实三真相之胜义真实的佛陀、达磨、僧伽（如第四章所说的）为依归。然未闻总持人生初行及人生究竟之佛教，则滞止于初行，而不能进趋究竟，或重由此位走入玄学（若老、庄等）及其他宗教，若各天神教及印度各外道等。孔孟等所谓圣希天者，即有走入天神教之势，而终不免末流之弊。唯有根本的归依可由初行直趋究竟之佛教，则此初行即为得达究竟之初行，而有利无弊。故今人既闻佛教，则初行时，虽准一一事实三真相之世俗假说的佛陀、达磨、僧伽而践履，然心志所归向者，则当在胜义三真相之佛教的佛陀、达磨、僧伽，故此初行，得成为进达究竟之初行也。

　　由是人生初行之第一要义，仍在皈依佛教的佛陀、达磨、僧伽。由此可知梁漱溟排斥佛教之非。而第二要义，则为信乐果报修十善法。如所谓"谦受益、满招损"，"作善之家有余庆，作不善之家有余殃"等，即为信业果报。业为何物？即善的（合一一事实真相的）身心动作，或不善的，乖一一事实真相的身心动作，所遗留在赖耶中之习气种子，而能为后时生起或安乐或困苦的总报、别报之差别功能者。其后时所生起或安乐或困苦之总身器及身器部分，即为果报。信由善的业可招致安乐的果报，由不善的业可招致困苦的果报，是谓信业果报。此即孔子之知天命，亦科学从生物学等所得比较不变之关系法式。既信业果报矣，于是孜孜务治伏不善的身心动作，而调练善的身心动作，是谓修十善法。十善法者：一者不杀伤，以充养恻隐人物不忍残害之仁慈；二者不偷夺，以充养人物生活咸遂情性之义利；三者不淫乱，以充养人物茵缊调畅生化之礼乐；四者不妄语；五者不两舌；六者不恶口；七者不绮语，以充养心言一致彼此通诚之信赖；八者不悭贪；九者不瞋嫉；十者不痴邪，以充养了达事实符顺真相之智慧。此十善法，是人生之真道，亦大乘之始基。故曰：端心虑、趣菩提者，唯人道为能。而今世之所急需者，亦唯在此人道耳。第三要义则为厌取作舍坏苦，《起信论》曰：厌生死苦。其实，无论厌分段生死或变易生死，皆是厌取而作成，未几又须舍而毁坏之劳烦不获安常苦耳。非指一切生活变化为生死苦，厌患一切生活变化而剿绝之也，故其结果为得恒续转的遍和洽的常乐而非断灭。此义诸学佛者大须注意！以向来学佛者多迷误于此义，致近似断灭外道，若梁漱溟等所见也。盖一方面既臻人道之极，所谓亢龙有悔，须是群龙无首斯吉，故更不宜出头伸手有所创造，唯当逍遥无为，以持保盈泰而防维毁败，老庄注重乎此。而另一方面则反观前来所取作者，虽有成就，犹不免无常之舍坏，所以既济终于未济，遂转从厌取作舍坏苦开一孔，以走上瑜伽的广义科学方法之路，即由修行信心位入信成就发心初住位，走上三无数劫修途以直趋人生之究竟。今后能致人世之安乐者，必由此皈依——人生等三真相，信业、果报、修十善法以达到之，并由厌取作舍坏苦，更走上瑜伽之大道，决然可知。故此进向人生究竟之初行——人乘佛法，在今世为最要之事，亦为予提倡佛法最致力之处。

（四）人生观的科学三。上来第四章所明的，是人生究竟之佛乘法；第五章所明的，是人生初行之人乘佛法。孔子是人乘之至圣，即于人生初行已完成者，设非佛法亦进于天乘耳。然天乘以上有偏至，老庄等即有偏至者，不若人乘平正，可为佛乘始基。与佛乘仅异其浅深狭广之量，不异其质，故予最取孔之学行。而向来于佛法判为五乘：曰人乘，曰天乘，曰声闻乘，曰独觉乘，曰佛乘。人乘之上，隔着天乘、声闻乘、独觉乘之三阶级，始臻佛乘，如何可由人乘直达佛乘？换言之，如何可由人即成为佛的因位之菩萨？菩萨，具云菩提萨埵，菩提是佛智，萨埵是迷情。即上求佛智，下化迷情者，谓之菩萨。又菩提是觉悟而萨埵是慈悲，自己觉悟而慈悲他人者，谓之菩萨。又菩提是妙道而萨埵是勇猛，能于无上妙道勇猛精进修习者，谓之菩萨，非是所奉偶像或神之义。及进为菩萨的果位之佛，而中间可不经过天与声闻及独觉之三阶位？此疑不除，吾此人生观的科学，即不成立，故须进为一分析之。

梁漱溟尝谓："似乎记得太虚和尚在《海潮音》一文中，要藉着'人天乘'的一句话为题目，替佛教扩张他的范围到现世生活里来。其实，这个改造是做不到的事，如果做到也必非复佛教。"我要发挥佛教原来直接佛乘的人乘法，以施行到现在人世的生活范围里来，可谓一语道着。然我发生此愿望之动机，全不是替佛教扩张他的范围，以此原为佛教范围内事，用不着我来扩张他。然以现在的人世生活已困苦危乱之极，非将佛教原来直接佛乘的人乘法，发挥到现时的人世生活里以救济之，终为头痛医头、脚痛医脚，暂图苟安，转增烦苦之局。复以此佛教原来直接佛乘之人乘法，实为佛教适应人世最精要处，向来阻于印度外道及余宗教、玄学或国拘之礼俗，未能发挥光大，昌明于世，致人世于佛法，仅少数人稍获其益，未能普得佛法之大利益。今幸一切为阻碍之物已皆在崩析摇离之际，而人世生活复有需此之急要，于是迫乎不获已的大悲心，及阐扬吾所确见之真理的大智心，从事佛教原来直接佛乘之人乘法的宣传。但六七年来，以对于此一疑点未为详切说明，故从予修学者，亦每不能同喻斯要。至于许多恶劣宗教团体，若同善社等，我是向来极排斥的，对于此一态度世人终该已明了我。而此等粗劣的同善社等，也跟着佛教繁盛者，亦只因向来未将佛教原来直接佛乘的人乘法尽量发挥之故。于是，我更要来一作此难作的工作。

梁漱溟提出的两大问题：一曰其实这个改造是做不到的事；二曰如果做到也必非复佛教。今可并为一言解决，则说明人乘法原是佛教直接佛乘的主要基础，即是佛乘习所成种性的修行信心位，故并非是改造的，且发挥出来正是佛教的真面目。此因释迦出世的本怀，见于《华严》《法华》，其始原欲为世人（凡夫）显示——人生等事实三真相（若《华严》等所明）俾由修行信心（若善财童子等）进趋人生究竟之佛乘。此即是将菩萨位扩张延长于人及超人与佛之三位。修行信心位的人生初行，是人的菩萨位，若孔、老、善财等；初无数劫位，是超人的菩萨位，若世亲等；第二无数劫位以上，是"佛的菩萨"位，若普贤等。华严宗所主张之三生成佛说，即是经此三菩萨位，以第三"佛的菩萨"位谓之成佛。由"人的菩萨"位入"超人的菩萨"位，及进至"佛的菩萨"位，所经历的皆菩萨位，故更不须经历天与声闻、独觉之三阶段，而彼三阶段已消融于"超人的菩萨"位矣。故彼三阶段非由人至佛所必经的，乃由人不走遍觉的路所歧出之三种结果耳。无如仅有少数大心凡夫若善财童子等善财童子参一个一个善知识所学的解脱门，即是从一个一个专门科学家所学一门一门的科学，但皆以先发信解三真相之菩提心为本耳，及积行大士若文殊、普贤等，能领受其意。其余，大多数科学幼稚、人情寡薄，若须达多等居士，习于印度外道心行，若舍利弗、目犍连等沙门，皆如聋如盲，不能同喻。为适应此印度的群众心理，即人天福报及外道解脱之机感，乃不得已而示说人天乘福业不动业之报，及声闻乘、独觉乘解脱之道。

人乘有二：一由专修福业以祈求人天殊胜之果报者，此类观佛为神人、天人，而皈佛不异事奉梵天等神教，是科学幼稚之世人若须达多等者，可谓"天的人乘"。二由了达——人生等事实三真相，归佛法僧、信业果报、修十善行、厌"取作"、舍"坏苦"以阶进佛乘者，若善财童子等，可谓"佛的人乘"。前一类各地佛教皆极盛行，各政治家皆极利用，亦粗劣之宗教团体之所由盛，通俗所知之佛教多属此。后一类则中国之少数禅师若百丈、永明等，及少数居士若庞蕴等，颇得其真。然居极少数人，而即为我今所要极力提倡的。

天乘有二：一由修人天十善福业而得超人之欲界殊胜天报，由人乘衔接而上者，或事奉天神而修胜福，若基督教等；或尽忠人事成为人伦之至的圣人，若周、孔等，皆可超人而得欲界殊胜天报，可谓人的天乘，故贤希圣，圣希天也。二由内心修养有特殊感验之玄学家——若老、庄等；宗教家——若创教诸教主；及印度诸外道等，修色界、无色界之不动业，即天乘无出世慧相应，而有贪痴等相应之禅定业，而以达到无想天、无所有处、非非想处等为究竟解脱常住者，可谓天的天乘。世间一部分人，视佛教为此类，而道教及同善社等之所由盛。前来所谓由特殊感验而教化他人的宗教家，皆出乎此。

及声闻乘、独觉乘解脱之道，其优秀者，则得四沙门果、辟支佛果之二乘解脱；其凡劣者，则得人天福报及不动业天报。向来在亚洲各地所流行及今日欧洲人所知之佛教，多属此为适应印度的群众心理所宣说之人天乘及二乘之一部分，不知人生究竟之佛乘及大心凡夫直接佛乘之佛的人乘。亦无怪梁漱溟以不动业定果或二乘解脱为佛教真面目，绝不知释迦之本怀及从本怀所流出的大乘佛法。遂以发挥直接佛乘的大乘人生初行施行到人的现世生活范围里，谓为改造，谓为做不到的改造，谓为如果做到也必非复佛教。殊不知以今日征服天然发达自我之科学的人世，已打破向神求人天福报，及向未有以前求外道解脱之印度群众心理，正须施行从佛本怀所流出之佛的人乘，以谋征服天然后，欲望炽盛，及发达自我后情志冲突之救济，且正可施行此佛的人乘，俾现时科学的人世基之以进达人生究竟，以称佛教本怀，以显示佛教之真正面目。噫！佛教之本来真正面目明明若此，基本现时科学的人世生活以进达人生究竟之大路明明若此，有科学知识者可奋兴矣！尚何徘徊踌躇于断港曲径歧路为？

四、修行信心（录《起信论》）

次说修行信心分。是中依未入正定众生故，说修行信心。何等信心？云何修行？略说信心有四种，云何为四？

一者信根本，所谓乐念真如法故。二者信佛有无量功德，常念亲近供养恭敬，发起善根，愿求一切智故。三者信法有大利益，常念修行诸波罗蜜故。四者信僧能正修行自利利他，常乐亲近诸菩萨众，求学如实行故。

修行有五门，能成此信。云何为五？一者施门，二者戒门，三者忍门，四者进门，五者止观门。

云何修行施门？若见一切来求索者，所有财物，随力施与。以自舍悭贪，令彼欢喜。若见厄难，恐怖危逼，随己堪任，施与无畏。若有众生来求法者，随己能解方便为说，不应贪求名利恭敬，唯念自利利他，回向菩提故。

云何修行戒门？所谓不杀、不盗、不淫、不两舌、不恶口、不妄言、不绮语；远离贪嫉、欺诈、谄曲、瞋恚、邪见。若出家者，为折伏烦恼故，亦应远离愦闹，常处寂静，修习少欲知足头陀等行，乃至小罪心生怖畏，惭愧改悔，不得轻于如来所制禁戒。当护讥嫌，不令众生妄起过罪故。

云何修行忍门？所谓应忍他人之恼，心不怀报。亦当忍于利、衰、毁、誉、称、讥、苦、乐、等法故。

云何修行进门？所谓于诸善事，心不懈退，立志坚强，远离怯弱。当念过去久远已来，虚受一切身心大苦，无有利益。是故应勤修诸功德，自利利他，速离众苦。复次，若人虽修行信心，以从先世来，多有重罪恶业障故，为邪魔诸鬼之所恼乱；或为世间事务种种牵缠；或为病苦所恼，有如是等众多障碍。是故应当勇猛精勤，昼夜六时，礼拜诸佛，诚心忏悔，劝请随喜，回向菩提，常不休废，得免诸障，善根增长故。

云何修行止观门？所言止者，谓止一切境界相，随顺奢摩他观义故。所言观者，谓分别因缘生灭相，随顺毗钵舍那观义故。云何随顺？以此二义渐渐修习，不相舍离，双现前故。若修止者，住于静处，端坐正息。不依气息，不依形色，不依于空，不依地水火风，乃至不依见闻觉知。一切诸想随念皆除，亦遣除想。以一切法本来无相，念念不生，念念不灭。亦不得随心外念境界，后以心除心。心若驰散，即当摄来住于正念。是正念者，当知唯心无外境界。即复此心亦无自相，念念不可得。若从坐起，去来进止，有所施作，于一切时，常念方便，随顺观察。久习渐熟，其心得住。以心住故，渐渐猛利，随顺得入真如三昧。深伏烦恼，信心增长，速成不退。唯除疑惑、不信、诽谤、重罪业障、我慢、懈怠、如是等人所不能入。复次，依是三昧故，则知法界一相。谓一切诸佛法身与众生身平等无二，即名一行三昧。当知真如是三昧根本，若人修行，渐渐能生无量三昧。或有众生无善根力，则为诸魔外道、鬼神之所惑乱。若于坐中现形恐怖，或现端正男女等相，当念唯心，境界则灭，终不为恼。或现天像菩萨像，亦作如来像，相好具足。或说陀罗尼，或说布施、持戒、忍辱、精进、禅定、智慧；或说平等，空、无相、无愿；无怨、无亲，无因、无果，毕竟空寂，是真涅槃。或令人知宿命过去之事，亦知未来之事，得他心智，辩才无碍，能令众生贪着世间名利之事。又令使人数瞋数喜，性无常准。或多慈爱，多睡多病，其心懈怠。或卒起精进，后便休废，生于不信多疑多虑。或舍本胜行，更修杂业，若著世事种种牵缠。亦能使人得诸三昧少分相似，皆是外道所得，非真三昧。或复令人，若一日，若二日，若三日，乃至七日，住于定中，得自然香美饮食，身心适悦，不饥不渴，使人爱著。或亦令人食无分齐，乍多乍少，颜色变异。以是义故，行者常应智慧观察，勿令此心，堕于邪网。当勤正念，不取不著，则能远离是诸业障。应知外道所有三昧，皆不离见爱我慢之心，贪著世间名利恭敬故。

真如三昧者，不住见相，不住得相，乃至出定亦无懈慢，所有烦恼渐渐微薄。若诸凡夫不习此三昧法，得入如来种性，无有是处。以修世间诸禅三昧，多起味著，依于我见，系属三界，与外道共。若离善知识所护，则起外道见故。复次，精勤专心修学此三昧者，现世当得十种利益。云何为十？一者，常为十方诸佛菩萨之所护念。二者，不为诸魔恶鬼所能恐怖。三者，不为九十五种外道鬼神之所惑乱。四者，远离诽谤甚深之法，重罪业障渐渐微薄。五者，灭一切疑，诸恶觉观。六者，于如来境界，信得增长。七者，远离忧悔，于生死中勇猛不怯。八者，其心柔和，舍于憍慢，不为他人所恼。九者，虽未得定，于一切时一切境界处，则能减损烦恼，不乐世间。十者，若得三昧，不为外缘一切音声之所惊动。复次，若人唯修于止，则心沉没，或起懈怠，不乐众善，远离大悲，是故修观。修习观者当观一切世间有为之法，无得久停，须臾变坏，一切心行念念生灭，以是故苦。应观过去所念诸法，恍惚如梦；应观现在所念诸法，犹如电光；应观未来所念诸法，犹如于云，忽尔而起。应观世间一切有身，悉皆不净，种种秽污，无一可乐。如是当念一切众生，从无始世来，皆因无明所熏习故，令心生灭，已受一切身心大苦，现在即有无量逼迫，未来所苦亦无分齐，难舍难离而不觉知，众生如是，甚为可愍！作此思维，即应勇猛立大誓愿，愿令我心离分别故，遍于十方修行一切诸善功德，尽其未来，以无量方便救拔一切苦恼众生，令得涅槃第一义乐。以起如是愿故，于一切时，一切处所有众善，随己堪能，不舍修学，心无懈怠。唯除坐时专念于止，若余一切，悉当观察应作不应作。若行若住，若卧若起，皆应止观俱行。所谓虽念诸法自性不生，而复即念因缘和合，善恶之业苦乐等报，不失不坏。虽念因缘善恶业报，而亦即念性不可得。若修止者，对治凡夫住著世间，能舍二乘怯弱之见。若修观者，对治二乘不起大悲狭劣心过，远离凡夫不修善根。以此义故，是止观二门，共相助成，不相舍离。若止观不具，则无能入菩提之道。

第三节　菩萨学处

入中论第一颂：声闻中佛能王生，诸佛复从菩萨生，大悲心与无二慧，菩提心是佛子因。悲心于佛广大果，初犹种子长如水，常时受用若成熟，故我先赞大悲心！（法尊译）

一、建立菩萨学处的计划

在佛教戒律中，有所谓苾刍学处，我现在很想来建立一菩萨学处，位分六级，先从普泛的三皈说起：（一）结缘三皈。这是些虽皈依于三宝，对三宝尚无正信和正见的徒众。（二）正信三皈。这都是些智识分子，对佛教已有正当的了解和信仰，由正信而皈佛教者，年龄学识约当十九岁以上及曾受中等教育的程度。（三）五戒信众（五戒上可受短期的八关斋戒，但不另成一阶级）。受五戒后，有两条路线：一条是由五戒后直接发起菩提心，受菩萨戒，成为在家菩萨。一条是受五戒、习八戒后，转进入出家阶级，作沙弥、比丘，受十二年的教育而成为出家菩萨。这和前说的学僧制有着联结的。在家菩萨经过二十年以上来出家，可适用宝华山般的传戒仪式，五十三天中受完沙弥、比丘、菩萨的三坛大戒，顿成出家菩萨，因为已有二十年在家菩萨的实验。前年铎民居士与梅光羲居士谈五十岁以上方可出家，可与此制相当。（四）出家菩萨，自有其集团制度。更有已具德行，已成菩萨者，统理菩萨学处。在家菩萨、出家菩萨之事业，直称菩萨行，这是在组织的阶位上说。从正信三皈，到五戒在家菩萨的初阶，应有干部人才的训练，以养成菩萨学处的干部人才。在家菩萨下至结缘三皈，都可为菩萨学处摄化的大众。菩萨学处的出家菩萨，要经过十二年戒定慧的修学，或经过在家菩萨二十年而出家，但终身为在家菩萨亦宜，以在实行上，同为六度四摄，即是实行瑜伽戒法。六度、四摄是一个纲领。从具体表现上来说，出家的可做文化、教育、慈善、布教等事业；在家的成为有组织的结缘三皈、正信三皈及至五戒居士在家菩萨，农、工、商、学、军、政……各部门，都是应该做的工作，领导社会作利益人群的事业。六度、四摄的精神，就在个人的行为，和为人类服务中表现出来。学处内设立出家菩萨养成所，经过沙弥二年、比丘十年的时间。在学僧的过程中，更设出家菩萨训练班，使能涉俗利生。另设在家菩萨训练班，因为、他们对社会事业虽然有经验，但参加佛教的干部工作,应更加短期训练。在三皈至五戒间，则有信众训练班，在总组织则有佛教会。干部人才都可作佛教会发动机。

在摄化大众的广泛事业上，在家菩萨什么工作都可以做，出家菩萨则做文化、教育、慈善。文化方面的，如图书馆、书报等；教育方面，如小、中、大各级学校；慈善方面，为医院、慈幼院、养老院等；资生方面，如工厂、农场、商店等，都可以佛教个人或团体名义去办，移转一般只谈佛教消极不办事的观念。即在个人行历中,亦处处现出信仰佛教。向来社会上做事的佛徒，大都不肯承认自己信仰佛教，所以社会人士，就说学了佛教不再做人、做事。在家菩萨能够在每一事业上，都表现出佛教徒精神，社会上人士自然对佛教生信仰，僧众的地位也因此提高，恭敬尚且来不及，那里还会来摧残佛教？真正的大乘佛教实行到民间去，使佛教成为国家、民族、世界人类需要的精神养料，佛教当然就可以复兴。不过，这里所说的，最要紧是实行表现出来，不仅是空口说白话，或以笔墨写成的文字。（录《我的佛教改进运动略史》）

现在把菩萨学处的系统表格列出：

表一：

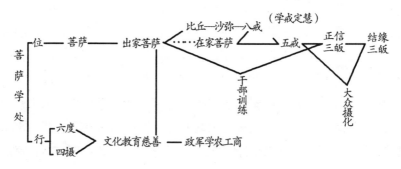

表二：

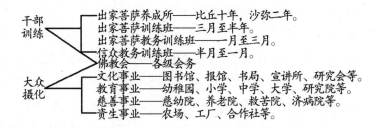

干部训练
出家菩萨养成所——比丘十年，沙弥二年。
出家菩萨训练班——三月至半年。
出家菩萨教务训练班——一月至三月。
信众教务训练班——半月至一月。
大众摄化
佛教会——各级会务
文化事业——图书馆、报馆、书局、宣讲所、研究会等。
教育事业——幼稚园、小学、中学、大学、研究院等。
慈善事业——慈幼院、养老院、救苦院、济病院等。
资生事业——农场、工厂、合作社等。

二、瑜伽菩萨戒

若诸菩萨安住菩萨净戒律仪，于日日中，若于如来，或为如来造制多所；若于正法，或为正法造经卷所，谓诸菩萨素咀缆藏、摩咀理迦；若于僧伽，谓十方界已入大地诸菩萨众，若不以其或少或多，诸供养具而为供养。下至以身一拜礼敬、下至以语一四句颂，赞佛法僧真实功德；下至以心一清净信，随念三宝真实功德。空度日夜，是名有犯有所违越。若不恭敬、懒惰、懈怠而违犯者，是染违犯；若误失念而违犯者，非染违犯。无违犯者，谓心狂乱。若已证入净意乐地，常无违犯，由得清净意乐菩萨。譬如已得证净苾刍，恒时法尔，于佛法僧，以胜供具，承事供养。若诸菩萨，安住菩萨净戒律仪，有其大欲而无喜足，于诸利养及以恭敬，生著不舍，是名有犯有所违越，是染违犯。无违犯者，谓为断彼生起乐欲，发勤精进摄彼对治，虽勤遮遏，而为猛利性惑所蔽，数起现行！

若诸菩萨安住菩萨净戒律仪，见诸耆长有德可敬，同法者来憍慢所制，怀嫌恨心，怀恚恼心，不起承迎，不推胜座，若有他来语言谈论、庆慰、请问，憍慢所制，怀恨嫌心，怀恚恼心，不称正理发言酬对，是名有犯有所违越，是染违犯。非憍慢制，无嫌恨心，无恚恼心，但由懒惰、懈怠、忘念、无记之心，是名有犯有所违越，非染违犯。无违犯者，谓遭病重，或心狂乱，或自睡眠，他生觉想，而来亲附，语言谈论、庆慰、请问，或自为他宣说诸法论义决择；或复与余谈论庆慰；或他说法论义决择，属耳而听；或有违犯说正法者，为欲将护说法者心；或欲方便，调彼伏彼，出不善处，安立善处，或护僧制，或为将护多有情心而不酬对，皆无违犯。若诸菩萨安住菩萨净戒律仪，他来延请，或往居家，或往余寺，奉施饮食及衣服等，诸资生具，憍慢所制，怀嫌恨心，怀恚恼心，不至其所，不受所请，是名有犯、有所违越，是染违犯。若由懒惰、懈怠、忘念、无记之心，不至其所，不受所请，是名有犯有所违越，非染违犯。无违犯者，或有疾病，或无气力，或心狂乱，或处县远，或道有怖，或欲方便调彼伏彼，出不善处安立善处，或余先请，或为无闲修诸善法，欲护善品令无暂废，或为引摄未曾有义，或为所闻法义无退，如为所闻法义无退论义决择，当知亦尔；或复知彼怀损恼心，诈来延请；或为护他多嫌恨心；或护僧制，不至其所，不受所请，皆无违犯。

若诸菩萨，安住菩萨净戒律仪，他持种种生色、可染、末尼、真珠、琉璃等宝，及持种种众多上妙财利供具，殷勤奉施，由嫌恨心，或恚恼心，违拒不受，是名有犯有所违越，是染违犯，舍有情故。若由懒惰、懈怠、忘念、无记之心违拒不受，是名有犯有所违越，非染违犯。无违犯者，或心狂乱；或观受已，心生染著；或观后时，彼定追悔；或复知彼于施迷乱；或知施主随舍随受，由是因缘定当贫匮；或知此物是僧伽物、窣堵波物；或知此物，劫盗他得；或知此物，由是因缘，多生过患，或杀、或缚、或罚、或黜、或嫌、或责，违拒不受，皆无违犯。

若诸菩萨，安住菩萨净戒律仪，他来求法，怀嫌恨心，怀恚恼心，嫉妒变异，不施其法，是名有犯，有所违越，是染违犯。若由懒惰、懈怠、忘念、无记之心，不施其法，是名有犯有所违越，非染违犯。无违犯者，谓诸外道，伺求过短；或有重病；或心狂乱；或欲方便，调彼伏彼，出不善处，安立善处；或于是法，未善通利；或复见彼不生恭敬，无有羞愧，以恶威仪，而来听受；或复知彼是钝根性，于广法教，得法究竟，深生怖畏，当生邪见，增长邪执，衰损恼坏；或复知彼法而其手转布，非人而不施与，皆无违犯。

若诸菩萨，安住菩萨净戒律仪，于诸暴恶，犯戒有情，怀嫌恨心，怀恚恼心，由彼暴恶，犯戒为缘，方便弃舍，不作饶益，是名有犯有所违越，是染违犯。若由懒惰、懈怠、弃舍，由忘念故，不作饶益，是名有犯、有所违越，非染违犯。何以故？非诸菩萨，于净持戒，身语意业，寂静现行，诸有情所，起怜愍心，欲作饶益，如于暴恶犯戒有情，于诸苦因而现转者。无违犯者，谓心狂乱，或欲方便调彼伏彼，广说如前；或为将护多有情心；或护僧制，方便弃舍，不作饶益，皆无违犯。

　　若诸菩萨，安住菩萨净戒律仪，如薄伽梵，于别解脱毗奈耶中，将护他故，建立遮罪，制诸声闻，令不造作。诸有情类，未净信者，令生净信；已净信者，令倍增长。于中菩萨与诸声闻，应等修学，无有差别。何以故？以诸声闻，自利为胜，尚不弃舍将护他行，为令有情，未信者信，信者增长，学所学处，何况菩萨利他为胜！

　　若诸菩萨，安住菩萨净戒律仪，如薄伽梵，于别解脱毗奈耶中，为令声闻少事、少业、少希望住，建立遮罪，制诸声闻令不造作。于中菩萨、与诸声闻不应等学，何以故？以诸声闻，自利为胜，不顾利他，于利他中少事、少业、少希望住，得名为妙；非诸菩萨，利他为胜，不顾自利，于利他中少事、少业、少希望住，得名为妙。如是菩萨为利他故，从非亲里长者、居士、婆罗门等及恣施家，应求百千种种衣服，观彼有情，有力无力，随其所施，如应而受。如说求衣、求钵亦尔。如求衣钵，如是自求，种种丝缕令非亲里，为织作衣，为利他故，应蓄种种憍世耶衣，诸坐卧具，事各至百，生色可染百千俱胝，复过是数，亦应取积。如是等中，少事、少业、少希望住，制止遮罪，菩萨不与声闻共学。安住净戒律仪，菩萨于利他中，怀嫌恨心，怀恚恼心，少事、少业、少希望住，是名有犯、有所违越，是染违犯。若由懒惰、懈怠、忘念、无记之心，少事、少业、少希望住，是名有犯、有所违越，非染违犯。

　　若诸菩萨，安住菩萨净戒律仪，善权方便，为利他故，于诸性罪，少分现行，由是因缘，于菩萨戒，无所违犯，生多功德。谓如菩萨见恶劫贼，为贪财故，欲杀多生，或复欲害大德声闻、独觉、菩萨，或复欲造多无间业。见是事已，发心思惟：我若断彼恶众生命，堕那落迦，如其不断，无间业成，当受大苦，我宁杀彼堕那落迦，终不令其受无间苦。如是菩萨意乐思惟，于彼众生，或以善心或无记心，知此事已，为当来故，深生惭愧，以怜愍心，而断彼命。由是因缘，于菩萨戒无所违犯，生多功德。

　　又如菩萨，见有增上，增上宰官上品暴恶，于诸有情，无有慈愍，专行逼恼。菩萨见已，起怜愍心，发生利益安乐意乐，随力所能，若废若黜，增上等位，由是因缘，于菩萨戒无所违犯，生多功德。

　　又如菩萨，见劫盗贼，夺他财物，若僧伽物、窣堵波物，取多物已，执为己有，纵情受用。菩萨见已，起怜愍心，于彼有情，发生利益安乐意乐，随力所能，逼而夺取，勿令受用如是财故，当受长夜无义无利。由此因缘，所夺财宝，若僧伽物，还复僧伽；窣堵波物，还窣堵波；若有情物，还复有情。又见众生，或园林主，取僧伽物、窣堵波物，言是已有纵情受用。菩萨见已，思择彼恶，起怜愍心，勿令因此邪受用业，当受长夜无义无利，随力所能，废其所主。菩萨如是，虽不与取而无违犯，生多功德。

又如菩萨，处在居家，见有女色，现无系属，习淫欲法，继心菩萨，求非梵行。菩萨见已，作意思惟；勿令心恚，多生非福，若随其欲，便得自在，方便安处，令种善根，亦当令其舍不善业，住慈愍心，行非梵行，虽习如是，秽染之法，而无所犯，生多功德。出家菩萨，为护声闻，圣所教诫，令不坏灭，一切不应，行非梵行。

又如菩萨，为多有情，解脱命难，囹圄缚难，刖手足难，劓鼻、刵耳、剜眼等难，虽诸菩萨为自命难，亦不正知，说于妄语，然为救脱彼有情故，知而思择，故说妄语。以要言之，菩萨唯观有情义利，非无义利，自无染心，唯为饶益诸有情故，覆想正知而说异语，说是语时，于菩萨戒，无所违犯，生多功德。

又如菩萨，见诸有情，为恶友朋之所摄受，亲爱不舍。菩萨见已，起怜愍心，发生利益安乐意乐，随能随力，说离间语，令离恶友，舍相亲爱，勿令有情由近恶友，当受长夜无义无利。菩萨如是，以饶益心，说离间语，乖离他爱，无所违犯，生多功德。

又如菩萨，见诸有情，为行越路，非理而行，出粗恶语，猛利诃摈，方便令其出不善处，安立善处。菩萨如是以饶益心，于诸有情，出粗恶语，无所违犯，生多功德。

又如菩萨，见诸有情，信乐倡伎、吟咏、歌讽，或有信乐王、贼、饮食、淫荡、街衢无义之论。菩萨于中，皆悉善巧，于彼有情，起怜愍心，发生利益安乐意乐，现前为作绮语相应种种倡伎、吟咏、歌讽、王、贼、饮食、淫、衢等论，令彼有情，欢喜引摄自在随属，方便奖导，出不善处，安立善处。菩萨如是，现行绮语，无所违犯，生多功德。

若诸菩萨，安住菩萨净戒律仪，生起诡诈、虚谈现相，方便研求，假利求利，昧邪命法，无有羞耻，坚持不舍，是名有犯、有所违越，是染违犯。无违犯者，若为除遣，生起乐欲，发勤精进，烦恼炽盛，蔽抑其心，时时现起。

若诸菩萨，安住菩萨净戒律仪，为掉所动，心不寂静，不乐寂静，高声嬉戏，喧哗纷聒，轻躁腾跃，望他欢笑，如此诸缘，是名有犯、有所违越，是染违犯。若妄念起，非染违犯，无违犯者。若为除遣，生起乐欲，广说如前。若欲方便解他所生嫌恨令息，若欲遣他所生愁恼，若他性好，如上诸事，方便摄受，敬顺将护随彼而转，若他有情，猜阻菩萨，内怀嫌恨，恶谋憎背，外现欢颜，表内清净，如是一切，皆无违犯。

若诸菩萨，安住菩萨净戒律仪，起如是见，立如是论：菩萨不应欣乐涅槃，应于涅槃而生厌背，于诸烦恼及随烦恼，不应怖畏而求断灭，不应一向，心生厌离；以诸菩萨，三无数劫，流转生死，求大菩提。若作此说，是名有犯、有所违越，是染违犯。何以故？如诸声闻，于其涅槃，欣乐亲近，于诸烦恼及随烦恼，深心厌离；如是菩萨，于大涅槃，欣乐亲近，于诸烦恼及随烦恼，深心厌离，其倍过彼，百千俱胝。以诸声闻，唯为一身，证得义利，勤修正行，菩萨普为一切有情，证得义利勤修正行，是故菩萨当勤修集无杂染心，于有漏事，随顺而行，成就胜出诸阿罗汉，无杂染法。

若诸菩萨，安住菩萨净戒律仪，于自能发不信重言，所谓恶声、恶称、恶誉，不护不雪。其事若实，而不避护，是名有犯、有所违越，是染违犯。若事不实，而不清雪，是名有犯有所违越，非染违犯。无违犯者，若他外道、若他憎嫉、若自出家，因行乞行，因修善行，谤声流布，若忿蔽者，若心倒者，谤声流布，皆无违犯。

若诸菩萨，安住菩萨净戒律仪，见诸有情应以种种辛楚加行、猛利加行，而得义利，护其忧恼而不现行，是名有犯、有所违越，非染违犯。无违犯者，观由此缘，于现法中，少得义利，多生忧恼。

若诸菩萨，安住菩萨净戒律仪，他骂报骂，他瞋报瞋，他打报打，他弄报弄，是名有犯、有所违越，是染违犯。

若诸菩萨，安住菩萨净戒律仪，于他有情，有所侵犯，或自不为彼疑侵犯，由嫌嫉心，由慢所执，不如理谢，而生轻舍，是名有犯、有所违越，是染违犯。若由懒惰、懈怠、放逸、不谢轻舍，是名有犯、有所违越，非染违犯。无违犯者，若欲方便调彼伏彼，出不善处，安立善处。若是外道，若彼希望，要因现行非法有罪，方受悔谢。若彼有情，性好斗诤，因悔谢时倍增愤怒，若复知彼，为性堪忍，体无嫌恨，若必了他因谢侵犯，深生羞耻，而不悔谢，皆无违犯。

若诸菩萨，安住菩萨净戒律仪，他所侵犯，彼还如法平等悔谢，怀嫌恨心，欲损恼彼，不受其谢，是名有犯、有所违越，是染违犯。虽复于彼，无嫌恨心，不欲损恼，然由禀性不能堪忍，故不受谢，亦名有犯有所违越，是染违犯。无违犯者，若欲方便调彼伏彼，广说一切如前应知。若不如法不平等谢，不受彼谢，亦无违犯。

若诸菩萨，安住菩萨净戒律仪，于他怀忿，相续坚持，生已不舍，是名有犯、有所违越，是染违犯。无违犯者，为断彼故，生起乐欲，广说如前。

若诸菩萨，安住菩萨净戒律仪，贪着供事，增上力故，以爱染心，管御徒众，是名有犯有所违越，是染违犯。无违犯者，不贪供侍，无爱染心，管御徒众。

若诸菩萨，安住菩萨净戒律仪，懒惰懈怠，耽睡眠乐、卧乐、倚乐，非时非量，是名有犯、有所违越，是染违犯。无违犯者，若遭疾病，若无气力，行路疲极，若为断彼，生起乐欲，广说一切，如前应知。

若诸菩萨，安住菩萨净戒律仪，怀爱染心，谈说世事，虚弃时日，是名有犯、有所违越，是染违犯。若由忘念虚弃时日，是名有犯、有所违越，非染违犯。无违犯者，见他谈说，护彼意故，安住正念，须臾而听，若事希奇，或暂问他，或答他问，无所违犯。

若诸菩萨，安住菩萨净戒律仪，为令心住，欲定其心，心怀嫌恨，憍慢所持，不诣师所求请教授，是名有犯、有所违越，是染违犯。懒惰、懈怠而不请者，非染违犯。无违犯者，若遇疾病，若无气力，若知其师，颠倒教授，若自多闻，自有智力，能令心定，若先已得，所应教授，而不请者，无所违犯。

若诸菩萨，安住菩萨净戒律仪，起贪欲盖，忍受不舍，是名有犯、有所违越，是染违犯。无违犯者，若为断彼生起乐欲，发勤精进，烦恼猛利，蔽抑心故，时时现行。如贪欲盖，如是瞋恚、惛沉、睡眠、掉举、恶作及与疑盖，当知亦尔。

若诸菩萨，安住菩萨净戒律仪，贪味静虑，于味静虑，见为功德，是名有犯、有所违越，是染违犯。无违犯者，若为断彼生起乐欲，广说如前。

若诸菩萨，安住菩萨净戒律仪，起如是见，立如是论：菩萨不应听声闻乘，相应法教，不应受持，不应修学。菩萨何用于声闻乘相应法教、听闻受持、精勤修学？是名有犯、有所违越，是染违犯。何以故？菩萨尚于外道书论精勤研究，况于佛语！无违犯者，为令一向，习小法者，随彼欲故，作如是说！

若诸菩萨，安住菩萨净戒律仪，于菩萨藏，未精研究；于菩萨藏，一切弃舍；于声闻藏，一向修学，是名有犯、有所违越，非染违犯。

若诸菩萨，安住菩萨净戒律仪，现有佛教于佛教中未精研究，于异道论，及诸外论，精勤修学，是名有犯，有所违越，是染违犯。无违犯者，若上聪敏，若能速受，若经久时能，不忘失，若于其义，能思能达，若于佛教，如理观察，成就俱行，无动觉者，于日日中，常以二分修学佛语，一分学外，则无违犯。

若诸菩萨，安住菩萨净戒律仪，越菩萨法，于异道论，及诸外论，研求善巧，深心宝玩，爱乐味著，非如辛药，而习近之，是名有犯、有所违越，是染违犯。

若诸菩萨，安住菩萨净戒律仪，闻菩萨藏，于甚深处、最胜甚深真实法义，诸佛菩萨，难思神力，不生信解，憎背毁谤，不能引义不能引法，非如来说，不能利益安乐有情，是名有犯、有所违越，是染违犯。如是毁谤，或由自内非理作意，或随顺他而作是说。若诸菩萨安住菩萨净戒律仪，若闻甚深最甚深处，心不信解。菩萨尔时应强信受，应无谄曲，应如是学：我为非善，盲无慧目，于如来眼随所宣说，于诸如来密意语言而生诽谤。菩萨如是自处无知，仰推如来于诸佛法无不现知等随观见。如是正行，无所违犯。虽无信解，然不诽谤。

若诸菩萨，安住菩萨净戒律仪，于他人所有染爱心，有瞋恚心，自赞毁他，是名有犯、有所违越，是染违犯。无违犯者，若为摧伏诸恶外道、若为住持如来圣教、若为方便调彼伏彼，广说如前。或欲令其未净信者，发生净信；已净信者，倍复增长。

若诸菩萨，安住菩萨净戒律仪，闻说正法论义决择，憍慢所制，怀嫌恨心，怀恚恼心，而不往听，是名有犯、有所违越，是染违犯。若为懒惰、懈怠所蔽，而不往听，非染违犯。无违犯者，若不觉知；若有疾病；若无气力；若知倒说；若为护彼说法者心；若正了知彼所说义，是数所闻所持所了；若已多闻，具足闻持，其闻积集；若欲无间于境住心；若勤引发菩萨胜定；若自了知上品愚钝，其慧钝浊，于所闻法难受难持，难于所缘摄心令定，不往听者，皆无违犯。

若诸菩萨，安住菩萨净戒律仪，于说法师，故思轻毁，不深恭敬，嗤笑调弄，但依于文，不依于义，是名有犯、有所违越，是染违犯。

若诸菩萨，安住菩萨净戒律仪，于诸有情所应做事，怀嫌恨心，怀恚恼心，不为助伴，谓于能办所应做事，或于道路，若往若来，或于正说事业加行，或于掌护所有财宝，或于和好乖离诤讼，或于吉会，或于福业，不为助伴，是名有犯有所违越，是染违犯。若为懒惰懈怠所蔽，不为助伴，非染违犯。无违犯者，若有疹疾；若无气力；若了知彼自能成办；若知求者自有依怙；若知所作能引非义、能引非法；若欲方便调彼伏彼，广说如前；若先许余为作助伴；若转请他有力者助；若于善品正勤修习不欲暂废；若性愚钝，于所闻法难受难持，如前广说；若为将护多有情意；若护僧制；不为助伴，皆无违犯。

若诸菩萨，安住菩萨净戒律仪，见诸有情遭重疾病，怀嫌恨心，怀恚恼心，不往供事，是名有犯有所违越，是染违犯。若为懒惰懈怠所蔽不往供事，非染违犯。无违犯者，若自有病；若无气力；若转请他有力随顺令往供事；若知病者有依有怙；若知病者自有势力，能自供事；若了知彼长病所触堪自支持；若为勤修广大无上殊胜善品；若欲护持所修善品令无间缺；若自了知上品愚钝，其慧钝浊，于所闻法难受难持，难于所缘摄心令定；若先许余为作供事。如于病者，于有苦者为作助伴欲除其苦，当知亦尔。

若诸菩萨，安住菩萨净戒律仪，见诸有情为求现法、后法事故，广行非理。怀嫌恨心，怀恚恼心，不为宣说如实正理，是名有犯有所违越，是染违犯。若由懒惰懈怠所蔽不为宣说，非染违犯。无违犯者，若自无知；若无气力；若转请他有力者说；若即彼人自有智力；若彼有余善友摄受；若欲方便调彼伏彼，广说如前；若知为说如实正理，起嫌恨心，若发恶言，若颠倒受，若无爱敬；若复知彼，性弊㤭戾，不为宣说，皆无违犯。若诸菩萨安住菩萨净戒律仪，于先有恩诸有情所，不知恩惠、不了恩惠，怀嫌恨心，不欲现前如应酬报，是名有犯有所违越，是染违犯。若为懒惰懈怠所蔽不现酬报，非染违犯。无违犯者，勤加功用无力无能不获酬报；若欲方便调彼伏彼，广说如前；若欲报恩而彼不受，皆无违犯。

若诸菩萨，安住菩萨净戒律仪，见诸有情堕在丧失财宝、眷属禄位难处，多生愁恼，怀嫌恨心，不往开解，是名有犯、有所违越，是染违犯。若为懒惰懈怠所蔽不往开解，非染违犯。无违犯者，应知如前于他事业不为助伴。

若诸菩萨，安住菩萨净戒律仪，有饮食等资生众具，见有求者来正希求饮食等事，怀嫌恨心，怀恚恼心，而不给施，是名有犯、有所违越，是染违犯。若由懒惰懈怠放逸不能施与，非染违犯。无违犯者，若现无有可施财物；若彼悕求不如法物，所不宜物；若欲方便调彼伏彼，广说如前；若来求者王所匪宜，将护王意；若护僧制而不惠施，皆无违犯。

若诸菩萨，安住菩萨净戒律仪，摄受徒众，怀嫌恨心，而不随时无倒教授、无倒教诫；知众匮乏，而不为彼从诸净信长者、居士、婆罗门等，如法追求衣服、饮食、诸坐卧具、病缘医药、资身什物、随时供给，是名有犯、有所违越，是染违犯。若由懒惰懈怠放逸不往教授，不往教诫，不为追求如法众具，非染违犯。无违犯者，若欲方便调彼伏彼，广说如前；若护僧制；若有疹疾；若无气力不任加行；若转请余有势力者；若知徒众世所共知，有大福德，各自有力求衣服等资身众具；若随所应教授教诫皆已无倒教授教诫；若知众内有本外道，为窃法故来入众中，无所堪能，不可调伏，皆无违犯。

若诸菩萨，安住菩萨净戒律仪，怀嫌恨心，于他有情不随心转，是名有犯、有所违越，是染违犯。若由懒惰懈怠放逸不随其转，非染违犯。无违犯者，若彼所爱非彼所宜；若有疾病；若无气力不任加行；若护僧制；若彼所爱虽彼所宜，而于多众非宜非爱；若为降伏诸恶外道；若欲方更调彼伏彼，广说如前；不随心转，皆无违犯。

若诸菩萨，安住菩萨净戒律仪，怀嫌恨心，他实有德不欲显扬，他实有誉不欲称美，他实妙说不赞善哉，是名有犯、有所违越，是染违犯。若由懒惰懈怠放逸不显扬等，非染违犯。无违犯者，若知其人性好少欲，将护彼意；若有疾病；若无气力；若欲方便调彼伏彼，广说如前；若护僧制；若知由此显扬等缘，起彼杂染憍举无义，为遮此过；若知彼德虽似功德而非实德，若知彼誉虽似善誉而非实誉，若知彼说虽似妙说而实非妙；若为降伏诸恶外道；若为待他言论究竟不显扬等，皆无违犯。

若诸菩萨，安住菩萨净戒律仪，见诸有情应可诃责，应可治罚，应可驱摈，怀染污心而不诃责，或虽诃责而不治罚如法教诫，或虽治罚如法教诫而不驱摈，是名有犯、有所违越，是染违犯。若由懒惰懈怠放逸而不诃责乃至驱摈，非染违犯。无违犯者，若了知彼不可疗治，不可与语，喜出粗言，多生嫌恨，故应弃舍；若观待时；若观因此斗讼净竞；若观因此令僧喧杂，令僧破坏；知彼有情不怀谄曲，成就增上猛利惭愧，疾疾还净，而不诃责乃至驱摈，皆无违犯。

若诸菩萨，安住菩萨净戒律仪，具足成就种种神通变现威力，于诸有情应恐怖者能恐怖之，应引摄者能引摄之，避信施故，不现神通恐怖、引摄，是名有犯、有所违越，非染违犯。无违犯者，若知此中诸有情类，多着僻执，是恶外道，诽谤贤圣，成就邪见，不现神通恐怖、引摄，无有违犯。又一切处无违犯者，谓若彼心增上狂乱，若重苦受之所逼切，若未曾受净戒律仪，当知一切皆无违犯。（录《瑜伽师地论》本地分中菩萨地）

第七章　人生向上进化至不退转地菩萨

第一节　法界众

法界犹云宇宙，乃总包万有之名也。支那（即中国）著述，每云四圣六凡法界，是统指佛乘及一切有情众言。兹亦分为六众论之：

一、异生众——六凡法界

异生云者，常造异类业以受异类生，在五趣升沉流转中之有情也。此综合有情中前五众及第六众中之贤众为一众以言者也。

二、圣人众——四圣法界

圣人，指唯进升无退堕，或已圆满者以言，不同前之异生众，在可进可退流转中也。包含有情中三乘之圣众及佛陀众以为一众言之。

三、有情众——九法界

此合前有情中之六众为一众以言。

四、佛陀众——佛法界

三世十方佛陀无数，指已成者，则唯现在、过去诸佛；未来者未成故。过现诸佛依应化言。若真身佛，以常住故，一成佛果，永为现在，无有过去，亦无未来；无过未相对故，亦无现在，唯是常住。此常住界不可思议，自他一多互融无碍，一室千灯，难可为喻。

五、圆融众

此推佛界自他一多互融无碍之理，扩充为以前之圣凡法界无不如此。佛法界为主，圆具九法界为伴，主伴含融；乃至苦趣法界为主，圆具余九法界为伴，主伴含融；一法界众各具九法界众，则成百法界之大圆融众，如天台教义之所明。

六、无尽众

前百法界之圆融众，如百圆珠，珠光互照，一一珠中，各现余九十九珠影，则成万个珠影；而万珠影，一一珠各现九千九百九十九珠影，则成万万珠影。如上递推，无尽无尽，如华严教义之所明。（录《净化主义》中法界第三，见《海潮音》第八卷第十一二期合刊）

第二节　三乘共十地

经云：须菩提！是中菩萨摩诃萨从初发意行般若波罗蜜，具足十地得阿耨多罗三藐三菩提。须菩提白佛言：世尊！何等是十地，菩萨具足已得阿耨多罗三藐三菩提？佛言：菩萨摩诃萨，具足乾慧地、性地、八人地、见地、薄地、离欲地、已作地、辟支佛地、菩萨地、佛地。具足是十地得阿耨多罗三藐三菩提。

论云：此中佛更解得无上道因缘，所谓菩萨从初发心来行般若波罗蜜，具足初地乃至十地，是十地皆佐助成无上道。十地者，乾慧地等。乾慧地有二种：一者声闻，二者菩萨。声闻人独为涅槃故，勤精进，持戒清净，堪任受道；或习观佛三昧，或不净观，或行慈悲、无常等观，分别集诸善法，舍不善法；虽有智慧，不得禅定水，则不能得道，故名乾慧地。于菩萨则初发心乃至未得顺忍。性地者，声闻人，从暖法乃至世间第一法；于菩萨得顺忍，爱著诸法实相，亦不生邪见，得禅定水。八人地者，从苦法忍，乃至道比忍；是十五心，于菩萨则是无生法忍，入菩萨位。见地者，初得圣果，所谓须陀洹果；于菩萨则是阿鞞跋致地。薄地者，或须陀洹，或斯陀含，欲界九种烦恼分断故；于菩萨过阿鞞跋致地，乃至未成佛，断诸烦恼，余气亦薄。离欲地者，离欲界等贪欲诸烦恼，是名阿那含；于菩萨离欲因缘故，得五神通。已作地者，声闻人得尽智、无生智，得阿罗汉；于菩萨成就佛地。辟支佛地者，先世种辟支佛道因缘，今世得少因缘出家，亦观深因缘法成道，名辟支佛。辟支迦，秦言因缘，亦名觉。菩萨地者，从乾慧地，乃至离欲地，如上说。

复次，菩萨地，从欢喜地乃至法云地，皆名菩萨地。有人言：从一发心来乃至金刚三昧，名菩萨地。佛地者，一切种智等诸佛法，菩萨于自地中得具足，于地地中观具足，二事具故名具足。

问曰：何以故不说菩萨似辟支佛地？答曰：余地不说名字，辟支佛地说辟支佛名字故。

复次，菩萨能分别知众生，可以辟支佛因缘度者，是故菩萨以智慧行辟支佛事。如首《楞严经》中，文殊尸利七十二亿反作辟支佛。菩萨亦如是，满足九地，修集佛法，十力、四无所畏等虽未具足，以修习近佛故，名具足。以是故，言十地具足故，得无上道。（录《大智度论》七十五卷）

第三节　境行果与三祇五位

佛学通说境行果三，为得离系果之次第。境即能诠之教与所诠理，研教明理，照达现实事理；此即为所观境，亦为闻、思慧悟解之境也。于境能正解而正信，要先历修十信心位（十信心者：信心、念心、精进心、慧心、定心、不退心、回向心、护法心、戒心、愿心是也）养成习所成之种性。于是正信成立，创发求无上菩提之坚固大心，乃入三祇、五位。初阿僧祇劫有三位：（一）资粮位，分十住、十行、十回向之三十位。

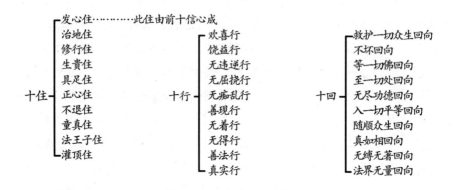

此三十位中，以修积随顺解脱之福慧等——即布施等六度——资粮为事，故名曰资粮位。（二）加行位：此同小乘暖、顶、忍、世第一之四，然所修之观智不同，定慧亦因之而大异。由四寻思观引四如实智，甚深决择诸法，证法空性，故此亦曰顺决择分。从发心住至此，犹是贤位。（三）通达位，曰见道分：有真见道及相见道。从世第一引生出世无分别智，创证遍行真如，曰真见道；于次刹那仿真见道而观四谛诸法，曰相见道，总为此通达位，入通达位，始证大乘圣果。满初阿僧祇劫，登极喜地，进于第二阿僧祇劫。（四）修习位，即是十地：

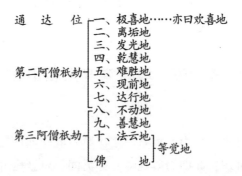

极喜地至不动地为第二阿僧祇劫；不动地至十地圆满而入佛地，即为第三阿僧祇劫。法云地与佛地间，亦有别立等觉地者。然等觉地即法云地入住出之出相，故合于法云地，不须别立。《解深密经》等连佛地说十一地是也。

（五）究竟位，此即佛地：为最究竟之离系果，亦为最究竟之超情佛刹，亦为真解脱、大菩提之二转依。（录《真现实论》第四章第三节第四目）

第四节　分别发趣道相

分别发趣道相者，谓一切诸佛所证之道，一切菩萨发心修行趋向义故。略说发心有三种，云何为三？一者信成就发心，二者解行发心，三者证发心。

信成就发心者，依何等人？修何等行？得信成就堪能发心？所谓依不定聚众生，有熏习善根力故；信业果报，能起十善，厌生死苦，欲求无上菩提，得值诸佛，亲承供养，修行信心。经一万劫，信心成就故，诸佛菩萨教令发心；或以大悲故，能自发心；或因正法欲灭，以护法因缘，能自发心；如是信心成就得发心者，入正定聚，毕竟不退；名住如来种中，正因相应。若有众生善根微少，久远已来烦恼深厚，虽值于佛，亦得供养，然起人天种子，或起二乘种子。设有求大乘者，根则不定，若进若退。或有供养诸佛未经一万劫，于中遇缘亦有发心，所谓：见佛色相而发其心；或因供养众僧而发其心；或因二乘之人教令发心；或学他发心；如是等发心，悉皆不定，遇恶因缘，或便退失堕二乘地。

复次，信成就发心者，发何等心？略说有三种。云何为三？

一者直心，正念真如法故；

二者深心，乐集一切诸善行故；

三者大悲心，欲拔一切众生苦故。

问曰：上说法界一相，佛体无二。何故不唯念真如，复假求学诸善之行？

答曰：譬如大摩尼宝，体性明净，而有矿秽之垢；若人虽念宝性，不以方便种种磨治，终无得净。如是众生真如之法体性空净，而有无量烦恼染垢；若人虽念真如，不以方便种种熏修，亦无得净。以垢无量遍一切法故，修一切善行以为对治。若人修行一切善法，自然归顺真如法故。

略说方便有四种。云何为四？

一者行根本方便。谓观一切法自性无生，离于妄见，不住生死；观一切法因缘和合，业果不失，起于大悲，修诸福德，摄化众生，不住涅槃。以随顺法性无住故。

二者能止方便。谓惭愧悔过，能止一切恶法不令增长。以随顺法性离诸过故。

三者发起善根增长方便。谓勤供养、礼拜三宝、赞叹、随喜、劝请诸佛。以爱敬三宝淳厚心故，信得增长，乃能志求无上之道。又因佛、法、僧力所护故，能消业障，善根不退。以随顺法性离痴障故。

四者大愿平等方便。所谓：发愿尽于未来，化度一切众生使无有余，皆令究竟无余涅槃。以随顺法性无断绝故。法性广大，遍一切众生，平等无二，不念彼此，究竟寂灭故。

菩萨发是心故，则得少分见于法身。以见法身故，随其愿力能现八种利益众生。所谓：从兜率天退，入胎，住胎，出家，成道，转法轮，入于涅槃。然是菩萨未名法身，以其过去无量世来有漏之业未能决断，随其所生与微苦相应，亦非业系，以有大愿自在力故。如修多罗中，或说有退堕恶趣者，非其实退，但为初学菩萨未入正位而懈怠者恐怖，令彼勇猛故。又是菩萨一发心后，远离怯弱，毕竟不畏堕二乘地。若闻无量无边阿僧祇劫，勤苦难行证得涅槃，亦不怯弱，以信知一切法从本已来自涅槃故。

解行发心者，当知转胜。以是菩萨从初正信已来，于第一阿僧祇劫将欲满故。于真如法中，深解现前，所修离相。以知法性体无悭贪故，随顺修行檀波罗密。以知法性无染，离五欲过故，随顺修行尸波罗密。以知法性无苦，离瞋恼故，随顺修行羼提波罗密。以知法性无身心相，离懈怠故，随顺修行毗黎耶波罗密。以知法性常定，体无乱故，随顺修行禅波罗密。以知法性体明，离无明故，随顺修行般若波罗密。

证发心者，从净心地，乃至菩萨究竟地。证何境界？所谓真如。以依转识，说为境界，而此证者，无有境界。唯真如智，名为法身。是菩萨于一念顷，能至十方无余世界，供养诸佛，请转法轮，唯为开导，利益众生，不依文字。或示超地，速成正觉，以为怯弱众生故。或说我于无量阿僧祇劫，当成佛道，以为懈慢众生故。能示如是无数方便，不可思议。而实菩萨种性根等，发心则等，所证亦等，无有超过之法；以一切菩萨皆经三阿僧祇劫故。但随众生世界不同，所见所闻，根欲性异，故示所行，亦有差别。

又是菩萨发心相者，有三种心微细之相。云何为三？

一者真心，无分别故；

二者方便心，自然遍行利益众生故；

三者业识心，微细起灭故。

又是菩萨功德成满，于色究竟处，示一切世间最高大身。谓以一念相应慧，无明顿尽，名一切种智，自然而有不思议业，能现十方利益众生。

问曰：虚空无边故，世界无边；世界无边故，众生无边；众生无边故，心行差别亦复无边。如是境界，不可分齐，难知难解。若无明断，无有心想，云何能了，名一切种智。

答曰：一切境界，本来一心，离于想念。以众生妄见境界，故心有分齐，以妄起想念，不称法性，故不能决了。诸佛如来，离于见想，无所不遍，心真实故，即是诸法之性，自体显照一切妄法，有大智用，无量方便，随诸众生，所应得解，皆能开示种种法义，是故得名一切种智。

又问曰：若诸佛有自然业，能现一切处，利益众生者，一切众生，若见其身，若睹神变，若闻其说，无不得利，云何世间多不能见？

答曰：诸佛如来，法身平等，遍一切处，无有作意故，而说自然，但依众生心现。众生心者，犹如于镜，镜若有垢，色像不现。如是众生心若有垢，法身不现故。（录《大乘起信论》）

第八章　无始终无边中之宇宙完美人生

第一节　由菩萨而佛

一、建大心——立志果

建大心者，谓建立确乎不可拔之深固大菩提心也。知佛法之本在救世，知救世之必在佛法，观佛功德，决心成就，即立志之果也。兹录《普贤行愿文》以见志：

尔时，普贤菩萨摩诃萨称叹如来胜功德已，告诸菩萨及善财言："善男子！如来功德，假使十方一切诸佛经不可说不可说佛刹极微尘数劫相续演说，不可穷尽。若欲成就此功德门，应修十种广大行愿。何者为十？一者礼敬诸佛，二者称赞如来，三者广修供养，四者忏悔业障，五者随喜功德，六者请转法轮，七者请佛住世，八者常随佛学，九者恒顺众生，十者普皆回向。"善财白言："大圣！云何礼敬乃至回向？"

普贤菩萨告善财言："善男子！言礼敬诸佛者：所有尽法界虚空界十方三世一切佛刹极微尘数诸佛世尊，我以普贤行愿力故，深心信解，如对目前，悉以清净身语意业常修礼敬。一一佛所皆现不可说不可说佛刹极微尘数身，一一身遍礼不可说不可说佛刹极微尘数佛。虚空界尽，我礼乃尽；以虚空界不可尽故，我此礼敬无有穷尽。如是乃至众生界尽、众生业尽、众生烦恼尽、我礼乃尽；而众生界乃至烦恼无有尽故，我此礼敬无有穷尽。念念相续，无有间断，身语意业，无有疲厌。

"复次，善男子！言称赞如来者：所有尽法界空虚界十方三世一切刹土，所有极微一一尘中皆有一切世间极微尘数佛，一一佛所皆有菩萨海会围绕。

我当悉以甚深胜解现前知见，各以出过辩才天女微妙舌根，一一舌根出无尽音声海，一一音声出一切言辞海，称扬赞叹一切如来诸功德海。穷未来际，相续不断，尽于法界，无不周遍。如是虚空界尽、众生界尽、众生业尽、众生烦恼尽，我赞乃尽；而虚空界乃至烦恼无有尽故，我此赞叹无有穷尽。念念相续，无有间断，身语意业，无有疲厌。

"复次，善男子！言广修供养者，所有尽法界虚空界十方三世一切佛刹极微尘中——各有一切世界极微尘数佛，一一佛所种种菩萨海会围绕。我以普贤行愿力故，起深信解现前知见，悉以上妙诸供养具而为供养。所谓华云、鬘云、天音乐云、天伞盖云、天衣服云、天种种香、涂香、烧香、末香如是等云，一一量如须弥山王；然种种灯——酥灯、油灯、诸香油灯，一一灯炷如须弥山，一一灯油如大海水。以如是等诸供养具，常为供养。善男子！诸供养中，法供养最！所谓如说修行供养，利益众生供养，摄受众生供养，代众生苦供养，勤修善根供养，不舍菩萨业供养，不离菩提心供养。善男子！如前供养无量功德，比法供养一念功德，百分不及一、千分不及一、百千俱胝那由他分、迦罗分、算分、数分、喻分、优波尼沙陀分亦不及一。何以故？以诸如来尊重法故，以如说行出生诸佛故。若诸菩萨行法供养，则得成就供养如来，如是修行，是真供养故。此广大最胜供养，虚空界尽、众生界尽、众生业尽、众生烦恼尽，我供乃尽；而虚空界乃至烦恼不可尽故，我此供养亦无有尽。念念相续，无可间断，身语意业，无有疲厌。

"复次，善男子！言忏除业障者：菩萨自念我于过去无量劫中，由贪瞋痴发身口意作诸恶业，无量无边，若此恶业有体相者，尽虚空界不能容受。我今悉以清净三业，遍于法界极微尘刹一切诸佛菩萨众前，诚心忏悔，后不复造，恒住净戒一切功德。如是虚空界尽、众生界尽、众生业尽、众生烦恼尽，我忏乃尽；而虚空界乃至众生烦恼不可尽故，我此忏悔无有穷尽。念念相续，无有间断，身语意业，无有疲厌。

"复次，善男子！言随喜功德者：所有尽法界虚空界十方三世一切佛刹极微尘数诸佛如来，从初发心为一切智，勤修福聚，不惜身命，经不可说不可说佛刹极微尘数劫，一一劫中舍不可说不可说佛刹极微尘数头目手足；如是一切难行苦行，圆满种种波罗蜜门，证入种种菩萨智地，成就诸佛无上菩提！及般涅槃分布舍利，所有善根我皆随喜。及彼十方一切世界，六趣、四生一切种类，所有功德，乃至一尘，我皆随喜。十方三世一切声闻、及辟支佛、有学、无学所有功德，我皆随喜。一切菩萨所修无量难行苦行，志求无上正等菩提，广大功德，我皆随喜。如是虚空界尽、众生界尽、众生业尽、众生烦恼尽，我此随喜无有穷尽！念念相续，无有间断，身语意业，无有疲厌。

"复次，善男子！言请转法轮者：所有尽法界虚空界十方三世一切佛刹极微尘中，一一各有不可说不可说佛刹极微尘数广大佛刹；一一刹中念念有不可说不可说佛刹极微尘数一切诸佛成等正觉，一切菩萨海会围绕。而我悉以身口意业种种方便，殷勤劝请转妙法轮。如是虚空界尽、众生界尽，众生业尽、众生烦恼尽，我常劝请一切诸佛转正法轮，无有穷尽！念念相续，无有间断，身语意业，无有疲厌。

"复次，善男子！言请佛住世者：所有尽法界虚空界十方三世一切佛刹极微尘数诸佛如来将欲示现般涅槃者，及诸菩萨、声闻、缘觉、有学、无学乃至一切诸善知识，我悉劝请莫入涅槃，经于一切佛刹极微尘数劫，为欲利乐一切众生。如是虚空界尽、众生界尽、众生业尽、众生烦恼尽，我此劝请无有穷尽！念念相续，无有间断，身语意业，无有疲厌。

"复次，善男子！言常随佛学者：如此娑婆世界毗卢遮那如来，从初发心精进不退，以不可说不可说身命而为布施——剥皮为纸，析骨为笔，刺血为墨，书写经典积如须弥，为重法故，不惜身命；何况王位、城邑、聚落、宫殿、园林、一切所有，及余种种难行苦行！乃至树下成大菩提，示种种神通，起种种变化，现种种佛身，处种种众会，或处一切诸大菩萨众会道场，或处声闻及辟支佛众会道场，或处转轮圣王小王眷属众会道场，或处刹利及婆罗门长者、居士众会道场，乃至或处天龙八部人非人等众会道场，处于如是种种众会，以圆满音，如大雷震，随其乐欲成熟众生，乃至示现入于涅槃：如是一切我皆随学！如今世尊毗卢遮那，如是尽法界虚空界十方三世一切佛刹所有尘中一切如来，皆亦如是，于念念中我皆随学。如是虚空界尽、众生界尽、众生业尽、众生烦恼尽，我此随学无有穷尽！念念相续，无有间断，身语意业，无有疲厌。

"复次，善男子！言恒顺众生者：谓尽法界虚空界，十方刹海所有众生，种种差别：所谓卵生、胎生、湿生、化生，或有依于地水火风而生住者，或有依空及诸卉木而生住者；种种生类，种种色身，种种形状，种种相貌，种种寿量，种种族类，种种名号，种种心性，种种知见，种种欲乐，种种意行，种种威仪，种种衣服，种种饮食；处于种种村营、聚落、城邑、宫殿。乃至一切天龙八部人非人等，无足、二足、四足、多足，有色、无色，有想、无想、非有想非无想，如是等类，我皆于彼随顺而转种种承事，种种供养，如敬父母，如奉师长及阿罗汉乃至如来，等无有异。于诸病苦为作良医，于失道者示其正路，于暗夜中为作光明，于贫穷者令得伏藏。菩萨如是平等饶益一切众生，何以故？菩萨若能随顺众生，则为随顺供养诸佛；若于众生尊重承事，则为尊重承事如来；若令众生生欢喜者，则令一切如来欢喜。何以故？诸佛如来，以大悲心而为体故。因于众生而起大悲，因于大悲生菩提心，因菩提心成等正觉。譬如旷野沙碛之中，有大树王，若根得水，枝叶华果悉皆繁茂。生死旷野菩提树王，亦复如是：一切众生而为树根，诸佛菩萨而为华果，以大悲水饶益众生，则能成就诸佛菩萨智慧华果。何以故？若诸菩萨以大悲水饶益生众，则能成就阿耨多罗三藐三菩提故。是故菩提属于众生，若无众生，一切菩萨终不能成无上正觉。善男子！汝于此义，应如是解：以于众生心平等故，则能成就圆满大悲；以大悲心随众生故，则能成就供养如来。菩萨如是随顺众生，虚空界尽、众生界尽、众生业尽、众生烦恼尽，我此随顺无有穷尽！念念相续，无有间断，身语意业，无有疲厌。

　　"复次，善男子！言普皆回向者：从初礼敬乃至随顺所有功德，皆悉回向尽法界虚空界一切众生。愿令众生常得安乐，无诸病苦，欲行恶法皆悉不成，所修善业皆速成就，关闭一切诸恶趣门，开示人天涅槃正路。若诸众生，因其积集诸恶业故所感一切极重苦果，我皆代受，令被众生悉得解脱，究竟成就无上菩提。菩萨如是所修回向，虚空界尽、众生界尽、众生业尽、众生烦恼尽，我此回向无有穷尽！念念相续，无有间断，身语意业，无有疲厌。

　　"善男子！是为菩萨摩诃萨十种大愿具足圆满。若诸菩萨于此大愿随顺趣入，则能成熟一切众生，则能随顺阿耨多罗三藐三菩提，则能成满普贤菩萨诸行愿海。是故善男子：汝于此义应如是知！"

二、能大施——牺牲果

依菩提心，勇牺牲之行故，习之成熟，乃能大施。其说在佛《华严经》施藏：

佛子！何等为菩萨摩诃萨施藏？此菩萨行十种施：所谓分减施，竭尽施，内施，外施，内外施，一切施，过去施，未来施，现在施，究竟施。

佛子！云何为菩萨分减施？此菩萨禀性仁慈，好行惠施，若得美味不专自受，要与众生然后方食；凡所受物，悉亦如是。若自食时，作是念言：我身中有八万尸虫依于我住，我身充乐彼亦充乐，我身饥苦彼亦饥苦，我身受此所有饮食，愿令众生普得充饱，为施彼故而自食之，不贪其味。复作是念：我于长夜爱著其身，欲令充饱而受饮食，今以此味惠施众生，愿我于身永断贪着，是名分减施。

云何为菩萨竭尽施？佛子！此菩萨得种种上味饮食、香华、衣服、资生之具，若自以受用则安乐延年，若辍已施人，则穷苦夭命，时或有人来作是言："汝今所有，悉当与我！"菩萨自念：我无始以来，以饥饿故丧身无数，未曾得有如毫末许饶益众生而获善利，今我亦当同于往昔而舍其命。是故应为饶益众生，随其所有一切皆舍，乃至尽命亦无所吝：是名竭尽施。

云何为菩萨内施？佛子！此菩萨年方少盛，端正美好，香华衣服以严其身，始受灌顶转轮王位，七宝具足王四天下。时或有人来白王言："大王当知！我今衰老，身婴重疾，茕独羸顿，死将不久！若得王身手足血肉头目骨髓，我之身命必冀存活，惟愿大王莫更筹量有所顾惜，但见慈念以施于我！"尔时，菩萨作是念言：今我此身后必当死，无一利益，宜时疾舍以济众生。念已施之，心无所悔：是名内施。

云何为菩萨外施？佛子！此菩萨年盛色美，众相具足，名华上服而以严身，始受灌顶转轮王位，七宝具足王四天下。时或有人来白王言："我今贫窭，众苦逼迫，惟愿仁慈，特垂矜念，舍此王位以赡于我，我当统领受王福乐！"尔时，菩萨作是念言：一切荣盛必当衰歇，于衰歇时，不能复更饶益众生，我今宜应随彼所求，充满其意。作是念已，即便施之，而无所悔：是名外施。

云何为菩萨内外施？佛子！此菩萨如上所说，处轮王位，七宝具足王四天下。时或有人而来白言："此转轮位，王处已久，我未曾得，唯愿大王舍之与我，为我臣仆！"尔时，菩萨作是念言：我身财宝以及王位，悉是无常败坏之法，我今盛壮富有天下，乞者现前，当以不坚而求坚法。作是念已，即便施之，乃至以身恭勤作役，心无所悔：是名内外施。

云何为菩萨一切施？佛子！此菩萨亦如上说，处轮王位，七宝具足王四天下。时有无量贫穷之人，来诣其前而作是言："大王名称周闻十方，我等钦佩，故来至此。吾曹今者，各有所求，愿普垂慈，令得满足！"时诸贫人，从彼大王，或乞国土，或乞妻子，或乞手足血肉心肺头目髓脑。菩萨是时，心作是念：一切恩爱会当别离，而于众生无所饶益，我今为欲永舍贪爱，以此一切必离散物，满众生愿。作是念已，悉皆施与，心无悔恨，亦不于众生而生厌贱：是名一切施。

云何为菩萨过去施？此菩萨闻过去诸佛菩萨所有功德，闻已不著，了达非有，不起分别，不贪不求，亦不求取，无所依倚；见法如梦，无有坚固，于诸善根不起有想，亦无所倚，但为教化所著众生，成熟佛法，而为演说。又复观察过去诸法，十方推求都不可得。作是念已，于过去法毕竟皆舍：是名过去施。

云何为菩萨未来施？此菩萨闻未来诸佛之所修行，未曾废舍，但欲因彼境界，摄取众生，为说真法，令成熟佛法；然此法者，非有处所非无处所，非内非外，非近非远。复作是念：若法非有，不可不舍：是名未来施。

云何为菩萨现在施？此菩萨闻四天王天、三十三天、夜摩天、兜率陀天、化乐天、他化自在天；梵天：梵身天、梵辅天、梵众天、大梵天；光天：少光天、无量光天、光音天；净天：少净天、无量净天、遍净天；广天：少广天、无量广天、广果天、无烦天、无热天、善见天、善现天、色究竟天，乃至闻声闻、缘觉具足功德。闻已，其心不迷不没，不聚不散，但观诸行，如梦不实，无有贪著。为令众生舍离恶趣，心无分别、修菩萨道、成就佛法而为开演：是名现在施。

云何为菩萨究竟施？佛子！此菩萨假使有无量众生，或有无眼，或有无耳，或无鼻舌以及手足，来至其所，告菩萨言："我身薄祐，诸根残缺，惟愿仁慈，以善方便舍己所有，令我具足！"菩萨闻之，即便施与。假使由此经阿僧祇劫诸根不具，亦不心生一念悔惜。但自观身，从初入胎不净微形胞段诸根，生老病死。又观此身无有真实，无有惭愧，非贤圣物，臭秽不洁，骨节相持，血肉所涂，九孔常流，人所恶贱。作是观已，不生一念贪著之心。复作是念：此身危脆，无有坚固，我今云何而生恋著！应以施彼，充满其愿。如我所作，以此开导一切众生，令于身心不生贪爱，悉得成就清净智身：是名究竟施。是为菩萨摩诃萨第六施藏。

三、持大善——戒善果

依菩提心，由前止粗恶、治细染、勤善行之习所成果，能持大善。说在佛《华严·离垢地》：

佛子！菩萨住离垢地，性自远离一切杀生：不畜刀杖，不怀怨恨，有惭有愧，仁恕具足，于一切众生有命之者，常生利益慈念之心。是菩萨尚不恶心恼诸众生，何况于他起众生想，故以重意而行杀害？性不偷盗：菩萨于自资财常知止足，于他慈恕，不欲侵损，若物属他起他物想，终不于此而生盗心。乃至草叶不与不取，何况其余资生之具？性不邪淫：菩萨于自妻知足，不求他妻。于他妻妾、他所护女，亲属媒定，及为法所护，尚不生于贪染之心，何况从事？况于非道？性不妄语：菩萨常作实语、真语、时语，乃至梦中亦不忍作覆藏之语。无心欲作，何况故犯？性不两舌：菩萨于诸众生，无离间心，无恼害心。不将此语，为破彼故而向彼说；不将彼语，为破此故而向此说；未破者不令破，已破者不增长。不喜离间，不乐离间，不作离间语，不说离间语若实若不实。性不恶口：所谓毒害语，粗犷语，苦他语，令他瞋恨语，现前语，不现前语，鄙恶语，庸贱语，不可乐闻语，闻者不悦语，瞋忿语，如火烧心语，怨结语，热恼语，不可爱语，不可乐语，能坏自身他身语，如是等语皆悉舍离。常作润泽语，柔软语，悦意语，可乐闻语，闻者喜悦语，善入人心语，风雅典则语，多人爱乐语，多人悦乐语，身心踊悦语。性不绮语：菩萨常乐思审语，时语，实语，义语，法语，顺通理语，巧调伏语，随时筹量决定语，是菩萨乃至戏笑，尚恒思审，何况故出散乱之言？性不贪欲：菩萨于他财物，他所资用，不生贪心，不愿不求。性离瞋恚：菩萨于一切众生，恒起慈心，利益心，哀愍心，欢喜心，和润心，摄受心。永舍瞋恨怨害热恼，常思顺行慈仁祐益。又离邪见：菩萨住于正道，不行占卜，不取恶戒，心见正直，无诳无谄，于佛法僧起决定信。佛子！菩萨摩诃萨如是持十善业道，常无间断。复作是念：一切众生，堕恶趣者，莫不皆以十不善业，是故我当自修正行，亦劝于他令修正行。何以故？若自不能修行正行，令他修者，无有是处。此菩萨摩诃萨，复作是念：十不善业道，是地狱、饿鬼、畜生受生因；十善业道，是人、天，乃至有顶处受生因。又此上品十善业道，以智慧修习心狭劣故，怖三界故，阙大悲故，从他闻声而解了故，成声闻乘。又此上品十善业道，修治清净，不从他教自觉悟故，大悲方便不具足故，悟解甚深因缘法故，成独觉乘。又此上品十善业道，修治清净，心广无量故，具足悲愍故，方便所摄故，发生大愿故，不舍众生故，希求诸佛大智故，净治菩萨诸地故，净修一切诸度故，成菩萨广大行。又此上上十善业道，一切种清净故，乃至证十力、四无畏故，一切佛法皆得成就。是故我今等行十善，应令一切具足清净，如是方便，菩萨当学！

　　佛子！此菩萨摩诃萨又作是念：十不善业道，上者地狱因，中者畜生因，下者饿鬼因。于中杀生之罪，能令众生堕于地狱、畜生、饿鬼，若生人中，得二种果报：一者、短命，二者、多病。偷盗之罪，亦令众生堕三恶道；若生人中，得二种果报：一者、贫穷，二者、共财不得自在。邪淫之罪，亦令众生堕三恶道；若生人中，得二种果报：一者、妻不贞良，二者、不得随意眷属。妄语之罪，亦令众生堕三恶道；若生人中，得二种果报：一者、多被诽谤，二者、为他所诳。两舌之罪，亦令众生堕三恶道；若生人中，得二种果报：一者、眷属乖离，二者、亲族鄙恶。恶口之罪，亦令众生堕三恶道；若生人中，得二种果报：一者、常闻恶声，二者、言多诤讼。绮语之罪，亦令众生堕三恶道；若生人中，得二种果报：一者、言无人受，二者、语不明了。贪欲之罪，亦令众生堕三恶道；若生人中，得二种果报：一者、心不知足：二者、多欲无厌。瞋恚之罪，亦令众生堕三恶道；若生人中，得二种果报：一者、常被他人求其长短，二者、恒被于他之所恼害。邪见之罪，亦令众生堕三恶道；若生人中，得二种果报：一者、生邪见家，二者、其心谄曲、佛子！十不善业道，能生此等无量无边众大苦聚。是故菩萨作如是念：我当远离十不善道，以十善道为法园苑，爱乐安住，自住其中，亦劝他人令住其中。佛子！此菩萨摩诃萨，复于一切众生生利益心，安乐心，慈心，悲心，怜愍心，摄受心，守护心，自己心，师心，大师心。作是念言：众生可愍，堕于邪见，恶慧恶欲，恶道稠林；我应令彼住于正见，行真实道。及作是念：一切众生分别彼我，互相破坏，斗争瞋恨，炽然不息；我当令彼住于无上大慈之中。又作是念：一切众生贪取无厌，惟求财利，邪命自活；我当令彼住于清净身语意业正命法中。又作是念：一切众生，常随三毒种种烦恼因之炽然，不解志求出要方便；我当令彼灭除一切烦恼大火，安置清凉涅槃之处。又作是念：一切众生，为愚痴重暗、妄见厚膜之所覆故，入阴翳稠林，失智慧光明，行旷野险道，起诸恶见；我当令彼得无障碍清净智眼，知一切法如实相，不随他教。又作是念：一切众生，在于生死险道之中，将堕地狱、畜生、饿鬼，入恶见网中，为愚痴稠林所迷，随逐邪见，行颠倒行——譬如盲人无有导师，非出要道谓为出要，入魔境界，恶贼所摄，随顺魔心，远离佛意；我当拔出如是险难，令住无畏一切智城。又作是念：一切众生，为大瀑水波浪所没，入欲流、无明流、见流，有流、生死洄澓，爱河漂转，湍驰奔激，不暇观察，为欲觉、恚觉、害觉随逐不舍，身见罗刹于中执取，将其永入爱欲稠林，于所贪爱深生染著，住我慢原阜，安六处聚落，无善救者，无能度者；我当于彼起大心悲，以诸善根而为救济，令无灾患，离染寂静，住于一切智慧宝洲。又作是念：一切众生，处世牢狱，多诸苦恼，常怀爱憎，自生忧怖，贪欲重械之所系缚，无明稠林以为覆障，于三界内莫能自出；我当令彼永离三有，住无障碍大涅槃中。又作是念：一切众生，执著于我，于诸蕴窟宅不求出离，依六处空聚起四颠倒行，为四大毒蛇之所侵恼，五蕴怨贼之所杀害，受无量苦；我当令彼住于最胜无所著处，所谓灭一切障碍无上涅槃。又作是念：一切众生其心狭劣，不行最上一切智道，虽欲出离，但乐声闻、辟支佛乘；我当令住广大佛法，广大智慧。佛子！菩萨如是护持于戒，善能增长慈悲之心。

四、住大定——止观果

依菩提心，由数修习奢摩他故，得住大定。说在佛《华严·发光地》：

佛子！是菩萨住此发光地时，即离欲恶不善法，有觉、有观，离生喜乐，住初禅；灭觉观，内净一心，无觉无观，定生喜乐，住第二禅；离喜住舍，有念正知，身受乐，诸圣所说能舍有念爱乐，住第三禅；断乐，先除苦，喜忧灭，不苦不乐，舍念清净，住第四禅；超一切色想，灭有对想，不念种种想，入无边虚空，住虚空无边处；超一切虚空无边处，入无边识，住识无边处；超一切识无边处，入无少所有，住无所有处；超一切无所有处，住非有想非无想处。但随顺法故行，而无所乐著。

佛子！此菩萨心随于慈，广大无量不二，无怨无对，无障无恼，遍至一切处，尽法界虚空界遍一切世间。住悲、喜、舍，亦复如是。

佛子！此菩萨得无量神通力，能动大地；以一身为多身，多身为一身；或隐或显；石壁山障所往无碍，犹如虚空，于虚空中跏趺而住，同于飞鸟；入地如水，履水如地；身出烟焰如大火聚，复雨于水犹如大云；日月在空有大盛力，而能以手扪摸摩触；其身自在，乃至梵世。此菩萨天耳清净，过于人耳，悉闻人天若近若远所有音声，乃至蚊、蚋、虻、蝇等声，亦悉能闻。此菩萨以他心智，如实而知他众生心，所谓：有贪心如实知有贪心，离贪心如实知离贪心，有瞋心、离瞋心、有痴心、离痴心、有烦恼心、离烦恼心、小心、广心、大心、无量心、略心、非略心、散心、非散心、定心、非定心、解脱心、非解脱心、有上心、无上心、杂染心、非杂染心、广心、非广心皆如实知。菩萨如是以他心智知众生心。此菩萨念知无量宿命差别，所谓：念知一生，念知二生、三生、四生，乃至十生、二十、三十，乃至百生、无量百生、无量千生、无量百千生，成劫、坏劫、成坏劫、无量成坏劫——我曾在某处，如是名、如是姓、如是种族、如是饮食、如是寿命、如是久住、如是苦乐；我于彼死生于某处，从某处死生于此处；如是形状、如是相貌、如是言音、如是过去无量差别，皆能忆念。此菩萨天眼清净，过于人眼，见诸众生，生时、死时、好色、恶色，善趣、恶趣，随业而去。若彼众生成就身恶行，成就语恶行，成就意恶行，诽谤贤圣，具足邪见及邪见业因缘，身坏命终必堕恶趣，生地狱中；若彼众生成就身善行，成就语善行，不谤贤圣，具足正见及正见业因缘，身坏命生必生善趣诸天之中；菩萨天眼，皆如实知。此菩萨于诸禅三昧、三摩钵底能出能入，然不随其力受生，但随能满菩提分处，以意愿力而生其中。

五、生大慧——止观果

依菩提心，由数数修习毗钵舍那故，能生大慧。说在佛《华严·慧藏》：

佛子！何等为菩萨摩诃萨慧藏？此菩萨于色如实知，色集如实知，色灭如实知。色灭道如实知；于受、想、行、识如实知，受、想、行、识灭道如实知。于无明如实知，无明集如实知，无明灭如实知，无明灭道如实知；于爱如实知，爱集如实知，爱灭如实知，爱灭道如实知。于声闻如实知，声闻法如实知，声闻集如实知，声闻涅槃如实知；于独觉如实知，独觉法如实知，独觉集如实知，独觉涅槃如实知；于菩萨如实知，菩萨法如实知，菩萨集如实知，菩萨涅槃如实知。云何知？知从业报，诸行因缘之所造作，一切虚假，空无有实，非我非坚固，无有少法可得成立。欲令众生知其实性，广为宣说。为说何等？说诸法不可坏。何等法不可坏？色不可坏，受、想、行、识不可坏；无明不可坏，声闻法、独觉法、菩萨法、不可坏。何以故？一切法无作、无作者、无言说、无处所、不生、不起、不与、不取、无动转、无作用。菩萨成就如是等无量慧藏，以少方便，了一切法，自然明达，不由他悟。此慧无尽藏，有十种不可尽故：集一切福德心无疲倦不可尽故，入一切陀罗尼门不可尽故，能分别一切众生语言、音声不可尽故，能断一切众疑惑不可尽故，为一切众生现一切佛神力、教化、调伏、令修行不断、不可尽故，是为十。是为菩萨摩诃萨第七慧藏。住此藏者，得无尽智慧，普能开悟一切众生。

六、趣大觉——定慧果

依菩提心，具施、戒、定、慧故，伏断二障，通达法性，由是直趣大觉。

以成大觉为究竟故，说在《解深密经·地波罗蜜品》：

云何名为十一种分能摄诸地？谓诸菩萨，先于胜解行地，依十法行，极善修习胜解忍故，超过彼地，证入菩萨正性离生，彼诸菩萨由是因缘此分圆满。而未能于微细毁犯误现行中正知而行，由是因缘于此分中犹未圆满；为令此分得圆满故，精勤修习便能证得，彼诸菩萨由是因缘此分圆满。而未能得世间圆满等持、等至及圆满闻持陀罗尼，由是因缘于此分中犹未圆满；为令此分得圆满故，精勤修习便能证得，彼诸菩萨由是因缘此分圆满。而未能令随所获得菩提分法，多修习住，心未能舍诸等至爱及与法爱，由是因缘于此分中犹未圆满；为令此分得圆满故，精勤修习便能证得，彼诸菩萨由是因缘此分圆满。而未能于诸谛道理如实观察，又未能于生死涅槃弃舍一向背趣作意，又未能修方便所摄菩提分法，由是因缘于此分中犹未圆满；为令此分得圆满故，精勤修习便能证得，彼诸菩萨由是因缘此分圆满。而未能于生死流转如实观察，又由于彼多生厌故，未能多住无相作意，由是因缘于此分中犹未圆满；为令此分得圆满故，精勤修习便能证得，彼诸菩萨由是因缘此分圆满。而未能令无相作意无缺无间多修习住，由是因缘于此分中犹未圆满；为令此分得圆满故，精勤修习便能证得，彼诸菩萨由是因缘此分圆满；而未能于无相住中舍离功用，又未能得于相自在，由是因缘于此分中犹未圆满；为令此分得圆满故，精勤修习便能证得，彼诸菩萨由是因缘此分圆满。而未能于异名众相训辞差别一切品类宣说法中得大自在，由是因缘于此分中犹未圆满；为令此分得圆满故，精勤修习便能证得，彼诸菩萨由是因缘此分圆满。而未能得圆满法身现前证受，由是因缘于此分中犹未圆满；为令此分得圆满故，精勤修习便能证得，彼诸菩萨由是因缘此分圆满。而未能得遍于一切所知境界无着无碍妙智妙见，由是因缘于此分中犹未圆满；为令此分得圆满故，精勤修习便能证得，彼诸菩萨由是因缘此分圆满。此分满故，于一切分皆得圆满。善男子！当知是十一种分，普摄诸地。

观自在菩萨复白佛言："世尊！何缘最初名极喜地？乃至何缘说名佛地？"佛告观自在菩萨曰："善男子！成就大义，得未曾得出世间心，生大欢喜，是故最初名极喜地。远离一切微细犯戒，是故第二名离垢地。由彼所得三摩地及闻持陀罗尼，能为无量智光依止，是故第三名发光地。由彼所得菩提分法，烧诸烦恼智如火焰，是故第四名焰慧地。由即于彼菩提分法，方便修习，最极艰难方得自在，是故第五名极难胜地。现前观察诸行流转，又于无相多修作意方现在前，是故第六名现前地。能远证入无缺无间无相作意，与清净地共相邻接，是故第七名远行地。由于无相得无功用于诸相中不为现行烦恼所动，是故第八名不动地。于一切种说法自在，获得无碍广大智慧，是故第九名善慧地。粗重之身广如虚空，法身圆满譬如大云，皆能遍覆，是故第十名法云地。永断最极微细烦恼及所知障，无著无碍，于一切种所知境界现正等觉，故第十一说名佛地。"（录《净化主义》，见《海潮音》月刊第八卷第九期中"成佛第三"）

第二节　教育圆满之人生

兹录《自由史观》中第五章第二节"创建自由史观之世界教育"一段文字以明之。

教育新见，分教育为二：一曰学龄教育，则成人对于未成人辅成其自觉自营自治之自由力，能自由营资生事业，及自由治共存社会者也。二曰成人教育，则成年后之人，入人群世界自然宇宙之大学，由个人与他人及生物无生物互以为师，互以为资，以成参赞人生宇宙化育，而自致为完全之人者也。因字之曰：相对的个人主义之教育。相对故，普通能助人之自由而不夺人之自由，个人故，独特能充己之自由而不失己之自由。乃析之为相对各个人之个人，相对自家庭之个人，相对自职团（包学校及国体）之个人，相对自区域之个人，相对自种族之个人，相对全人类之个人，相对自世界之个人，相对众生类之个人，相对全宇宙之个人，终以体达全宇宙缘成的个人（如来藏）为中心，开发个人实现乎全宇宙（法界身）为极则。在个人曰全人，在社会曰大同，在宇宙曰圆融法界。自一至七之个人，为学龄应受之教育；自八至十，为成人自致之教育，兹制一图以明其意：

宇宙观

科学教育为学龄之教育，宇宙教育为成人之教育。魔术、迷信为原人及幼儿心理，魔术发达之极为神仙，看破魔术则以神仙为山林高士可也。迷信发达之极为天神，看破迷信则以天神为世间伟人可也。文艺、艺术为科学哲学之结晶，亦科学、哲学煤炉所生之火焰。道德为教育、政治之结晶，亦教育、政治煤炉所生之火焰。语言、文字、名学、数学、为知识教育之基础，亦想思交通之工具。天体、地质、河海、山陆、植物、动物，总为自然演化。农林工业以至区域，渔牧商业以至社会，联合之为国际，续持之为历史，总为人功演化。至魔术尽而迷信空，为各自个人而解脱，则成小圣。为无量众生而精进，则成大圣。至于究竟，则为佛陀。大圣为相对众生类之个人及相对全宇宙之个人，佛陀为体达全宇宙缘成之个人而开发个人实现为全宇宙者，其余则大抵可知矣。

向曾主张佛化教育，分教育为四类：曰动物教育，或生物教育；曰人伦教育，或人群教育；曰天神教育；曰佛化教育，或宇宙教育。谓佛化教育备乎到三者之长而无其弊，超乎前三者之上而贯其通，后有因之设世界佛化教育社作佛化教育运动者，虽极言无前三者之弊与超乎其上，惜未能言贯前三者之通与备乎其长也。吾友卫中博士之新教育方法，颇能得之，兹节录其说焉。

（一）新农工商教育之基本教材为物质，基本工具为人身，凡有接触物质与使用人身之机会，即为新农工商教育之起点，故新农工商教育当设施于教育全系统，而开端于幼稚园时期。（二）设教伊始，全不用书，写读算三者亦当力避，特注意于儿童之用物质法。而就人身之强弱，物质之种类，及用物质之态度缓急多少等项，培养其对于物质之兴趣，盖兴趣为热力之表示，热为变化诸物质之动力，能变化旧有之物质而生新物质，即物质发明之始也。（三）在不妨碍儿童身体发育之范围内，可以任其个性尽量使用物质，盖儿童之喜用物质非病，病在用之不以其道耳。用物不以其道，斯不能尽物之用，不能尽物之用而见异思迁，势必外物之激刺胜于应付之能力，而有厌弃外物之虞矣。（四）非由感受运动用质而得来之学问，不得谓之真学问，况儿童教育之初期，纯在练习感官，宁可忽于物质之运用乎！即就识字而论，必先始于象形而后及于目阅口诵之练习。以此类推，则凡教育儿童，莫不导其由互相关系之物质，得互相关系之智识，进而导之以较复杂之活动。各耕其田，各织其布，各筑其屋，则关于农工诸科学，皆由此而生矣。（五）既由普通农、工、商学三操作，取得矿、植、动三界之科学知识，更应综合片段之知识为系统之研究，以明人类之问题。孟轲曰："人之所异于禽兽者几希！"倘非具矿、植、动三界与人类之系统观念，又焉能生超众之盛想乎？使世人均卑视自然，而以人与禽兽乃不可同日而语者，则至今不发生物质科学可也——按此故儒家缺物质科学，遑论心理科学哉？儿童不知物性，随意玩弄，损坏学具，老人笑之。书痴感官不灵，忽于外物，误解人类，科学家笑之。（六）视儿童能力之所及，任其攫取物质，自由采择，非于其活动范围内深感不足已有之外，勿及工业；非于己力创造之物品外深感不足已有之外，勿及商业。由是可知新商业教育之意义何在。（七）感官因练习而愈细，则脑力之于消受印象者愈多，用脑力多乃善用物质之结果也。春情期发动之儿童，感官之发动乃恒随其用物质之程度而并进，感官果善用物质，使其通之脑力，则感官与精神，有互通之机会。感官力、脑力、精神三者，果能一气贯通，则春情期发动之儿童，断无性欲冲动之危险。盖性欲冲动者，乃潜伏感官力滥用于产生新体之谓。果使感官与精神相贯通，则滥生新体之隐力，亦必受精神驱使而减少危险矣。近来青年学子，骚动若狂，原因固非一途，而科学教育不足导青年感官使与精神相贯通，致躯体之活动易为外物所诱惑也，实其主因。（八）儿童之使用物质，为练习感官之活动，发情期之性欲冲动，乃潜伏感官力不为己用之证明；非感官之练习全告成功，则潜感官力之冲动无由防止。近时性教育家，每于发情期教育，发现极复杂之问题，即由于此。吾人所陈者异于斯，发情期以前之儿童教育，早使感官力、脑力、与精神三者一气相通，感官之活动，纯以精神为指归而日趋向上，则此冲动性最大之潜伏感官力，反足为物质通达精神之伟助矣。盖身体果强壮者，则准之上述之方法，使此潜伏之感官力，生极强之活动而无以发泄，专以助强健之感官，摄引外物之激刺，使深通内部精神，又乌有不产生物质发明及精神创造乎。（九）由农工商教育产生科学，藉科学教育而使物质汇普精神，以产生发明与创造。然个人精神之表示，尚非完全，教育最终之鹄的，在以精神管理个人之物质感官，是谓个人之道。以精神管理家庭社会以及国家之物质，是谓大群之道。现代嫉世者流，每谓世风日下，道德沦没等语，殆深感世人只知物质不知精神而发欤！果深悟其病因之在感官力不足沟通物质与精神否耶？

盖佛化教育即现实主义教育，现实主义教育即自由史观教育，而自由史观之教育，由内而外、又由外而内为一度之提高扩大，再由内而外、又由外而内为二度之提高扩大。如此一度二度以至七度，乃臻究竟。兹以图式表之。

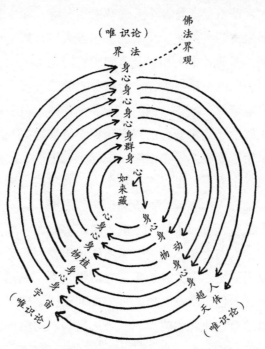

　　此图一小〇符，表提高扩大之一度。↑符，表每度中由内而外由外而内之程序。内谓心，身为介，外谓自然及人群等。人为生物，由内心而活动摄现身之活动，由身之活动接触自然（动、植、矿三界）之活动，由接触自然之活动同化为身之活动——新农、工、商教育，由身之活动提高扩大于心之活动——新科学、哲学、道德；此为生物教育之第一度，亦儒家格物（接触自然与摄受自然，格者、来也，即摄受自然物来身心也）、致知（摄自然来身至心而有新科学发明也）、诚意（由新科学成新哲学也）、正心（由新哲学成新道德也）之学。然儒家不详于此，而孔子以来唯详于身修以后之事，致但能代表人群教育而不能代表生物教育。其鹄的在强健富荣，其哲学亦以此为人生观，故道德亦以衰病贫陋为罪恶。教育而以此为终止，则教育经济之奴隶，而不能自由进化。然此固自由史观教育之基也，不应舍弃且首须重注之。从此展进有一歧途，由身健荣而迳从身发泄，则为生殖力之向下活动——人以之动物盖属于此，为近代动物教育之弊，亦杨朱等主张也；一为由身强富到心之健荣——即哲学、道德等，由心健荣而到身之表现，则为身修之礼乐等——文章、艺术。由此有二歧途：由身修迳到身心者，但为各个人相对之个人，浅之若伊壁鸠鲁及个人无政府主义等，深之若小乘解脱等。由身修到殖力发泄之夫妇、父子、兄弟之家国等人群，则为正途。然第一度但成社会经济之利，养成各个人相对及自职团相对之个人而已。三种人生态度以第二种为主，而以第一第三为伴。若由心之健荣表现为身修——由身修而直达天下者为出家菩萨、家齐、国治、天下平，则为由心到身修，由身修到人群治平，由人群治平到身安，由身安乐到心清泰之第二度提高扩大，是为人群教育，儒家始于家庭之孝弟而终以国际（天下）之忠信，故为代表。此人群教育能养成各个人至自世界之相对个人，其鹄的为调和安宁。且自人群教育而起，已废第二人生态度（征服利用自然态度），唯用第一、第三人生态度，互为主伴而已。然此人群教育，但成国际政治之平，若教育从此而终止，则历来教育为政治奴隶之弊不能去，而不能达于较人间更进化之境矣，故尚须有天神教育以引进之。以天神为唯一之造物真幸，成完全脱离生物关系之灵怪等——魔术、迷信，致有高压人世、冥仰天国之弊，吾人固当扑灭。但视天神为人间以上更进化之生物界——若火星等，固为进化之所承认，亦为自由进化之所应有，于是有由心身到动物及植物之第三、第四度之提高扩大。不惟同类能有心意、文语感通，异类（兽等）亦能以心意、文语感通而相化；不惟能制死物及感通动物以充资人工用——若机器、牛马等，亦能感通植物以供人之衣食及音乐等，则从北俱卢人以至三禅天之生物界也。再进为由心身到地质及天体之无机物，亦能感通随身有无之第五、第六度提高扩大，则四禅天是也。以上皆可谓之天神教育。其鹄的在超人胜进，故亦谓之超人教育。再进，为由身到宇宙之无量世界，皆能随身有无之第七度提高扩大，则大乘圣者随心应现百世界身刹、千世界身刹等是也。究竟圆满乃为佛陀之法界身，而仍与他法界心境（即诸佛法界身或众生如来藏）相感相应，无尽无极。第七度为佛教育之特点，其鹄的在进化圆满。观此，乃知自由史观教育——即佛化教育，贯乎前三者之通而超其上，备有前三者之长而无其弊矣。

第三节　重重无尽之法界

兹以华严之周遍含容观，以明此法界之重重无尽义。

事如理融，遍摄无碍，交参自在，略辨十门：

（一）理如事门。谓事法既虚，相无不尽；理性真实，体无不现。此则事无别事，即全理为事。是故菩萨虽复看事，即是观理。然说此事，为不即理。

（二）事如理门。谓诸事法与理非异，故事随理而圆遍，遂令一尘溥遍法界。法界全体遍诸法时，此一微尘亦如理性全在一切法中。如一微尘，一切事法亦尔。

（三）事含理事门。谓诸事法与理非一故，存本一事而能广容。如一微尘，其相不大而能容摄无边法界。由刹等诸法既不离法界，是故俱在一尘中现。如一尘，一切法亦尔。此理事融通，非一非异故。总有四句：一、一中一，二、一切中一，三、一中一切，四、一切中一切。各有所由，思之。

（四）通局无碍门。谓诸事法与理非一即非异故，令此事法不离一处，即全遍十方一切尘内；由非异即非一故，全遍十方而不动一位。即远即近，即遍即住，无障无碍。

（五）广狭无碍门。谓事与理非一即非异故，不坏一尘而能广容十方刹海；由非异即非一故，广容十方法界而微尘不大。是则一尘之事，即广即狭，即大即小，无障无碍。

（六）遍容无碍门。谓此一尘望于一切，由普遍即是广容故，遍在一切中时，即复还摄一切诸法全住自中；又由广容即是普遍故，令此一尘还即遍在自内一切差别法中。是故此尘自遍他时，即他遍自，能容能入，同时遍摄无碍。思之。

（七）摄入无碍门。谓彼一切望于一法，以入他即是摄他故，一切全入一中之时，即令彼一还复在自一切之内，同时无碍。思之。又由摄他即是入他故，一法全在一切中时，还令一切恒在一内，同时无碍。思之。

（八）交涉无碍门。谓一法望一切，有摄有入，通有四句：谓一摄一切，一入一切；一切摄一，一切入一。一摄一，一入一；一切摄一切，一切入一切。同时交参无碍。

（九）相在无碍门。谓一切望一，亦有入有摄，亦有四句：摄一入一，摄一切入一，摄一入一切，摄一切入一切。同时交参无碍。

（十）普融无碍门。谓一切及一，普皆同时，更互相望，一一具前两重四句，普融无碍。准前思之。令圆明显现，称行境界，无障无碍。深思之，令现在前。

按古德准此十义开为十玄门，兹录《五教仪》文以明之：

（一）同时具足相应门。以是总故，冠于九门之初。

（二）广狭自在无碍门。别中先辨此者，此是别门之由，由前初二门事理相遍故，生余八门。且约事如理遍故广，不坏事相故狭，故为事事无碍之始。

（三）一多相容不同门。由广狭无碍，所遍有多，以己一望彼多，故有一多相容。相容则二体俱存，但力用交彻耳。

（四）诸法相即自在门。由此容彼，彼便即此；由此遍彼，此便即彼等，故相即也。

（五）秘密隐显俱成门。由互相摄，则互有隐显，故有此门，谓摄他。他可见，故有相容门。摄他，他无体，故有相即门。摄他，他虽存而不可见，故隐显门。此三皆由相摄而有，为门别故。相容，则如二镜互照；相即，则如波水相收；

隐显，则如片月相暎。

（六）微细相容安立门。由此摄他，一切齐摄，彼摄亦然，故有微细相容。

（七）因陀罗网境界门。由互摄重重，犹如帝网无尽故。

（八）托事显法生解门。由既如帝网已，随一即是一切无尽故。

（九）十世隔法异成门。由上八门，皆是所依。所依之法既融，次辨能依。能依之时亦尔，故有十世异成。

（十）主伴圆明具德门。由法法皆然，故随举其一，则便为主。连带缘起，便有伴生，故有主伴门。

事如理遍既尔，余九具玄亦然。

若以喻之，炳然齐现，犹彼芥瓶；具足同时，方之海滴；一多相入，等虚空之千光；隐显俱成，似秋空之片月；重重交映，若帝网之垂珠；念念圆融，类夕梦之经世；法门层迭，如云起于长空；主伴遍周，例星团于北极；彼此相即像百般之具体依一金，广狭融通比径尺之镜影现千里。

将前能起十观门中，各具十玄，则为百门。而此十观又各互具，皆含十玄，即成千门。千中取一，亦具一千，余皆例尔，即为百万。前二观事，准此知之。

一即具多名总相，多即非一名别相，彼此不违名同相，互不相滥名异相，共相成办名成相，各居自位名坏相。令此诸法，得有如是混融无碍者，唯心所现故，法无定性故，缘起相由故，法性融通故，如幻梦事故，如影像现故，因无限量故，佛果证穷故，深定大用故，神通解脱故。

于此圆明显了，则当入重重法界之境。经云："一法解无量，无量中解一。"了彼互生起，当成无所畏。